Entre les lignes

Saint-André de Cubzac

Octobre 2013

Avant-propos

CHRONIQUE D'INTEGRE PUBLIC ou *c'est l'Histoire d'un Prof…*

« Ah oui, le pont de la rivière Kwai monsieur ? » Le pont de la rivière Kwai ??? Je demandais juste l'exemple d'un petit Etat, le Koweit, connu pour son implication dans la guerre du Golfe en 1990 ! 1990…1990…1990 !!! Merde, ils sont nés en 1990 ! En face de toi, des élèves qui sont là pour apprendre, pas nécessairement pour savoir.

« Ben RTT, m'sieur hein ? » me répond-on quand je m'interroge sur le pourquoi d'une absence. A priori, je ne devrais pas avoir trop de mal lors de la leçon sur les 35 heures…

Entre les deux questions, 10 ans. 10 ans dans les méandres de l'Education dite « Nationale ».

Pourtant, l'une n'a rien à voir avec l'autre. Naïveté d'un côté, excès de confiance de l'autre.

D'aucuns diraient, comme un élève me l'a écrit sur une copie : « ci coume ça ».

Résigné le prof ? Pas vraiment ! Découragé ? Parfois. Fatigué ? Sûrement.

Alors quoi ? Que s'est-il passé ? C'est l'histoire d'un prof qui se plaint ? Classique. C'est quasiment une question ontologique pour notre espèce. Un prof Est lorsqu'il se plaint. Oui mais alors, c'est naturel ou culturel ? Les deux mon capitaine !

Naturel parce que vous vous plaignez à la minute où vous changez de statut (une fois le sésame du concours en poche) ; se plaindre c'est ce qui fait de vous un ressortissant de la communauté éducative, la plainte vous habille, elle est le parfait costume du prof. Culturel parce que l'on n'essaie pas de vous dissuader de revêtir ces nouveaux habits, au contraire, on vous offre une garde-robe toujours plus étoffée…De mesures en mesurettes, de réformes en réformettes, tout est propice à se plaindre.

Donc naturel et culturel dis-je. De toute façon, la réponse est cinglante, triviale : « casse-toi pauv'con ! ». Bon, ce n'est pas à moi qu'Il l'a dit, c'est vrai. Mais c'est pareil. Un peu envie de se casser de toute façon. Donc ? Une conclusion ? Sais pas. Faut y réfléchir.

- On en parle ?
- OK, on en parle !

8 juillet
C'est parti !

On en parle effectivement ! Le projet (témoigner de la vie quotidienne d'un collège au fil d'une année scolaire) est présenté à Madame Kleber, la principale adjointe. Très enthousiaste pour ce qu'elle considère être un support de communication, au sens noble du terme, celui de donner la parole pour faire naître un dialogue constructif. Ouverte mais les pieds bien ancrés dans la réalité de cette communauté humaine :
- Attention, vous allez provoquer des remous, générer des incompréhensions, des questions et des jalousies.
Avertissement immédiatement confirmé quand Azzedine croise l'infirmière scolaire sur le parking :
- Mais le secret professionnel, qu'est-ce-que t'en fais ? Tu sais, des amies de ma nièce élève-infirmière ont été virées pour être allées témoigner publiquement de leurs conditions de travail.
Azzedine accuse le coup. Viré ? Cela lui paraît un peu fort. Mais sa voix est moins assurée quand il se dit prêt à assumer. Ici, comme ailleurs, on ne plaisante pas avec l'hypothèse de perdre son boulot. Il se rassure néanmoins :
- Virer un prof, c'est quasi-impossible.

27 juillet
Précaution d'usage

Mail d'Azzedine à ses collègues :

Chers collègues

Pardon de troubler votre quiétude estivale... ce petit mail pour vous prévenir que je tente une expérience inédite l'année prochaine. C'est lors d'une discussion avec Mme Pérou, maman d'élève et journaliste pour Sud-Ouest (beaucoup d'entre vous la connaissent), qu'a germé l'idée de proposer un témoignage sur la vie d'un établissement scolaire, sur une année entière, au travers de ses multiples facettes. En accord avec le chef d'établissement, la présence de Mme Pérou sera donc effective et régulière au sein du collège: présence dans

ma salle de classe, en salle des professeurs... Bien entendu, la parole est offerte à chacune et chacun d'entre vous pour apporter sa ou ses pierres à l'édifice.
Merci à toutes et à tous de bien comprendre cette démarche à laquelle vous pouvez participer de près, de loin... ou pas du tout.
Bonnes vacances (enfin ce qui reste...)

Azzedine

Réponse immédiate de Monsieur G., professeur de français. Un peu abrupt au démarrage !

Pour situer le débat dans un contexte général, deux réponses...
1) une lettre d'une sénatrice du mouvement démocrate

Monsieur,
Vous posez le problème de la revalorisation de la rémunération des enseignants.
Le diagnostic que vous faites correspond à notre analyse. Cela pose non seulement le problème de la considération que notre société porte à ses enseignants, mais s'y ajoute le problème de la capacité d'attraction d'une profession et la crise du recrutement qui s'annonce. Il convient ensuite de prendre conscience collectivement des contraintes budgétaires qui pèsent sur notre pays désormais.
- Les salaires enseignant sont nettement en dessous de la moyenne des salaires enseignant des pays de l'OCDE.
Par exemple dans le 1er degré et en début de carrière, il se situe à 23735 équivalent $ en France contre 28949 équivalent $ en moyenne OCDE 2010.
Après 15 ans d'ancienneté, le salaire d'un enseignant de primaire est de 13% inférieur à la moyenne de l'OCDE ; 20% inférieur à la moyenne de l'OCDE pour un enseignant du secondaire.
Le traitement de recrutement d'un professeur certifié représentait 2.1 SMIC en 1982; il représentait 1,2 SMIC en 2009.
En 2007, le salaire moyen enseignant de catégorie A correspondait à 58% de celui d'un cadre du privé. L'évolution n'a pas été favorable depuis 5 ans.
Le dernier rapport de la Cour des comptes est sans équivoque: elle relève une diminution flagrante des vocations puisque les inscriptions au concours du 1er degré ont diminué de 42% pendant que celles pour le 2nd degré baissent de 24%. "Le vivier de candidats s'est réduit de plus de 50 000 inscrits.

2) Un message de l'Union syndicale des syndicats autonomes section Education
Nos observations, corrélées avec celles de l'INSEE ou celles des autres organisations syndicales, confirment une baisse du pouvoir d'achat du point d'indice qui fonde notre

rémunération de 12% depuis 2000. Malgré cela le différentiel de salaire de recrutement est resté stable avec les autres pays de l'UE.
Nous avons revendiqué dans le cadre de notre union auprès de la ministre de la Fonction publique le rattrapage pour tous les fonctionnaires. Nous demandons, de surcroît, une revalorisation des traitements des enseignants pour qu'ils rejoignent ceux de leurs homologues européens. Les précédents numéros de l'Enseignant se sont faits l'écho de ces demandes réitérées depuis auprès du nouveau gouvernement.
1% d'augmentation des fonctionnaires de l'Etat coûte près d'un milliard d'euros. Le gouvernement objecte la situation du pays et ne veut pas engager une remise à niveau des salaires qui coûterait 12 milliards à L'Etat et presque autant pour les deux autres versants de la fonction publique. Le dernier appel interprofessionnel à une action sur ce plan s'est révélé peu mobilisateur.
Voilà, vous connaissez le contexte, l'enjeu, nos demandes... Notre action dépendra de la capacité des personnels à se mobiliser.
M.B, Secrétaire national SE-Unsa

Et Monsieur G. de conclure :
- Mais il ne faudrait pas que ces réponses soient trop "perturbatrices"... "La vérité est révolutionnaire", camarade, et si les journalistes étaient révolutionnaires, ça se saurait...
Et les vacances sont faites pour se reposer, comme le dit Confucius, qui sait que le Tao n'est pas où il est, et est où il n'est pas. Bon repos ; Tu auras besoin de toutes tes forces à la rentrée.

2ème réponse, un jeune prof d'anglais :

Salut Azzedine,
Carrément intéressant, j'ai hâte de lire ce dont elle accouchera !
Bises indiennes et à bientôt.
Erwan

Pas d'autre commentaire.

28 août
J-1

Je lui demande comment il va, il me répond que, cette année, le programme d'histoire de 3ème change. En mai, un inspecteur pédagogique régional est venu faire une présentation de 6h du nouveau programme. Qui change les programmes ? Le Ministère de l'Education. Et il accompagne le changement d'une consigne : « Jetez tous vos cours ! » Azzedine avoue :
- Cela fait 3 ans que je n'avais pas touché à mes cours de 3ème. Sauf à les réactualiser pour les dernières années.
Mais il a suivi la consigne. Et tout repris. A la veille de la rentrée, c'est dur ! 3 à 4h de préparation pour 55 minutes de cours. Des heures à compulser des documents sur Internet et les outils indispensables que sont les manuels scolaires, les mêmes que ceux des élèves mais avec les réponses aux exercices. C'est dur, mais l'expérience des rentrées aidant, Azzedine sait bien que demain, il aura déjà un mois de cours en stock et qu'en vitesse de croisière, il ne passera plus que deux heures à en préparer une.
Le programme posé, quelle est la marge de manœuvre du prof ? Le Ministère indique ce que doit retenir l'élève, cela ne dispense pas le prof de construire son propre cours. Mais attention, il faut faire passer le message avec 3 exemples … Ainsi pour aborder la question des innovations du début du XXe siècle (1h de cours), il est recommandé de donner un exemple de découverte médicale, un exemple d'entreprise familiale devenue groupe financier et d'esquisser le parcours d'une population migrante. C'est le prof qui choisit alors la découverte de la pénicilline ou le vaccin contre la rage, Peugeot ou Michelin, les Irlandais ou des Italiens. Et qui alterne sur la forme entre les questions orales, le travail à plusieurs sur les documents. Sans oublier d'intégrer un commentaire sur une publicité d'époque, l'histoire de l'art affirmant sa position dans le programme.

Cette année, Azzedine n'a formulé aucune demande particulière quant à son emploi du temps. Mais il espère, comme chacun de ses collègues, disposer d'au moins une demi-journée de libre par semaine. Et il veut travailler le mercredi matin, sa femme s'occupant des enfants. Il aura 19h30 heures de cours par semaine. C'est beaucoup pour lui. Une heure et demie de plus que les autres années. La base horaire normale est de 18h de cours par semaine pour un "capétien" mais il est impossible de refuser une heure supplémentaire et difficile de parlementer pour une autre. Certains de ses collègues cumulent les heures

supplémentaires. Pour lui, cela équivaut à "bouffer" des postes à de nouveaux enseignants.
Il sait déjà qu'il a 2 classes de 6ème, 2 classes de 5ème, deux classes de 3ème. Il a demandé à suivre ses 6ème de l'an dernier pour un élève en grande difficulté qu'il veut continuer à accompagner. Pour le reste, il souhaite simplement avoir des classes sympas où les enfants ont envie de travailler.

29 août

C'est parti !

La rentrée des profs. Je n'y suis pas parce que je n'ai pas été autorisée par le Principal à y assister.
- Vous viendrez l'année prochaine, me dit-il pour me consoler.

Cela ne me console pas vraiment. Mais Azzedine y est lui, bien sûr. Impressions à chaud :

Hello. Salut. Tiennns ! Ca va ? Ehhhhh... Il n'est pas arrivé ? C'est à quelle heure la plénière ? Sais pas. Comme d'hab. C'est qui elle ? T'as passé de bonnes vacances ? Mouais.

Mine défaite. Mine faussement défaite ? Mine réellement défaite ?

Grosse pêche. Vraie grosse pêche ? Fausse grosse pêche ?

C'est la rentrée ! C'est sûr, c'est la Vraie rentrée, on y est, pas de doute.

Un processus sans cesse renouvelé. Des rentrées et encore des rentrées. Des rentrées en veux-tu en voilà.

« Bon faut y aller je crois » : la Plénière va commencer. La fameuse plénière de rentrée. The plénière ! La Grand messe du professeur. Pour marquer le coup de la rentrée, ils ont bien cogité les technocrates de l'Education nationale. Vous leur en mettez plein la vue d'entrée (de rentrée ?) de jeu !!! Entrez m'sieurs dames, y en aura pour tout le monde. Pas la peine de bousculer ou de se bousculer, tout le monde a sa place. « Euh... vraiment ? Moi je veux bien céder la mienne cette année. Je plaisannnteee ».

Les profs avec les profs. Les surveillants avec les surveillants. Le personnel de service et d'administration avec... le personnel de service et d'administration. C'est aussi la rentrée des us et coutumes, avec eux ça fait du monde la rentrée...

Face à nous. L'Ennemi ! La commandantur. Le polit buro. C'est un peu exagéré c'est vrai et même curieux de l'écrire.

Bon qu'ont-ils de nouveau à nous dire cette année ? Et là, patatras le raisonnement de départ s'effondre : ce n'est pas une même rentrée pour une nouvelle année mais une même année pour une nouvelle rentrée. Suis déçu. Curieux...et décevant ce métier.

Tout commence par un « je souhaite la bienvenue aux anciens et aux nouveaux collègues ainsi qu'un bon début d'année ». Ben justement, si vraiment on veut que l'on commence bien l'année, z'ont qu'à nous refiler l'emploi du temps de suite ! On est quand même venus pour ça non ? Curieux ce métier... Fin de non recevoir ! Restez assis et ne bougez pas ou gare à l'emploi du temps qui pourrait arriver... plus tard. L'emploi du temps : l'arme de destruction massive de l'Education nationale. Et ça marche ! On passe toute la matinée à confesse (du blabla, parfois du blabla et beaucoup de blabla).

« C'est donc ça la Rentrée du professeur ?! »Vous vous attendiez à quoi ? Fiesta de tous les diables, partouze pédagogique, séance de pyromanie enseignante ? Rien que cela... et rien que cela...tous les ans : s'était donné rendez-vous tous les ans, même jour, même heure, même bahut.

Ça ressemble aux nouvelles pratiques pédagogiques modernes : les TICE. Sauf que là, ça peut se comprendre comme Technique d'Introduction de la Capote Enseignante. Surtout, surtout ne nous laisser transmettre que du savoir, du bon savoir et pas des maladies pédagogiquement transmissibles.

Azzedine, le hussard beur

Pas vraiment un parcours classique. A supposer que cela existe, un parcours classique .... Mais ce prof-là n'a pas son bac. Il a arrêté ses études en 1ère... Enfin, ses premières études.
Azzedine Laabar est né en 1967 à Annaba en Algérie d'un père qui fut goumier avant l'indépendance (goumier : « soldat qui faisait partie d'un goum, formation militaire auxiliaire composée d'indigènes d'Afrique du Nord qui étaient placés sous l'autorité d'officiers français, » dixit le dictionnaire) puis ouvrier immigré dans les usines françaises du Loir-et-Cher à partir de 1963. Son père fait des allers-retours en France puis y installe sa femme et ses deux enfants. Azzedine fait ses premiers pas à Blois en 1968.
Il a 14 ans quand il devient Français le jour où son père, lassé des tracasseries administratives qui exigent à chaque visite, à Paris, un nouveau sésame pour reconduire une carte consulaire, déclare solennellement aux employés du Consulat qu'il n'y remettra plus jamais les pieds. Et tient parole en faisant partie des premiers naturalisés de 1981. Fier d'être Français, Azzedine ? Pas vraiment mais déjà bien conscient que l'administration est une entité redoutable et que

cette nouvelle nationalité peut lui épargner bien des tracas désagréables. Par fidélité à sa mère/patrie, la mère d'Azzedine choisit, elle, de rester algérienne. Enfant d'immigré, donc. D'une génération qui a résolument opté pour l'intégration –le père d'Azzedine ne s'adresse à lui qu'en français – et qui redécouvre sur le tard le pan d'un passé perdu. Azzedine fait le ramadan, ne mange pas de porc mais boit du vin (« ma consommation d'alcool ne nuit pas à ma spiritualité », explique-t-il joliment). Il est retourné en Algérie mais attend de s'y sentir chez lui pour y emmener femme et enfants. Encore mal à l'aise avec sa piètre maîtrise de l'arabe, peur d'être gêné par une gaffe de l'un ou de l'autre des membres de sa famille : parler quand on est aux toilettes, manger avec la main gauche, dire bordel ou bonhomme, toutes ces petits riens qui signalent l'étranger. Et lui ne veut pas être étranger dans le pays où il est né.
Pour en revenir à ses études, Azzedine fut un jeune élève épanoui. Le meilleur de sa famille. Contrairement à ses parents, il maitrise le français écrit et aide à remplir les documents officiels ou autre déclaration d'impôts. Un élève qui doit faire mieux que ses parents et qui finit sa 3ème avec 15 de moyenne. Médecin, chirurgien, le devenir idéal d'Azzedine est impossible à dire, trop prétentieux, dans une cité où les "arabes" sont systématiquement orientés vers les filières professionnelles. Pour qui tu te prends, petit ? Au moment de faire un choix, Azzedine demande donc, comme son meilleur copain, un BEP électrotechnique. « Dommage, avec ce niveau-là » lui font remarquer ses profs qui n'explosent pas le plafond de verre mais poussent Azzedine vers un compromis acceptable, une seconde techno puisqu'il a dit aimer la techno, mais une 2nde qui peut déboucher sur un bac F.
Mais ses profs n'avaient pas considéré ce jeune individu dans toute sa complexité. Pour aller au lycée, il faut sortir de la cité et prendre le bus. Azzedine est tétanisé. Blocage complet. Il essaie bien la solution mob derrière son copain Mustapha le matin et le soir, rentrant à pied le midi pour déjeuner chez lui. Mais il ne peut vaincre sa peur des autres, son manque d'assurance quand Mustapha n'est pas là. Il commence à sécher un peu puis, l'absence rendant encore plus difficile un éventuel retour, des journées entières. Il intercepte les courriers du lycée, rédige les mots d'excuses. Réfugié à la bibliothèque municipale, il fait son éducation politique dans le Nouvel Observateur. Sa scolarité est morte sans qu'aucun adulte autour de lui ne s'émeuve de la voir sombrer. Elle sursaute une dernière fois quand son père découvre le pot-aux-roses, lui colle 2 baffes et l'oblige à finir l'année avant une nouvelle rentrée en 1ère G. Azzedine change de lycée. Pas plus près de la cité et

que des filles dans les rangs. La panique gagne le combat. Mais permet au bout de quelques mois de tenir à ses parents un discours qu'ils peuvent entendre : « je préfère gagner ma vie. » Peintre, gardien de musée, secrétaire, ouvrier dans une imprimerie, intérimaire, souvent, chômeur de temps en temps, il vit chez ses parents, imagine déjà s'y installer pour toujours et s'aménageant une petite entrée particulière. Il fuit les filles qui ont un appartement et se débrouille pour quitter une place quand on parle de l'embaucher.
A 23 ans, Azzedine rencontre celle qui deviendra sa femme. Puis quelques années plus tard la psychanalyse. Il s'installe à Tours avec ses deux muses et commence à s'interroger quand la plus blonde des deux lui demande ce qu'il fait dans la vie. Rien. Le constat est clair.
Azzedine rouvre alors une porte qui n'était finalement pas complètement fermée, s'inscrit à des cours du soir pour obtenir un diplôme équivalent au bac. Un an plus tard, mention bien et major de sa promo, il entre à l'université et se destine à l'enseignement. Histoire-géo parce que l'un de ses enseignants l'inspire et parce que la matière convient bien à un homme sans passé et pour qui l'avenir n'est pas écrit d'avance. Entre prêt étudiant, baby-sitting, job d'été et les remplacements d'infirmier qu'assure sa femme qui veut devenir psychiatre, il obtient son deug puis sa licence et prépare le Capes. Grosse tête, mauvaise gestion du temps, événement personnel difficile, la 4ème tentative aurait du être la bonne mais Azzedine bute sur un 1 récolté à l'oral. Une épreuve au sens propre du terme dont il ne viendra à bout qu'à la 5ème tentative.
Après avoir fait un remplacement dans le collège où il était élève, il est finalement nommé ici où il est professeur d'histoire/géographie depuis 9 ans.

4 septembre,
Le jour des 6ème

8h, c'est la cohue devant le collège. Les parents discutent transports scolaires. Certains protestent devant l'augmentation sans sommation décidée par le Conseil Général : 196€ par an pour les enfants qui habitent à moins de 3 kms du collège, 120€ pour les autres. C'est la crise, là aussi, il s'agit de rentabiliser… Les enfants se cherchent du regard, tentent de retrouver leurs copains de CM2. Visiblement la mode est aux cheveux longs pour les filles et au gel pour les garçons. Jeans pour tout le monde. A la porte, un charmant jeune homme, Thomas, tout nouveau pion, souhaite la bienvenue aux enfants et à leurs parents qui n'ont, pour l'instant qu'une seule préoccupation : que leur enfant soit dans la

même classe qu'un copain. Pour qu'ils aient au moins un repère dans ce nouvel environnement.
- 60% de l'année va se jouer pendant les premières minutes, me chuchote Azzedine. 20% dans les 2 premiers jours. C'est un moment capital surtout avec les 6ème.
Il sait que le premier appel dans la cour peut être une épreuve douloureuse. « Pierre Durand, Paul Dubois, Azzedine Laabar, … vous imaginez ma tête quand les profs faisaient l'appel ? » Il sait que certains sont effondrés à l'intérieur. Il veut être là et sourire. Que l'enfant voit dans ses yeux que le prof reconnait sa souffrance. A chaque nouveau nom, il essaie de croiser un regard. Sans succès parfois, certains enfants regardant obstinément le sol. Le rang s'organise, Léa essuie ses larmes – ses deux meilleures amies sont dans une autre classe- la petite troupe prend le chemin de la classe. Devant la porte, Azzedine invite à former un beau rang, 2 par 2 bien alignés, il ouvre la porte, demande à ce que chacun reste debout devant sa chaise, respire et dit :
- Asseyez-vous. C'est une grande journée aujourd'hui. Qu'en pensez-vous ?
Grand silence.
- Il n'y a pas de rentrée plus difficile que celle-ci. Plusieurs profs, plusieurs salles, du monde dans le bus, dans les couloirs et à la cantine. Et encore aujourd'hui, vous êtes seuls. Dès demain les 5ème, 4ème, 3ème feront leur rentrée. Vous allez certainement vivre quelques jours très impressionnants.
Re-appel.
- Vous me dites si j'écorche votre nom. Je vais sûrement me tromper pendant quelques jours, après vous pourrez m'en vouloir.
Il fait les vérifications d'usage :
- Qui est demi-pensionnaire ? Qui est externe ?
Grand silence.
- Qui ne sait pas ce qu'externe ou demi-pensionnaire veut dire ?
La moitié de la classe lève une main timide.
Sur 29, 4 élèves ne mangent pas à la cantine, une redouble, deux ont déjà redoublé une fois, deux ont un parent qui travaille dans le collège.
On écrit sur nom sur une feuille.
- Une feuille à carreaux, Monsieur ?
On est invités à ne pas changer de place avant une semaine et à poser des questions si on en a. La première est longue à venir :
- Les cours ça dure combien de temps ?

- En théorie, 55 minutes. En réalité, le temps de monter, de sortir ses affaires, de vérifier les devoirs, 45 minutes.
- Vous allez nous faire visiter le collège ?
- Non ! Vous n'avez qu'à aller voir sur Google !
Devant les mines effarées, il ajoute vite :
- Je plaisante. Bien sûr que nous allons visiter le collège, nous y passerons même une bonne partie de l'après-midi. On fera des jeux d'orientation. Et vous verrez qu'il y a une heure en plus dans l'emploi du temps. Cette année, certains cours de l'après-midi pourront commencer à 12h50.
Sous cette information que ne captent probablement pas certains élèves qui n'ont pas une idée claire du nombre d'heures dans leur emploi du temps, ni dans celui de l'année dernière, ni même de la manière dont leur temps va être découpé, la question qui devient cruciale, ici, des effectifs : plus de 835 collégiens (30 de plus que l'année dernière) font leur rentrée. Les effectifs augmentent, mais pas la taille des locaux. Deux préfabriqués étaient installés dans la cour l'an dernier. Deux autres les ont rejoints depuis. Le prochain est déjà prévu. Un nouveau créneau horaire entre 12h50 et 13h45 permet plus de confort dans l'occupation des classes.

Une matinée à donner des informations :
- Les emplois du temps, je vous les donnerai plus tard.
Tiens, tiens, je croyais qu'il ne fallait pas faire à autrui ce qu'on aimait pas qu'il nous fasse … La distribution des dossiers de bourse, des carnets de correspondance dont l'importance est largement soulignée, la présence de l'infirmière :
- Elle est là du lundi au mercredi. Alors, un conseil : ne vous blessez pas un jeudi ou un vendredi. Les autres jours non plus d'ailleurs, car l'infirmière n'a quasiment plus le droit de vous soigner.
Le rôle du professeur principal :
- Une idée ?
- C'est quelqu'un qui nous aide.
- Tu seras avec nous plus que les autres profs.
- C'est un petit détail, répond Azzedine avec un grand sourire. Ici, au collège, on vouvoie les professeurs. Ce n'est pas grave mais il faut l'intégrer. Moi, je vous tutoie … Sauf quand je rends les copies, je ne sais pas pourquoi.
Il revient à la question :

- Le professeur principal, c'est celui qui s'arrangera pour être là tout le temps. C'est la personne de référence, quelqu'un à qui vous pouvez parler de vos soucis, de vos projets ou de vos envies. Quelqu'un à qui vous pouvez vous fier. Mais bien sûr, tous les adultes de l'établissement sont des personnes avec qui vous pouvez vous entretenir.
Le règlement intérieur :
- C'est une loi. Vous allez le signer et vous engagez. Il faut le lire avec ses parents.

Je me pose la question : combien de parents ont vraiment lu le règlement intérieur ???

10h10, un tube international (d'Abba pour ne pas les nommer) retentit dans les couloirs. C'est la sonnerie (son côté strident a disparu il y a 2 ans) qui annonce la récré.
Un détour par la salle des profs. Comme les élèves, ils sont peu nombreux aujourd'hui puisque seuls les professeurs principaux de 6ème sont là.
Monsieur G. est déjà très en forme et salue chacune des personnes qui entrent :
- Vous connaissez la dernière ? Le Ministre a dit qu'il n'y avait pas d'argent. Mais que l'enseignement était affaire d'amour … Alors, là, s'il faut de l'amour …
Dans le jardin des profs dont les portes sont grandes ouvertes, Mme Carmat, prof d'EPS (à mon époque on disait prof de gym) briefe une élève stagiaire dans sa matière. Elle s'interrompt pour saluer Azzedine et nous faire part de ses encouragements :
- C'est un super projet que de parler du collège et c'est intéressant d'avoir fait venir quelqu'un d'extérieur qui aura du recul.

10h25, retour en classe avec les parents qui le souhaitent : 9 mères, 2 pères s'installent au fond de la classe. Irruption de la prof d'allemand qui vient présenter l'option bilangue soit autant d'anglais que d'allemand dès la 6ème.
- Et je vous rappelle pourquoi on apprend les langues, souligne-t-elle. C'est pour rencontrer des gens, parler avec eux, découvrir leur culture, leur manière de manger ou de penser. C'est aussi pour s'ouvrir l'esprit.
Elle sort. Message aux parents sur le carnet de correspondance :
- Il est de votre responsabilité de le consulter. Souvent c'est vous qui êtes fautifs quand les mots ne sont pas signés. C'est de votre faute si votre enfant est puni.

Un détour par les notes :
- Nous allons aussi vous remettre des codes d'accès pour consulter les devoirs et les notes de votre enfant sur Internet. Eh oui ! Depuis 2 ans, il est impossible aux élèves de cacher leurs notes ou de déclarer tranquillement : « on n'a pas de devoirs. » Là aussi, je vous engage à aller voir, à la fin de chaque semaine, par exemple.
- Et si on n'a pas Internet ?
- Il va falloir l'avoir parce que d'ici peu, les bulletins ne seront certainement plus envoyés par courrier.
Puis de l'importance d'aider son enfant à faire son cartable et à contrôler les devoirs. Et un avertissement aux élèves :
- Vous, vous êtes nouveaux, pas nous ! Les « Mais je vous jure Monsieur que j'ai fait l'exercice mais que je l'ai oublié chez moi », ça va 5 minutes. Pas plus.

Re-Abba. Les parents sont invités à un cocktail de bienvenue et à manger à la cantine.
- De la musique pop et l'apéro, ça a changé le collège, note l'un des papas.
Re-passage par la salle des profs. Une jeune femme en sarouel rouge, la tignasse sauvage et un piercing dans la bouche interroge à la cantonade :
- Vous savez comment on gère un élève précoce ? Une mère vient de me dire que son fils avait été diagnostiqué précoce et que maintenant qu'elle avait compris comment il fonctionnait, elle devait me l'expliquer.
- Ouais, pas évident d'avoir le temps de s'occuper de ces enfants-là … commente l'une de ses collègues qui fait des photocopies. On n'a déjà pas de temps pour les autres …

Après la cantine (toujours des frites le 1er jour pour booster le moral des troupes), la prof de sport présente le programme de l'année. 6 activités programmées : natation, ultimate, danse, rugby, gym.
- C'est quoi l'ultimate ?
- Un sport qui se pratique avec un disque. Si les parents demandent une dispense, c'est le prof qui l'accepte ou pas. Et n'ayez pas peur d'utiliser les douches à votre disposition.

Dernière consigne d'Azzedine avant de descendre pour la photo de classe :

- Pensez aussi que cela fait plaisir aux femmes qui font le ménage ou le service à la cantine quand vous leur dites bonjour, merci. C'est mieux que de tendre votre assiette comme si elles n'existaient pas.
La journée se termine par la distribution des emplois du temps, enfin, (« mais attention, prévient Azzedine, ils vont changer ») et la première visite du collège.

18h, chez moi, Alice et ma fille Mathilde, élèves de 3ème, ne rentreront que le lendemain. Surexcitées, elles imaginent la journée :
- Demain, c'est la journée où on retrouve ses copines et où on se raconte sa vie. Même si les profs parlent ! Le speech sur le brevet, le B2I, les papiers pour les sorties, les assurances. Et le règlement intérieur ! Pitié ! Pourvu que le prof soit bien ! Après la récré, ça va être l'enfer : les papiers de présentation qui ne servent à rien. Notre adresse dès fois qu'il veuille te "pécho", tes ambitions, combien de temps on passe sur l'ordi, bref tous les papiers qu'ils lisent en salle des profs pour se foutre de notre gueule. Et, à la fin, ils vont nous donner l'emploi du temps. Et nous dire qu'il va changer.
Le plus palpitant apparemment, c'est la photo de classe et son avalanche de questions : comment je vais me coiffer ? Lissée ou frisée ? Et les chaussures, j'mets lesquelles ?

5 septembre
La rentrée des 3ème
Pour des 3ème, ils sont parfaitement rangés dans le couloir. Il faut dire que leur professeur est auréolé d'une sacrée réputation : « un ogre qui a de la culture et de l'humour » résume la principale adjointe. Monsieur G. est, en général, celui que l'on prie de ne pas avoir. Celui dont on dit aussi que c'est un excellent prof. Il commence pourtant de manière classique par l'appel, glisse quand même un « si votre date de naissance a changé, vous me le dites. » Personne ne moufte. Trois externes sont marqués demi-pensionnaires. Trois élèves ne sont pas là. Une cumule : elle n'est pas née le 1er janvier, elle ne mange pas à la cantine, elle ne connait pas le numéro de son bus.
Les « j'ai eu ton frère ? ou ta sœur ? » pleuvent.
Distribution des carnets de correspondance.
- Mettez le nom et la classe. Pour le reste, je ne vais pas vous faire le baratin habituel sur le carnet.
Distribution des emplois du temps.

- Attention, ils ne sont valables que jusqu'au 21 septembre. Je suis votre professeur principal et votre professeur de français. Un métier qui n'existe pas. Sur mon bulletin de salaire, il est écrit professeur de lettres modernes. Et je vous préviens : blanco et effaceurs sont interdits dans ma classe.
1ères réactions dans les rangs. Stupeur et indignation.
- Si vous mettez du blanco sur une faute, la faute n'existe plus. Or elle existe. Alors si vous faites une faute, vous rayez proprement. Et s'il y a trop de ratures, vous recommencez. Je souhaite aussi deux signatures sur vos copies. Je sais comment vous êtes, j'ai été élève. On va voir maman quand elle est de bonne humeur ou papa quand il gagne au tiercé.
Il consulte sa liste des choses à dire et opte pour un petit topo sur le personnel du collège :
- Au collège, tous les adultes ont autorité sur vous, les profs, les surveillants, le personnel de l'administration et même le personnel de service. A l'inverse, ils sont tous là pour vous aider s'il y a un problème. Respectez le personnel de service : pas de papier par terre, pas de graffitis sur les tables, les choses que vous ne feriez pas chez vous. Je vous rappelle aussi que tous les fonctionnaires sont liés par un devoir de réserve. Surtout les personnels de santé qui sont tenus par le secret professionnel. Pour ce qui est de l'infirmière, essayez de tomber malade les jours où elle est là. Le CDI : tous les jours sauf le mercredi. La visite du collège, je ne la fais pas, faîtes-là avec les anciens. Nous n'aurons jamais cours dans les préfabriqués. Je l'ai demandé expressément. Mais vous allez le constatez, le collège est sur le point d'exploser.

Orientation, la priorité !
- Vous n'êtes plus au collège, vous êtes déjà ailleurs. Vous avez le droit de ne pas vous intéresser à l'école mais pas au reste de votre vie. Qui veut aller en apprentissage ?
Ils sont deux, elle souhaitant faire esthétique et lui mécanique moto.
- Attention, prévient le prof, l'apprentissage c'est très difficile ! Les élèves qui ont été pris l'an dernier avait 13 ou 14 de moyenne. Souvent, les patrons veulent quelqu'un qui ait une tête bien faite.
Il fait légèrement monter la pression :
- D'ici le 15 mai, tout sera joué. Une année fait 36 semaines moins les 6 entre le 15 mai et la fin juin, ça fait 30 fois 5 jours. 5x30 ?
Gros blanc. Il fixe intensément une élève qui se lance à voix basse :
- 150 ?

- Tu es sûre ? Bon, 150 jours pour donner aux professeurs les clés qui vont ouvrir les portes de votre orientation. Depuis la 6ème, vous passez tous les ans. Il y a un gros piège à la fin de la 3ème : ce n'est pas vous qui décidez. Ni nous. C'est le système. Et il vous met en compétition avec les autres élèves de Gironde. Inutile de vous dire qu'ils ne vous attendent pas. Alors un conseil : travaillez ! Et ne le faites pas pour vos parents ou pour avoir le dernier MP3 (ou 4 ?), mais pour vous. Je vous dis ça pour que vous ayez envie de vous battre.

Le brevet ?
- 85% de réussite : c'est simple, c'est plus facile de l'avoir que de le rater. J'ai posé des questions de brevet à des élèves de 6ème. Ils ont eu 12/15 en moyenne. Les questions sont méprisantes tellement elles sont faciles. Le brevet est une formalité, nous ne le préparerons pas cette année. Votre priorité, c'est l'orientation !
Et c'est reparti :
- Si on veut le lycée de secteur, pas de souci. Mais si on vise un bon lycée à Bordeaux, c'est 16 de moyenne qu'il faut avoir. Et encore, cela ne suffit pas forcément. Il faut savoir aussi que si vous passez votre bac, il faut penser bac +3 au moins. Le bac tout seul n'apporte rien. Avez-vous encore le courage de faire 5 ans d'étude ? Vous pensez bac pro et 3 ans seulement ? (deux visiblement y songent). Mais vu la concurrence dans certains domaines, vous ne pourrez peut-être pas apprendre le métier que vous souhaitez faire. Dans 10 semaines, 50 jours, je vous demanderai de faire un premier choix sur votre orientation. Vous pourrez encore changer d'avis. Quelques semaines plus tard, ce sera définitif. Quitte à choisir un métier pour 40 ans, autant qu'il vous plaise. Vous savez ce que vous voulez faire plus tard ?
Une élève lève la main :
- Oui, mais je ne veux pas le dire.
Les autres ? Finalement, 11 opterait pour une 2nde générale, 3 ne savent pas du tout.
- Bon, je sais que le discours que je vous tiens n'est pas sympa surtout après avoir été choyés pendant 3 ans. Le pays des bisounours, ça n'existe pas !
La preuve :
- Travailler c'est être efficace. Il faut travailler plus vite, noter plus vite, lire plus vite. La mémoire, c'est facile, c'est un muscle qui se travaille. J'exige aussi de vous de la politesse. Vous pouvez me dire n'importe quoi même que je vous ennuie si vous le dites avec politesse. Par politesse aussi, le chewing-gum est

interdit de même que le portable. A propos de politesse, vous avez vu que l'on va donner une prime de 41 000€ à un joueur de foot déjà milliardaire juste pour être poli ? C'est dans son contrat. Méditez-ça !
Il enchaîne sur l'histoire de l'art, sur la culture :
- Nous sommes une civilisation ju….. ?
- Juvénile ?
De judéo-chrétienne au Christ, il n'y a qu'un pas. Il explique qu'un crucifié meurt asphyxié en 3 jours car ses muscles respiratoires s'affaiblissent.
- Croyants ou pas, quand vous mettez la date, vous faites référence à Jésus-Christ.
Il termine par le B2I (compétence informatique), « un domaine dans lequel je suis très nul. Il est pourtant indispensable pour passer en seconde alors que savoir les tables de multiplication ne l'est pas. Cherchez l'erreur. »

En sortant du collège, je m'interroge sur le fait que le gouvernement envisage la réintroduction de la morale à l'école. Est-ce vraiment raisonnable quand il y en a déjà autant ?
Autre réflexion : le brevet. Est-ce vraiment une formalité ? Azzedine s'insurge contre la position de son confrère :
- Autant la liberté pédagogique est essentielle, autant sur la question du brevet, nous devrions tous avoir la même ligne de conduite vis-à-vis des élèves. C'est un examen important, qui demande de se mobiliser, de se fixer un objectif et de se donner les moyens de l'atteindre. Une démarche qui vaudra aussi pour le bac et pour pleins d'autres moments importants de la vie. Su j'étais Principal, je défendrai à Monsieur G. de tenir ce genre de propos aux élèves et aux parents.

17h20, Mat déboule, de retour du collège :
- On est 29. Il y a 2 nouveaux l'un avant moi et l'autre après dans la liste alphabétique. Il y en a un beau et un moins beau. Le prof principal nous a déjà fait travailler, le c… Il a le nez qui brille, les bras tout bronzés et un jean deux fois trop grand, mais qui lui va quand même. Le lundi, je vais sortir plus tôt parce que le prof a dit qu'on ne ferait pas vie de classe. Parce qu'en dernière heure, ce n'était pratique ni pour lui, ni pour nous. Et ils ont rajouté une heure entre midi et 2 heures. Comment je vais faire badminton ? Il nous a pas trop bassinés avec l'orientation, il nous a fait remplir la fiche pour venir à la maison. Il a demandé l'adresse mais en disant que c'était de l'intrusion. Et juste après, il demande notre adresse mail. C'est pas logique. Il a parlé un peu du brevet, il a

dit qu'il allait nous en montrer un. Je vais bosser cette année. Je vais prendre des notes au crayon à papier et recopier après au propre. Ca, ça aide bien à apprendre le cours. Il a dit qu'il serait intransigeant sur la tenue du cahier et sur le chewing-gum. Il a pas dit ce qu'il aimait. Peut-être qu'il n'aime rien... Il a dit qu'il fallait qu'on se responsabilise pour s'habituer à chais pas quoi. Et qu'on attendrait beaucoup plus de nous. Mais ça ils le disent tous les ans. Il nous a donné une charte de la civilité des élèves.
Elle parcourt le document :
- « ... être attentif et solidaires des élèves les plus vulnérables » : ah ! Faut pas laisser les petits dans la merde ?
- « ... refuser la violence et le harcèlement ... » : facile à dire, tu peux refuser tant que tu veux, tu te fais quand même casser la gueule.
- « ... le portable ... » : le prof a dit que si ça dépendait que de lui, il les interdirait complètement. Je suis assez d'accord.

6 septembre
On fait connaissance
24h plus tard, Mat a un aperçu plus large de l'éventail des profs qui lui feront face cette année :
- Le prof d'anglais, il est encore plus beau en vrai que quand on le croise. J'l'adore. En physique, on a commencé par regarder Fred et Jamie mais la vidéo n'a pas marché. Ni les ordinateurs portables. Après on a eu français. Nous on est habitués mais la prof a fait forte impression aux nouveaux. Elle leur a foutu la trouille. Bon, on va commencer directement par travailler. Cette année, on fait le XXe et le XXIe siècle. Et on va commencer par l'autobiographie. Mais elle a dit qu'on ne peut pas faire l'autobiographie sans faire Jean-Jacques Rousseau. Son seul tort à Jean-Jacques Rousseau, elle a dit, c'est de ne pas être né au XXe. Donc on va faire une entorse. Puisqu'elle nous connaît, elle a changé tout le monde de place. Elle a regardé Charles avec un grand sourire et tout le monde a rigolé. Elle nous a déjà donné plein de devoirs, la page sur mon agenda est remplie. A croire que les profs pensent qu'on a qu'un seul prof. OK, j'ai décidé de bosser, mais là on est déjà débordés. Ils ont regroupé histoire, géographie et éducation civique dans un seul livre. Super, il est plus petit mais il pèse 1,5 kg. On ne met plus nos noms dans les livres, ils ont mis un code barre. Mais le scanner ne marche pas, ils ont dû tout recopier à la main, le code barre et le nom de l'élève ! Ils ont dû bien s'amuser ! En maths, il a fait le sommaire, enfin le programme. Il était drôle, il a copié la liste des 14 chapitres au tableau. Il nous a

placés par ordre alphabétique. J'en ai marre, c'est toujours ceux de la fin qui sont derrière. On a fait un exercice à deux pour voir si on travaillait bien ensemble. A part ça, c'est un malade : il prévoit 4 contrôles par semaine, enfin j'exagère, mais au moins un par semaine en calcul mental, des devoirs maison coefficient 1 et des tests coefficient 2. Plus les vrais contrôles ! La prof d'allemand, elle nous a fait un speech sur la mort de Mme Breteuil (professeur d'allemand au lycée voisin). Elle a parlé de l'échange avec l'Allemagne. Elle ne sait pas encore si elle va le faire cette année. On a fait un contrôle de reconnaissance, j'ai eu presque tout juste, j'ai tout compris. J'avais même plus l'impression d'être en allemand. Le prof d'anglais, il est trop marrant. Il nous a lu ses règles de vie. Il nous a demandé notre adresse mail et comme la mienne a été piratée, j'ai dû donner une vieille toute pourrie …amiepourlavielaptitesirenedu33@hotmail.fr. Tu imagines la honte que je me suis tapée ??? Il va nous envoyer des poadcasts.
- C'est quoi des poadcasts ?
- Je sais pas. Il nous a aussi parlé du voyage en Angleterre. Il paraît que c'est en Pologne. Je ne sais pas pourquoi. Il veut qu'on ait des correspondants et qu'on leur parle avec Skype. Moi je veux pas, ça fait peur. Est-ce que tu as *Les Confidences* de Rousseau ?
- *Les Confessions* ?
- Oui, c'est ça ! La prof a dit que ceux qui ne l'avaient pas, c'était des sans culture !
Sa conclusion ?
- Tous les profs que j'ai vus, ils sont supers ! J'ai de la chance !

Vendredi 7 septembre
On fait toujours connaissance

Azzedine dit bonjour à chacun des élèves de 6°B qui entrent en rang dans sa classe. Il essaie de faire l'appel mais il a perdu la liste des élèves.
- M'sieur, il y a un nouveau ! Mais il n'est pas là.
- Oui, j'en ai entendu parler. Certains ont du mal à intégrer le collège. Si vous voyez qu'il est un peu fragile, entourez-le. Il est plus stressé que les autres, ce serait bien de le rassurer à votre manière, de lui expliquer que les choses vont aller dans le bon sens.
Aujourd'hui, c'est vie de classe. Le point sur la rentrée. Premières questions.
- Ils se rangent où les 3ème ?
- Ils ne se rangent pas. J'avoue que depuis 2 ans, j'ai un peu de mal à m'y faire.

- Maman voulait changer pour le truc derrière le carnet. Fermé ou libre ?
- Le régime ?
- Oui.
Maurine, la redoublante, réexplique les différents régimes. Deux autres mamans veulent changer de régime.
- Ben, elles prennent du blanco et elles changent.
- Oui mais, m'sieur, quand on met du blanco sur le carnet, on doit aller à la vie scolaire.
Visiblement Azzedine changerait bien de sujet. La porte s'ouvre et une surveillante arrive avec le nouveau qui s'installe.
- Alors la rentrée, c'était comment ? reprend Azzedine.
- Là où il y a le plus de bruit, c'est là où on se range. Tout le monde pousse.
- A la cantine, on n'entend même pas quand ils font l'appel.
- Les bus ont tout le temps du retard. Avant-hier, on a mis plus d'une heure et demie à rentrer.
- Dans le bus, ce matin, huit personnes étaient debout. Elles s'accrochent aux barres. Et c'est écrit que la ceinture de sécurité est obligatoire…
- C'est dangereux, à chaque virage, elles valdinguent.
- Vous avez les photocopies des vaccins ? D'autres questions ?
6 mains se lèvent. Six voix :
- Moi, m'sieur !
La mère du premier est partie en voyage, le père du second n'a pas de photocopieur, la troisième veut indiquer que sa mère a changé l'état d'un livre. De bon, elle a mis abîmé.
- Il faut que je revoie le livre pour voir si je suis d'accord. Sinon, c'est trop facile. Simon ?
- Est-ce que tous les profs sont professeurs principaux ?

9h05, la taille au-dessus, les 3ème sont tout aussi bien rangés que les petits. Azzedine dit bonjour à chacun d'entre eux et se frotte les mains d'un air réjoui en leur emboitant le pas.
- Ah, chaque année, j'ai mes chèvres … Je sens que ça va être dans cette classe !
Il désigne à l'évidence deux jeunes filles. Pour leur coiffure, une frange qui fait le tour de la tête et barre le front ? Un prof peut se moquer ouvertement du physique de ses élèves dès le 1er jour ? Je suis un peu surprise.
Il fait l'appel. Et lève la tête.
- Julie ? Erreur ! J'ai 3 chèvres cette année.

Une élève n'est pas là pour cause d'appendicite.
- Paul ? Comment va ton frère ?
- Alex ? Tu fais du rugby ? Non ? Tu devrais.
- Qui s'estime à sa place en 3ème ?
8 mains se lèvent.
- Et qui a eu des soucis en histoire-géo ?
Ils sont 10 à s'auto-désigner.
- Moi, le problème c'est les dates, avoue une jeune fille.
- Ah, en histoire, ça peut poser problème … Au brevet, le repérage est sur 6 points, on en fera cette année, ce sont des points facilement gagnés. D'ailleurs, pour la semaine prochaine, sortez vos cahiers de texte, vous réviserez les repères de 6ème. 7 dates à apprendre, ce n'est pas compliqué. Mais si vous ne savez pas, pitié ! Certains m'ont placé le règne de Louis XIV entre 1955 et 1973 ! En géographie, j'ai trouvé la Gaule sur une carte de la CEE et un pays inconnu baptisé Birgamie. De grâce, n'inventez pas ! A l'oral, en revanche, n'hésitez pas. J'ai besoin de réponses. Pas forcément bonnes. Surtout pas une classe éteinte ! C'est abominable d'être tout seul en classe. Révisez régulièrement. L'année dernière, j'ai dû redonner la définition de PNB à chaque cours. Soit je me mets en rage, soit je baisse les bras. Mais là, j'ai un bon feeling. J'ai l'impression que vous êtes une classe sympa.
En ce qui concerne le brevet, Azzedine explique qu'il peut exister un léger décalage entre le livre et le brevet et qu'il parlera plus en détail du brevet quand le sujet sera bien ficelé.
- Je sais juste qu'il y aura un brevet blanc en janvier et un en mai. Des questions ? il interpelle les 3 redoublants.
- Je sais pas, murmure l'un d'entre eux
- Damien-je sais pas. Déjà l'an dernier, tu ne savais pas. Je me demandais même si ce n'était pas ton 2ème prénom.
Abba retentit.
- Louis, tu peux rester 5 minutes ?
- Oui, quoi, Monsieur ?
- J'ai eu ton petit frère Raphaël ce matin en 6ème. Il est arrivé seulement aujourd'hui. Il a des soucis ?
- La rentrée a été un gros stress, explique Louis. Il a été séparé de tous ses copains, dans une classe où il ne connaissait personne. En plus, nos parents sont en train de revoir la garde alternée. Je ne veux plus aller chez mon père, ni

Raphaël non plus mais il n'ose pas le dire à mon père pour ne pas lui faire de peine. Hier, il n'est pas venu. Ce matin, il était en larmes, il ne voulait pas venir.

10h25, retour des 6°B, gros ramdam à l'arrivée en classe.
- Oh là ! Qu'est-ce que c'est que ce cirque ? La prochaine fois, je vous fais ressortir.
Il se retourne et allume le tableau numérique. Quelques « Ouhaa » silencieux saluent ce nouvel outil. Ils sont probablement nombreux à n'en avoir jamais vus. Pour Azzedine, son utilisation est complètement banalisée.
- Monsieur ? J'ai oublié mon cahier d'éducation civique.
- On en a parlé des cartables. Il faut les préparer le soir.
- Mais je l'ai fait et j'ai revérifié et je l'ai enlevé.
- Bon, ça passe pour cette fois, mais j'ai déjà dit que cela ne me plaisait pas beaucoup.
Il fait changer deux élèves de place.
- Attention, je donne une consigne pour la page de garde : à votre manière, vous écrirez votre nom, prénom, la classe. Et vous décorerez comme vous voulez mais ce serait mieux si cela avait un rapport avec la matière.
- Monsieur ? Moi j'ai pris mon cahier d'histoire, mais comme j'ai rien écrit dessus, je peux l'utiliser pour l'éducation civique ?
- Oui, bon, vous tournez une page.
- On a le droit de mettre : liberté, égalité, fraternité ?
Azzedine ne se laisse pas parasiter.
- Vous tombez sur une page double. On écrit toujours à droite sauf les gauchers. Sur l'autre page, vous collerez le polycopié. Vous collerez, ça veut dire quoi ? Qu'on le fait plus tard à la maison. Cela me permettra de voir aussi lesquels revoient leur leçon le soir. J'interrogerai quelqu'un lundi. Fabien, comment je sais que la leçon n'est pas apprise ?
- Ben, je sais pas
- Quand le polycopié n'est pas collé !
Retour au polycope qui a été distribué et qui est projeté sur l'écran numérique. Un plan constitué de pavés qui représentent les différents bâtiments du collège. Mission : identifier les différents espaces.
- Qui veut venir au tableau ?
Une flopée de mains se lève. L'heureux élu annonce :
- La cour c'est là !
- Non ! Quelqu'un d'autre ?

Le hall, la cantine, la SEGPA, les bâtiments A et B sont placés. Fabien lève la main :
- On dirait un perroquet sur un perchoir.
- Pourquoi t'as mis des flèches ?
- Il y a 4 fonctions dans un collège. Lesquelles ? Devant le silence paniqué, il complète, les salles de cours ont une fonction, laquelle ?
Brouillard complet dans les esprits.
- L'enseignement, les délivre Azzedine.
Ca va plus vite quand ils ont compris ce qu'est une fonction. L'infirmerie, c'est le soin, l'administration, c'est l'administration, la cantine, c'est la restauration, leur souffle Azzedine et la vie scolaire, l'encadrement, conclut-il après avoir entendu aide, surveillance, information, rassemblement.
- Pourquoi vous avez pas mis les préfas sur le plan ?
- Parce que je ne les veux pas. Pour moi, les préfabriqués, c'est pas le collège ! Prenez votre cahier de texte.
- Ah, c'est reparti, murmure ma voisine entre ses dents. Déjà 3 000 trucs pour lundi ! Au secours !
- Pour lundi, coloriez le plan du collège sur le polycopié en fonction des couleurs que vous aurez choisies pour la légende.
- De n'importe quelle couleur ?
- M'sieur, une seule couleur ou plusieurs ?
- Ca suffit les M'sieur ! Vous levez la main, je vous voie très bien. M'sieur, M'sieur, toute la journée, c'est nerveusement épuisant.
Une pointe d'agacement perce sous cette mise au point.
- Raphaël, tu viendras me voir à la sonnerie ?
Le petit attend que ses camarades soient tous sortis. Azzedine lui demande :
- Alors, tout va bien ? Tu peux m'expliquer pourquoi tu es arrivé seulement aujourd'hui ?
- Parce que dans cette classe, j'ai mes copains.
- OK. Ton frère m'a dit que vous attendiez une décision importante, alors je suis là si tu veux me parler.
Les larmes perlent aux yeux de Raphaël.
Azzedine compatit :
- Vas-y, mais n'hésite pas si tu as besoin de me parler.

17h20, retour de Mat
- La prof de français a demandé qui avait le livre de Rousseau. On était 2.

- Et les autres ?
- Les sans-culture ? Ben, ils vont l'acheter !
Elle fait l'impasse sur le cours de maths (son exercice super classe n'était visiblement pas en phase avec la consigne).
- En histoire, il ne nous a même pas parlé des repères. On a fait Flemming, celui qui a inventé la pénicilline. Il n'y a que notre classe en latin cette année. L'année dernière il y en avait deux. Avec une inquiétude latente dans l'établissement : et si les élèves n'étaient plus assez nombreux pour qu'il y ait une classe de latin ? Indigne de l'école de la République !
- On doit emmener notre livre. Elle a engueulé ceux qui ne l'avaient pas et a dit que, hier, les autres l'avaient tous. C'est normal, c'était le jour de la distribution des livres ! Et rien que pour l'anglais, on a 4 cahiers. Si tu fais un livre sur les profs, il faut leur dire de faire cours avec le tableau interactif. Les profs de maths, ils font tous ça. Le prof d'histoire, il veut pas, il dit que c'est trop petit et la prof de latin est allergique au feutre. Il faut qu'ils se mettent à la page. En latin, j'ai répondu à deux questions : pourquoi les Romains avaient beaucoup de sel ? J'ai répondu que c'était pour mettre dans les plats ou quand il y a avait de la neige. Tout le monde a rigolé. Ensuite la prof a demandé comment était Néron. Moi je savais qu'il avait fait le chaos -je ne sais pas pourquoi, j'associe toujours Néron au chaos-, j'ai répondu « méchant », re-rigolade, mais je ne savais pas comment dire qu'ils se reproduisaient entre eux et que certains pétaient les plombs. En fait, il fallait répondre fou. C'est ce que je voulais dire. En techno, c'était le 1er cours, le prof nous a fait remplir les fiches, mais sans adresse, ni téléphone. Par contre, il a dit que c'était pour mieux nous connaître, il a demandé quel métier on voulait faire plus tard. Moi, j'ai mis assistante sociale. Il a aussi demandé si on avait des problèmes. Il y en a un qui est allergique à l'étain, un autre au latex. Moi j'ai mis "parents divorcés" et que mon père était parti pour 9 mois. Ca fait p'tite malheureuse et si, un jour, j'ai une baisse de tension, ça pourra servir à l'attendrir. Après, tu sais pas ce qu'il a fait ? Il a lu les fiches tout haut. On était tous étonnés. Ça se fait trop pas ! Bon, on avait le droit de dire si on était d'accord ou pas … Moi j'ai dit non. Il rigole et après il crie, c'est bizarre …

Contexte : la concertation est lancée à l'échelon national (sur le site internet du gouvernement)

Le Président de la République a fait de la refondation de l'École une priorité de son action. Cet engagement s'est traduit, dès le conseil des ministres du 4 juillet, par une communication lançant une vaste concertation : «Refondons l'École». Le gouvernement proposera au Parlement dans les mois à venir une loi d'orientation et de programmation pour l'École.

Jusqu'où descend cette concertation ?
- Jusqu'à nous, me répond Azzedine. Via des sites Internet dédiés ou via les syndicats qui vont nous solliciter aussi par Internet.
Blasé :
- Celle-ci devrait accoucher d'une souris, à savoir école le mercredi matin en primaire.

Amandine, la nouvelle
De l'autre côté de la barrière, c'est sa 1ère rentrée, à elle aussi. Sa passion c'est la gym. Elle a fait un sports-études en gym, elle était entraîneur de gym au Haillan avec un contrat de 35h par semaine. Mais le soir, le samedi, le dimanche, des horaires bien peu adaptés à ceux d'une vie de famille, lui rappelait périodiquement sa mère. Elle veut quand même faire du sport son métier et entreprend 5 ans d'études au STAPS (Sciences et techniques des activités physiques et sportives) de Talence pour devenir professeur. Dans la foulée, elle passe son CAPEP (équivalent du CAPES). Au programme du concours, une dissertation sur l'histoire de l'EPS depuis 1880 et une sur la pédagogie de l'EPS, 2 oraux de gym, sa spécialité et, nouveau, une vidéo à analyser sur une prof en train d'exercer son métier. Une partie de l'oral porte aussi sur des connaissances relatives au « agir en fonctionnaire de l'État. » Hormis deux stages, elle devient prof sans avoir jamais été chargée d'un élève et encore moins d'une classe entière. Stagiaire pendant un an, elle a une tutrice dans le collège, Mme Carmat, et un emploi du temps allégé soit 17h par semaine sur 4 jours. Elle a deux 6ème et deux 4ème.
- Gros décalage entre la théorie et la pratique ! J'ai eu mon affectation très tard. Faute de savoir quelles classes j'aurai, je n'ai rien pu préparer pendant les vacances. Beaucoup de stress à la rentrée pour retenir les prénoms, découvrir le matériel, le règlement intérieur et toutes ses subtilités, préparer les activités, les évaluations. Et pour doser le travail aux possibilités de la classe. Une séance ne se passe finalement jamais comme prévu. Trop courte, trop longue, trop difficile, …
Et puis l'autorité quand on est une très jeune femme, petite et menue ?
- Les 4ème sont plus grands que moi. Ils étaient incrédules quand je suis arrivée : « C'est elle la prof ? » C'est plus facile avec les 6ème mais ils confondent EPS et

récréation. Et puis les ados ne sont pas faciles … J'essaie de trouver des trucs, de leur monter ma compétence en préparant bien les cours, de les faire asseoir quand je suis débout. Mais la plupart du temps, nous sommes dehors, je n'ai pas une classe sagement assise et un bureau pour matérialiser mon autorité. Quand j'ai commencé avec le javelot, tout le monde est parti dans tous les sens … Maintenant, j'ai un sifflet pour demander le silence. Certaines activités sont plus difficiles que d'autres : la danse pour les garçons, par exemple ou le rugby pour les filles. C'est dur, ça se bouscule, ça discute. J'ai même complètement craqué pendant une séance avec des 6ème. Une vraie catastrophe, ce cours. Ils étaient déjà énervés pendant l'échauffement, se bagarraient sans arrêt, contestaient tout ce que je disais. J'ai du les reprendre sans arrêt. Epuisant. Je suis sortie pour pleurer. L'autorité, je ne l'ai pas apprise et je ne l'ai peut-être pas naturellement. Les autres collègues me l'ont dit : il faut recadrer, sanctionner, mettre une observation ou une heure de colle, ça aide. Moi, je suis plutôt cool. J'essaie de ne pas punir. Je mets un mot sur le carnet.
L'année prochaine, Amandine sera affectée à un établissement de la banlieue parisienne. C'est obligatoire. Il lui faudra passer 7 ou 8 ans en ZEP (Zone d'Education Prioritaire joliment rebaptisée Réseau Ambition Réussite depuis 2006…) pour espérer avoir assez de points pour revenir en Gironde où elle vient d'emménager avec son amoureux. Le PACS leur a déjà rapporté 50 points. Mais elle économise dès maintenant pour pouvoir louer un appartement l'année prochaine.

8 septembre
Le 1er week-end
Les parents se retrouvent aussi le samedi mais pas sur le parking du collège. Rendez-vous au forum des associations de la commune, passage obligé pour ceux qui ont un, ou pire, plusieurs enfants, et qui devront jongler toute l'année entre le violon le mardi soir jusqu'à 22h, le badminton, le mercredi de 17h à 19h, la piscine tous les jeudis sauf quand on ne peut vraiment pas. Couvrir les livres, s'organiser en fonction des nouveaux emplois du temps, acheter de multiples chaussures et devoir vendre le kimono de celui qui vient de laisser tomber le taekwondo pour l'aviron. Ce premier week-end est le bienvenu, mais, les parents, eux aussi, quand ils se retrouvent, ils râlent. Après les problèmes de bus, c'est le poids des cartables qui fait débat. Jeudi prochain, l'association des parents d'élèves prévoit une journée : « les parents retirent les manuels scolaires des cartables ! »

Le problème se pose tous les ans depuis que mes enfants sont au collège. Une colère légitime mais temporaire pour alerter l'opinion sur les poids des cartables et un vrai problème qui passe régulièrement à la trappe au moment des premières réunions parents-professeurs.

- Donc mercredi on distribue des tracts à la sortie, récapitule Nadine, la présidente de l'association des parents d'élèves du collège et jeudi, les enfants viennent sans livre à l'école et ils ne seront pas punis parce que ce sont leurs parents qui auront la décision. J'espère que les profs seront solidaires, nous sommes toujours les premiers à prendre sur notre temps pour camper au rectorat et demander plus de moyens pour eux. Ils pourraient être avec nous sur la question des livres !

Ma fille excédée de ces papotages entre adultes, desserre les dents et lui dit :

- Merci de vous en occuper, c'était pas trop tôt !

Pour Mat et ses potes, première soirée entre copains de la 3°A. Samedi soir, 19h, destination le Mac Do. Les mamans déposent et reprennent leurs enfants qui se tiennent au courant en direct live par textos. Mat s'est fait toute belle. Elle babille dans la voiture : « Alice a décidé de ne plus se maquiller, cette année. Et moi, je vais essayer d'être plus excentrique. De m'affirmer (il y a 2 jours, malgré 25° à l'ombre, elle n'a pas voulu aller au collège en short car ses copines étaient en pantalon). »

Short en jean, tee-shirt à fines bretelles laissant deviner son soutien gorge, des Converse et un petit gilet d'homme bien ajusté autour de sa taille fine. Avec le chignon qui dégage son visage fin (elle a tapé sur Google : coiffure simple pour sortir.com), elle est belle à croquer.

9 septembre

Offensive parentale

Dimanche matin, dans les boîtes mail des parents d'élèves.

PARENTS !

les cartables de nos enfants sont beaucoup trop lourds jusqu'à parfois atteindre le poids de

10KG !

MANIFESTONS SIMPLEMENT NOTRE VOLONTÉ DE PROTÉGER LA SANTÉ DE NOS ENFANTS

en participant activement

à la journée cartable sans livre

"AIME TON DOS"

Ce jour là, ne mettons AUCUN manuel scolaire dans le sac !

LE JEUDI 12 SEPTEMBRE
JOUONS NOTRE RÔLE !

C'est de la santé de nos enfants dont il s'agit.

Lundi 10 septembre
1er jour de la 2ème semaine
13h45, Azzedine salue chacun de ses 6°B d'un désormais bien établi : « bonjour ».
- Ca va ? Tout le monde va bien ? Ouvrez vos cahiers que je voie si vous avez bien travaillé. Attention si le polycope n'est pas collé, c'est moi qui colle !
Une main se lève. Ça commence …
- Moi, j'ai oublié mon cahier mais je vous jure que je l'ai fait le travail.
- Tu penses que nous pouvons fonctionner comme ça ? Si je crois tout le monde sur parole, qu'est-ce qu'il va se passer au bout d'un moment ?
Le petit garçon fond en larmes.
- Bon, allez, ça va pour cette fois, se radoucit immédiatement Azzedine.
Profitant de la brèche dans la carapace sensible du prof, une autre main se lève.
- Je ne l'ai pas fait parce que je savais pas si on avait éducation civique ou histoire. Ma mère a ressorti mon cahier d'éducation civique de mon cartable.
- Alors qu'est-ce qui va arriver au bout d'un moment ? demande Azzedine qui a un message à faire passer.
- L'élève sera sanctionné, répond celui qui a suivi.
- Non.
- Il va le faire tout le temps.
- Et surtout complète Azzedine, tout le monde va le faire.
Deux autres mains pour « j'ai pas mon cahier, je croyais qu'on avait histoire »
- Comment saurez-vous que j'ai fini une leçon ?
- On aura un contrôle ?

- Oui, et je vous le dirai.
- M'sieur, je me suis trompé en collant, j'ai collé à droite au lieu d'à gauche.
- Ce n'est pas grave pour cette fois. Mais je vous rappelle que tous ces petits tracas me mettent de mauvaise humeur…Mettez-vous à la place du prof de temps en temps.
Il manipule sa souris, essaie d'afficher le plan du collège, mais le document refuse de s'ouvrir. Un élève intervient :
- Il gagne toujours l'ordinateur !
Distribution d'un 2ème polycope et rappel de la consigne : on colle à la maison !
- M'sieur, on colle à droite ou à gauche ?
A l'étude, le préambule du règlement intérieur. Et une nouvelle consigne : dire les mots que l'on ne comprend pas comme laïcité, propagande, contrainte, assiduité, ponctualité, neutralité.
- M'sieur, je saigne de la jambe, intervient Alexis
- Tu as besoin de la fonction soin ?
Azzedine vérifie l'ampleur de la blessure (un bouton trop gratté visiblement), cherche un kleenex, accompagne l'enfant se rincer et revient. Il demande successivement la définition de contrainte, de collectivité, d'efforts pour conclure que les élèves ont des droits et des devoirs.
- Beaucoup de notions importantes, commente-t-il. Prenez vos cahiers de texte, notez d'apprendre la leçon pour mercredi. Apprendre la leçon, c'est connaître le plan du collège, le préambule et les réponses aux premières questions.
- On écrit en rouge ?
Abba ! Azzedine commente :
- Nerveusement, les 6ème c'est un calvaire. On passe son temps à se répéter. Et pourtant je les demande à chaque fois et comme prof principal par-dessus le marché. Je dois être maso. C'est sûrement pas pour la prime de 100€.

17h20, retour de Mat :
- En sport, la prof elle a une tête de dictateur quand elle n'est pas contente. On fait hand et après on fera lutte. Personne ne veut se mettre avec moi, c'est bizarre (elle fait 1,73m). Au collège, je suis un peu comme Catwoman, une super-héroïne. Et je vois pas pourquoi les buts des filles comptent le double de ceux des garçons. C'est de la discrimination. De toute façon comme les garçons jouent perso et que les filles ne tirent jamais, ça ne sert à rien.
- Tu as pris une douche ?

- Non, j'avais pas mes affaires, même pas de baskets. Ah, j'ai vu le professeur de musique aussi, il n'a même pas fait une heure de présentation. Je l'aimais bien au début, mais maintenant je ne l'aime plus. Il veut nous faire apprendre la guitare et la batterie. Il a fait acheter des guitares, une pour deux. Et il a dit qu'il ne nous obligerait jamais à faire quelque chose qu'on n'aime pas. On fera pas de contrôles alors ? Après il a joué un air de "guatterie", mais nous on tapait sur nos cuisses comme des "kassos". Après en français, la prof m'a dit de venir à la fin du cours. J'ai flippé ma race. Surtout que j'avais dit un peu fort qu'elle était bien habillée mais que la coiffure était à revoir. En fait, c'était pour me dire de te dire qu'elle t'invitait à suivre ses cours si tu veux pour ton livre avec Monsieur Laabar. En maths, j'étais d'une humeur massacrante, mal aux yeux, mes copines, elles en avaient marre ! Et le prof n'avait pas oublié le calcul mental. Il nous demande des trucs genre : le quotient de 53 et 46 et ça fait 13,7. Comment je peux trouver ça de tête, moi ? Il a un sourire machiavélique. Et j'ai eu ma 1ère note de calcul…Il n'y en a que 2 qui ont eu 10. J'ai eu 6. Ca va ? C'est bien ? Dans le bus, c'était calme, on a mis nos ceintures. C'était la 1ère fois. J'étais pas à ma place fétiche, mais j'ai fait plein de blagues et tout le monde a rigolé. Même Louis, avec lui, je fais que des flops d'habitude.

Mercredi 12
Scandale !
Mercredi matin, les profs prennent connaissance de l'initiative des parents pour « une journée sans manuels » Un pavé dans la salle des profs !
Très remontée, la principale adjointe est furieuse :
- Distribuer des tracts dans l'enceinte de l'établissement est interdit, c'est illégal, nous n'avons même pas été prévenus ! Il est hors de question d'être pris en otage par les parents.

Je suis là depuis 8h, je ne sais pas de quoi elle parle, je n'ai vu aucun tract circuler dans l'établissement… Certains profs prônent des mesures radicales : « pas de manuel, pas de cours » mais ils sont vite rappelés à la réalité : on fait quoi des 800 élèves ? Madame Kleber donne la consigne :
- Vous faites comme d'habitude. Ceux qui n'ont pas leur livre auront une observation sur leur carnet.
- Oui, mais là, les parents vont monter au créneau. La vie scolaire va être débordée d'appels !

- Eh bien, faites-les moi passer ces appels. Et briefez vos élèves aujourd'hui. Surtout les 3ème, les 6ème auront trop peur de mal faire. Je comprends les parents mais là, je défends mes profs !

Dans la salle, l'une n'utilise pas le manuel et s'en fout. L'autre non plus mais, par solidarité, il est furieux. L'une rappelle qu'ils ont essayé de trouver des solutions en proposant de remplacer les cahiers par des trieurs mais que certains profs n'ont pas voulu. L'autre souligne que ce n'est pas de la faute des profs si les cartables sont trop lourds. Monsieur G a toujours le chic de la comparaison :
- Les parents râlaient moins quand, il y a 30 ans, leurs enfants faisaient des kilomètres avec des godillots en bois pour aller à l'école.
Visiblement derrière cette indignation massive contre l'idée des parents, se cache aussi la mémoire collective de longs combats de professeurs qui, au nom de l'égalité de l'accès de tous au savoir, ont exigé que chaque élève dispose d'un manuel. Parents et profs étaient d'ailleurs unis dans une colère commune quand l'année dernière, près d'une centaine d'élèves n'avaient pas de livres à la rentrée, la faute aux diminutions des crédits de l'Etat.
Azzedine avance une autre explication : la souveraineté du prof. Le prof est libre de faire son cours comme il l'entend. Avec ou sans livre mais d'exiger le livre quand même. Et cette liberté est fondamentale.

Je file rejoindre Monsieur G. et ses 3ème.
- Bonjour, pour la semaine prochaine, vous apprendrez la conjugaison d'être et avoir, à tous les temps et à tous les modes. Bien, maintenant vous prenez une feuille double et vous inscrivez en titre : La langue française. Pour les enluminures, vous ferez ça chez vous. Je vous encourage à prendre des notes car cette leçon sera à savoir et fera l'objet d'une rédaction.

Il ouvre le bal :
- D'où vient la langue française ?
Et Monsieur G. de remonter aux origines indo-européennes du français, au grec, au latin et au gaulois. Il distribue un 1er texte, les serments de Strasbourg, l'un des 1ers textes écrits en français.
- Sur quoi écrivait-on à l'époque ?
- Sur des pierres ?
Le décryptage est difficile, le contexte (la succession de Charlemagne) très lointain, l'étymologie propice à de nouveaux voyages : de cosa à Cosette, M.G.

déroule *Les Misérables*, la triste histoire de Fantine, première prostituée de la littérature à avoir été considérée comme une victime. Il prévient qu'il évoquera fréquemment la *Bible* comme décodeur de notre culture et espère que les parents ne lui tomberont pas dessus à la première réunion parents-profs.

10h10, les 6°A sur la même leçon que les 6°B.
Vérification des cahiers, distribution d'un nouveau polycop et interrogation sur la leçon précédente.
- M'sieur, je l'ai collé à droite au lieu de à gauche
- Qu'est ce qu'un préambule ?
- Une prévention ?
Dans le fond de la classe, Alexis explique à son voisin que l'une de ses réponses n'est pas tout à fait juste. « Mais je ne peux pas t'en dire plus sans te donner la réponse », chuchote-t-il.
- Au propre, vous écrivez collectivité
- On écrit en vert ?
Au bout d'un moment, ça tape sur le système. Azzedine s'énerve :
- Vous me tuez avec la couleur de vos stylos ! Tu écris en vert d'habitude ? Non, et ben alors !
- Qu'est-ce qu'une contrainte ?
- Une obligation
- Exactement, par exemple ?
- Ranger ma chambre ?
- Oh, moi aussi j'ai mis ça !
- On écrit donc au propre sur le polycopié sur les petits tirets : une contrainte, c'est une sorte d'obstacle.
- Vous avez drôlement bien préparé le travail Monsieur ! commente Fabien
- On écrit en rouge ?
- Non …
Il faut dire que sur le tableau numérique d'Azzedine, le mot à trouver est écrit en rouge. A mon avis, la prochaine fois, il l'écrirait en bleu, ce serait peut-être plus facile pour lui.
- Vous avez déjà eu des contraintes depuis le début de l'année ?
- Aller en français, Monsieur G., il est un peu … commence Fabien.
- Je ne veux pas le savoir, le coupe Azzedine. Tu gardes ton avis sur Monsieur G. pour toi.

- Alors, des contraintes et des efforts depuis la rentrée ? demande Azzedine à la petite Louise.
- Non, ça va. A part que mon sac, il est un peu lourd.
- Quels sont les droits des élèves ?
- Le droit de travailler
- C'est plutôt un devoir
- Le droit de s'amuser dans la cour
- Le droit de donner son avis
- Et votre 1er droit ? Mon premier devoir ?
…
- Apprendre !

Nouveau polycopié : Yasmine, une collégienne raconte ses premiers jours d'école.
1ère question d'Azzedine : à quelle personne est écrit ce texte ? Silence.
- Elle dit quoi, cette petite fille ? Je ? Elle ? A quelle personne parle-t-elle ?
- A nous ?
- Non, en termes de grammaire
- A la 1ère personne
- Ah, moi aussi, j'avais pas compris …
- Notez les devoirs pour vendredi. Collez les polycopiés et répondez aux questions 1 et 2.
- M'sieur, ça fait aussi penser à un monologue.
- Y'a pas un s à polycope ?
- M'sieur, j'ai du mal à bouger le cou.

Fin de matinée avec les 3°B.
Appel rapide et le rythme s'installe soutenu.
- Les évolutions technologiques du début du siècle ont conduit à quoi ?
Les réponses fusent : la pénicilline, l'IRM, les radios, les antibiotiques, …
- Les progrès médicaux prolongent l'espérance de vie : un exemple ?
Ils n'ont pas le temps de chercher qu'Azzedine enchaîne
- Je me souviens quand le sida est apparu dans les années 80. Ca a été comme une claque. Comme vous j'arrivais à 15-16 ans, à l'âge où on découvre … On découvre quoi ? Louis ?
- Ben, euh…

- Alors, vous vous lâchez sur plein de choses, mais là, pour parler de ça, blocage !
Une toute petite voix :
- Le sexe ?
- Exactement. On avait 15 ans et on se disait, voilà, j'y vais. Et là : non, non, non ! Tu risques la mort ! Ceinture ! On ne savait pas ce qui se passait, il a fallu 2 ans pour isoler le virus. Vous savez ce qu'est ce virus ?
- Il attaque les globules blancs.
- Et elles servent à quoi les globules blancs ?
- A protéger notre corps.
- On meurt de quoi alors ? De toutes les maladies banales. Aujourd'hui, les médicaments ont considérablement augmenté l'espérance de vie. La recherche se poursuit mais elle a besoin d'argent. Vous connaissez l'Oréal ? C'est une boite pharmaceutique richissime. Eh bien, leur budget de recherche pour élaborer de nouveaux vernis à ongles ou fond de teint est égal à celui de la recherche médicale française ! Imaginez la recherche sur les maladies orphelines ! C'est quoi une maladie orpheline ? Ce n'est pas une maladie qui n'a plus de papa ou de maman, c'est une maladie délaissée parce qu'elle touche très peu de personnes par an. L'autisme par exemple. C'est toujours la croix et la bannière pour envoyer un enfant autiste à l'école.
Changement de registre et toujours du tac au tac :
- Comment Peugeot s'est transformé ?
- Avant, on travaillait à la chaîne.
- Peugeot était une entreprise artisanale, familiale qui pour produire plus a ouvert des usines où on travaillait effectivement à la chaîne. Aujourd'hui ce sont plutôt des robots … Ce fut un vaste débat dans les années 80 : beaucoup de gens disaient que ce n'était pas juste d'acheter des robots et de priver 10 personnes de leur travail. Ce n'est pas tout à fait comme ça qu'il faut raisonner. Qu'est ce qu'il faut pour construire un robot ? Il faut le concevoir, le construire, le transporter, l'entretenir, cela fait travailler beaucoup de gens. C'est pareil pour les caisses de supermarché. Il faut raisonner à plus long terme.
- Oui, mais bientôt ce sont des robots qui vont construire les robots !
- La population active, c'est qui ?
- Nous ?
- Non, moi plutôt ! Ceux qui travaillent, mais aussi ?
- Les chômeurs ?

- On a inventé un mot plus beau pour dire les chômeurs : les demandeurs d'emploi. Y'a pas que la technologie qui fait perdre du travail aux gens, il y a aussi la crise. La place des femmes dans cette société active ?
- Elle augmente.
- Depuis quand ?
- Le milieu des années 60.
- Mai 68, ça vous dit quelque chose ?
- La révolution des femmes ?
- Pas seulement des femmes. Des ouvriers, des jeunes. Et des femmes aussi qui ont dit : « nous on est pas contentes ! » Pourquoi ?
- Elles ne sont pas égales aux hommes ?
- Oui, surtout dans le domaine du travail. C'est toujours le cas aujourd'hui. A diplôme égal et compétence égale, elles gagnent 20% de moins qu'un homme !

Ma mère anciennement responsable du personnel chez Renault lui répondrait que là aussi, il faut raisonner à plus long terme. Si les différences à l'embauche sont souvent minimes, elles se creusent quand une femme a un enfant ou demande un temps partiel pour s'en occuper, quand une femme refuse une promotion qui l'enverrait sur les routes un jour sur deux, quand une femme a un second enfant ... L'inégalité du salaire n'est pas forcément le fruit d'une volonté délibérée de sous-payer les femmes, mais d'une répartition vie familiale/vie professionnelle qui n'est guère équitable, ni prise en compte.
Comme s'il m'avait entendue, Azzedine continue :
- Encore aujourd'hui, moi je n'aurais pas envie d'être une femme. Il y a encore des différences. Un garçon obtient par exemple, un scooter beaucoup plus facilement qu'une fille. Bref, en 68, les femmes ont dit : on veut travailler. Elles font garder leurs enfants. Elles ont raison. Regardez-moi, j'ai pris un congé parental pour m'occuper de mon fils pendant 3 ans. Il y a encore des combats à mener ! Combien de femmes conduisent un TGV ou un avion de chasse ?
- Oui, et beaucoup d'expressions critiquent les femmes, l'interrompt un élève. Par exemple : « femmes au volant, mort au tournant ! »
- Effectivement, alors qu'en fait, il est prouvé que les femmes ont moins d'accidents.
- Est-ce que vous pensez qu'un jour, il n'y aura plus de femmes au foyer, demande Solène avec inquiétude (sa mère ne travaille pas et élève 5 enfants) ?

- J'espère que non. Ca ne pose aucun problème qu'une femme soit au foyer. Si c'est son choix. Moi-même, si j'en avais les moyens, je resterai volontiers au foyer.
L'heure passe très vite.
- Cette classe me fait retomber amoureux des 3ème, savoure Azzedine. Pendant une heure comme celle-ci, je prends mon pied ! C'est épanouissant, j'ai la pêche ! Et là, je veux bien faire ce boulot toute ma vie.

17h30, goûter à la maison.
Alice répond à ma question sur l'histoire de la journée sans livres.
- La principale adjointe est passée en classe dire que c'était illégal de distribuer des tracts et même de parler de cette histoire entre nous ! Le prof a dit que ça ne lui faisait pas plaisir non plus comme parent de voir ses enfants avec 10 kilos sur le dos, mais que sans le livre, il ne pouvait pas faire cours. Pourtant, il projette le manuel sur le tableau numérique à chaque cours …
Mat s'en fout :
- Avoir des bonnes notes, c'est notre préoccupation principale.

Mail de Nadine, présidente FCPE du collège :

Concernant la distribution de tracts de ce matin, elle n'a pas eu lieu car il y a eu un "souci" que je vous communiquerai lorsqu'on se verra...
Pour faire court : la principale adjoint et les enseignants ont indiqué dans chaque classe que si les élèves ne portaient pas leur manuel demain, ils seraient sanctionnés...

A bientôt,
Nadine

Jeudi
A l'heure du goûter
Alice m'informe d'emblée :
- Finalement pour les livres, on était les seules avec Mat à ne pas les avoir. Les autres ont été flippés par Mme Kleber. On avait demandé aux profs s'il fallait les prendre ou pas. Ils ont dit qu'avec toute cette histoire, ils allaient travailler sans, ce serait plus simple. Mais depuis que Mme Kleber a débarqué toute l'opération s'est écroulée. Ca a très mal fonctionné cette histoire ! Résultat : les cartables sont toujours aussi lourds. Et d'ailleurs, ce qui pèse le plus lourd, ce ne sont pas les livres, ce sont les cahiers. On en avait 7 aujourd'hui et 2 livres.

- SVT, c'était trop bien, l'interrompt Mat. Elle est super cette prof, trop bien ! Et le programme est génial. C'est la génétique. En français, elle nous a montré une réponse du brevet. Gaël a demandé : « Si on mettait ça comme réponse, on aurait des points ? » « Si vous mettez ça, a répondu la prof, ils débouchent le champagne ! Le brevet si vous ne l'avez pas, personne ne l'aura. » J'étais trop contente qu'elle dise ça. Le repas était super bon, d'ailleurs le jeudi on mange toujours des trucs super bons : potatoes, fleish (viande), éclair au chocolat.
- Vachement équilibré !
- Mais j'ai mangé de la salade en entrée. En allemand, j'ai eu 17 à ma rédaction. Trop contente !!! Cette année, je lève tout le temps la main et personne ne m'interroge. Bon là, j'avais confondu mon cahier d'allemand et d'histoire, alors je ne l'ai pas trop ramené… Tu connais Clara Schuman ?
- La pianiste ?
- Oui, c'est le 193ème anniversaire de sa mort aujourd'hui. Personne ne la connaissait. La prof nous a dit : « Mais vous n'avez pas été sur Internet aujourd'hui, on parle d'elle partout ! » J'ai eu envie de lui répondre que non, désolée, Madame, nous, on est en cours ! Je ne sais pas trop ce qu'elle s'imagine … Après on a eu anglais. C'est pas parce qu'il est super beau, mais il nous fait travailler avec un tel plaisir ! Il est très fort ! On était deux par ordi et on enregistrait nos dialogues. Il fallait parler dans un micro, ça faisait trop hôtesse de l'air ! En histoire, on a eu un contrôle surprise. Trop facile sauf la date de la création du TGV.
- C'était écrit dans les fiches méthode, lui indique Alice. Si tu avais lu ta fiche méthode, tu l'aurais su ! Et en plus, il avait prévenu qu'il y aurait un contrôle surprise. Si en plus de ne pas lire les fiches, tu n'écoutes pas …
Je demande quelques éclaircissements sur la place fétiche dans le bus.
- Comment tu sais que c'est celle-là la place fétiche ? C'est marqué dans les papiers qu'on vous donne à votre arrivée en 6ème ?
- Mais, non ! Tout le monde le sait, c'est évident. T'avances dans le bus, et là, tu vois une place au centre du monde qui te permet de tout voir autour. C'est elle la place fétiche.

Vendredi 14 septembre

Laïcité, violence, entre actualité et question de cours

15h, débarquement bruyant des 6°A dans la classe. Azzedine hausse le ton d'entrée :

- Je vous prends dans la cour, je vous fais monter tranquillement, vous vous mettez en rang pour retrouver de la concentration. Et voilà ! On ne peut pas s'installer dans ce cirque ! Si vous n'êtes pas content, réunissez-vous et allez voir le principal pour vous plaindre du nombre de récréations. Mais tant que les règles n'ont pas changé, vous les respectez. Vous entrez dans le bazar, le cours est fichu. Et moi j'y tiens à mes cours.
Grand silence. 15h08, appel. Une main se lève :
- Le cours précédent vous aviez dit que vous changeriez les places.
- Ah bon ?
- Oui, parce que ceux de droite, ils répondaient pas assez aux questions.
- C'était sur le ton de la blague. Un volontaire ?
Fabien se propose.
- Ton cahier ?
- Pourquoi ?
- Pour voir s'il est bien tenu.
- Ah ben non alors !
Et ben si. L'interrogation commence : les 4 fonctions dans un collège, la collectivité, la contrainte, les efforts, les droits et les devoirs et le texte de Yasmine la collégienne. Fabien s'en sort plutôt bien.
- Quelle qualité il faut pour être un collégien ?
- Il faut être intelligent, répond fièrement Fabien avant de retourner à sa place où il commente à l'oreille de son voisin :
- J'avais rien appris !
- Tu fais quoi avec ton tube de colle ? demande Azzedine à Louise. On lui dit quoi ?
- On colle à la maison.
- C'est une règle que j'ai donnée en début d'année pourtant.
Il se penche sur un autre cahier :
- On n'écrit pas sur le polycope, sauf quand j'ai donné la réponse juste. C'est une règle que j'ai oublié de vous donner. Et pour info parce qu'on m'a posé la question en 5ème, mes polycopes, c'est moi qui les fais. Contrairement à ce que croyait un élève, je ne les trouve pas tout faits sur Internet. C'est moi qui les tape, qui les met en page, qui invente les questions. Ce sont mes polycopes et je veux qu'ils restent propres. Sortez tous vos cahiers. Je vais vérifier les réponses. Si je ne les vois pas, je prends les carnets.
Une main lui tend directement son carnet. Il en ramasse trois autres après avoir fait le tour de la classe.

15h20, il reprend le cours avec la loi de 1905 sur l'enseignement religieux.
- Pourquoi vous nous donnez une loi de 1905 alors qu'on est en 2012 ? demande Fabien.
- Parce qu'une grande partie de la scolarité aujourd'hui découle de cette loi. Qui a écrit cette loi ?
Azzedine dévoile la réponse (toujours écrite en rouge) sur le tableau numérique.
- Notez la réponse. Ah, c'est bien, vous ne me demandez pas en quelle couleur !
Il avance dans le texte.
- Neutralité, ça veut dire quoi ? Sinbad ?
- On n'a pas le droit de porter quelque chose de notre religion.
- Oui, une croix ou un voile. Il m'est arrivé de demander à des jeunes filles de retourner un collier avec une croix trop grosse. Si elle est trop visible, je peux ne pas l'accepter dans ma classe. Si une jeune fille porte un voile, je peux la refuser. C'est arrivé dans les années 2000 et finalement, les jeunes filles ont été désinscrites.
A la fin du cours, il rend les carnets sans y avoir porté d'observation.

Lu dans le Sud-Ouest du jour :
Agression d'un enseignant à Bordeaux : ce qui s'est vraiment passé

L'agression mardi, d'un professeur par un élève, très médiatisée depuis jeudi, s'est produite après un cours sur le système politique du Maroc, pays d'origine du lycéen

Qu'est-ce qui a déclenché un tel coup de folie chez cet élève de première âgé de 18 ans qui, à la suite d'un cours d'histoire sur « la religion et la situation politique et sociale au Maroc », a porté plusieurs coups à un professeur d'histoire de 36 ans ?

« Ce n'est pas une question d'islam ou de religion. Ce qui a déclenché les coups, c'est lorsque l'équipe de la vie scolaire, après son expulsion du cours, lui a annoncé que ses parents étaient avertis. Il est entré dans une colère noire », assure le proviseur.

L'élève belliqueux est d'ailleurs arrivé légèrement en retard au cours d'histoire-géographie de 14 heures. L'enseignant évoquait donc le Maroc, pays d'origine de l'élève, lorsque celui-ci s'est brusquement emporté. C'est, semble-t-il, lorsque le professeur a indiqué qu'il allait en parler à ses parents que le jeune homme a commencé à faire de grands gestes. Dans une ambiance électrique, la salle a été évacuée. Puis, sur le chemin du retour de la vie scolaire, l'élève s'est approché de l'enseignant pour le gifler et lui asséner un coup de poing et un coup de tête. Des tables et des chaises ont volé avant qu'une assistante scolaire, alertée, intervienne et... reçoive un panneau d'affichage. Sorti fumer dans la cour, le professeur a été à nouveau pris à partie par l'élève, qui l'a insulté. Il est 15 h 10 quand la police intervient dans l'établissement.

« Le professeur et l'élève avaient de très bonnes relations. C'est un enseignant très impliqué dans la vie de l'établissement », poursuit le proviseur. Un élève confirme : « C'est un prof avec qui ça se passe bien. Il est plutôt du style à nous vanner. » Le lycéen, reçu hier, a fait l'objet d'une mesure conservatoire d'interdiction de l'établissement. Il devrait passer prochainement en conseil de discipline. « Ce qui s'est passé est inacceptable et devra faire l'objet d'une sanction éducative pour ce fait, qui est une première dans l'établissement », renchérit le proviseur.

L'équipe éducative du lycée s'est montrée peu diserte hier. Une enseignante a indiqué « regretter la médiatisation de l'événement », tout en ajoutant qu'un courrier avait été envoyé au recteur pour rappeler que, dans ce lycée, « 2,5 postes de surveillants ne sont pas pourvus, il n'y a pas d'assistante sociale et la conseillère d'orientation n'a pas été nommée ».

Quant au professeur, il n'a pas eu d'interruption totale de travail (ITT) malgré les coups qu'il a reçus mais il se dit blessé moralement. « Il ne m'a pas cassé la gueule, mais il m'a brisé le cœur », dit-il. Cet ancien rugbyman, qui « n'est pas de nature à se laisser abattre », estime que l'agression est due à un « raidissement momentané » de son élève, en proie à des difficultés familiales et personnelles. « Il est désespéré et doit être actuellement très malheureux et ne doit pas tout comprendre ce qui lui arrive. Il a frappé pour faire peur et pour m'intimider. Physiquement, je suis indemne, je n'ai pas le moindre bleu, mais psychologiquement j'ai accusé le coup. J'ai le sentiment d'avoir été trahi. »

Depuis la fin de sa garde à vue, le professeur et l'élève se sont revus. Le jeune homme a présenté ses excuses, mais Christophe n'entend pas « minimiser, ni exagérer » l'importance du sujet du cours consacré à la religion. Il devrait reprendre ses cours la semaine prochaine. En attendant, il va « souffler un peu ».

L'élève, quant à lui, est convoqué au mois de février 2013 devant le tribunal correctionnel de Bordeaux où il devra répondre de violence n'ayant pas entraîné d'ITT au préjudice de personnes chargées d'une mission de service public, dégradations volontaires et menaces de destruction dangereuses pour les personnes.

Appris aux infos dans la foulée : 500 000 professeurs ont une assurance qui leur donne une assistance juridique en cas d'agression ou de problème avec les parents, … Azzedine confirme : selon, lui, plus de 80% des profs la souscrivent de manière automatique dans le pack MAIF.
Visiblement l'agression de cet enseignant n'a pas fait le buzz ici dans la salle des profs. Pourtant, il n'y pas si longtemps (2 ans), ce collège a été confronté à

un épisode similaire, la dimension religieuse en moins. Et Azzedine était aux premières loges :
- Je n'avais pas cours quand l'agression a eu lieu. J'étais dans le hall quand ma collègue en sang a quitté sa classe et j'ai été l'un des premiers à la prendre dans mes bras. Elle tremblait de tous ses membres. Elle venait de recevoir une chaise en pleine tête, une chaise lancée en cours par l'un de ses élèves de 3ème.
L'agresseur, un garçon de 16 ans, est prostré dans le couloir. Azzedine, à chaud, le rouerait volontiers de coups. Il sait que la violence a droit de cité au collège. Mais elle n'avait jamais été à ce point aussi franche, aussi clairement présente sur son lieu de travail. Sans vraiment connaître les circonstances de ce geste, il s'est senti menacé dans son intégrité physique. Lui et le reste du corps enseignant n'ont pas obtenu une journée banalisée pour évacuer le traumatisme. Ils ont donc posé une journée de grève.
- J'ai été très touché par le dernier discours de ma jeune collègue signalant que le problème était social, beaucoup plus large que cette agression singulière.
Il est outré qu'elle n'ait pas été plus soutenue pour avoir au moins le choix total de sa nouvelle affectation et que des tracasseries administratives (manque de points) ne se soient substitués à la bienveillance attendue de la communauté.
- Moins grave, mais vous ne pouvez pas imaginer le nombre d'insultes que la vie scolaire a essuyé l'année où il ne restait plus de place pour la fête du collège. Une surveillante a même porté plainte parce qu'on l'avait traitée de connasse.
Il m'apprend aussi que le ministre parle de la mise en place d'un observatoire sur la violence scolaire :
- Il a l'air de dire que c'est la 1ère fois qu'un tel observatoire est mis en place. Mais d'autres groupes sous d'autres appellations ont déjà mené le même genre de réflexion.

17 septembre
Qui fait quoi ?
13h45 avec les 6°B : bonjour, bonjour, bonjour, … L'appel est vite fait, Azzedine fait plusieurs groupes :
- Le premier va chez Monsieur le Principal, le second groupe au CDI, le 3ème chez la secrétaire du Principal, le 4ème au bureau de la vie scolaire, le 5ème à l'intendance, le 6ème à la loge, le dernier chez les surveillants. 3 questions toute simples : qu'est-ce que vous faites ? Comment êtes-vous arrivés là ? Est-ce que vous aimez votre métier ? Et, vous mettez les formes, bonjour, merci, au-revoir.
- M'sieur, c'est quoi les questions ?

Il répète et les voilà partis comme des grappes de petits oiseaux.
Seul dans sa classe, Azzedine commente :
- J'ai toujours fait ça depuis que je suis prof. Et j'ai vu que depuis 2 ans, c'était au programme de faire découvrir le collège sous forme de petites visites aux personnes qui y travaillent.
14h, les premiers reviennent. Ils sont 5, mais ça commence :
- Moi, j'ai pas pris le bon cahier, vous aviez dit …
- Moi j'ai le bon, mais c'est parce que je me suis trompé …
- Je vous fiche mon billet s'impatiente Azzedine qui voit l'heure filer que les plus en retard seront ceux qui sont chez le Principal. L'année dernière, il les a gardés toute l'heure. C'est très généreux de sa part, mais bon, j'ai un cours à faire …
En attendant les derniers, il commente les changements qui vont intervenir dans l'emploi du temps. Les profs les ont depuis quelques jours. Azzedine y a gagné, en semaine B, 4 après-midis de libre (visiblement, Monsieur G dont j'ai vu le nouvel emploi du temps, aussi). Je me permets un léger : « c'est cool, quand même … »
- Oui, c'est cool, le jeudi, je vais pouvoir aller au cinéma ou faire du sport avant d'aller chercher mon fils à l'école, me répond Azzedine qui a visiblement l'habitude des commentaires aigres-doux sur la question du temps de travail des profs. J'assume complètement. Prof c'était certainement une envie profonde, mais je l'ai fait aussi pour le temps libre et les vacances. C'est un rythme de travail qui me convient.
- Ce sera définitif ? demande un élève.
- Il y a 99% de chances.
- Les externes quand ils ont fini de manger, ils reviennent à quelle heure ?
- Ca dépend des jours, mais tout le monde doit avoir 1h30 pour manger. C'est obligatoire. Il faut le temps de rentrer, de manger, de se reposer, de prendre ses affaires de l'après-midi. Tiens voilà une solution pour les cartables trop lourds : soyez tous externes !
- On pourrait mettre des casiers.
- Oui, mais avec 900 élèves, vous imaginez le nombre de casiers ? Et la place qu'il faudrait pour les mettre ? Et les va-et-vient que cela génèrerait ?
- Il faudrait que les parents paient ?
- Non, c'est à l'école d'offrir ça. Mais le principal n'a pas un chéquier magique pour tout acheter.
14h15, tout le monde est revenu.

- Alors le principal ?
- Il a dit qu'il est principal depuis 20 ans et 10 ans ici. Il était prof et il a passé un concours de recrutement des personnels. Est-ce qu'il aime son métier ? Il a dit oui sans hésitation.
- C'est bien, mais il fait quoi dans le collège ?
- On ne lui a pas posé la question, rougit Alexis.
- C'était pourtant la seule question importante, lui rétorque Fabien.
- 95% des chefs d'établissement sont d'anciens profs qui au bout d'un moment sont fatigués ou ont envie de changer de métier. Ils passent des examens, c'est un parcours très classique.

En fait, seuls 47% des chefs d'établissement sont d'anciens profs. Presque 40% sont des CPE, 10% des instituteurs (trices).

- Alors que fait-il, le Principal ? interroge Azzedine
- Il commande ?
- Oui, toutes les décisions, ici, c'est lui qui les prend. Le collège est placée sous sa … ?
- Protection ?
- Responsabilité. C'est un mot très important. Ca veut dire quoi ?
- Que s'il y a un problème, c'est lui qui est responsable.
- Exactement. Même à la cantine, par exemple, et même s'il n'y connait rien en cuisine. Imaginons que de la nourriture avariée soit servie à la cantine et que beaucoup d'élèves soient malades, le principal serai ennuyé.
- Il peut aller en prison ?
- Si l'intoxication alimentaire conduit à la mort, pourquoi pas ? Dans plusieurs cas, il y a eu des condamnations après des accidents. Pareil pour moi, je suis responsable de vous. Si vous vous poussez dans l'escalier et que l'un se casse un bras, je vais être interrogé pour voir si j'ai bien fait mon travail.
L'adjointe aide le principal et le remplace s'il n'est pas là, la secrétaire de direction s'occupe des dossiers des élèves et des profs (elle voulait faire couturière quand elle était jeune), l'intendante est nouvelle et c'est elle qui paie, …
Abba !
- J'en étais sûr, râle Azzedine, le principal m'a mis dedans.
Ils copient vite le reste de la leçon.
- Vous notez pour vendredi, évaluation.

Le stress du temps ! L'horloge est quasi-interne. Les profs et les élèves savent à la minute près quand va retentir la sonnerie. Un stress certain pour la plupart des profs qui laissent finalement de côté beaucoup de questions et de discussions. Le temps presse. Le temps presse tout le temps au collège. Entre deux cours, entre deux portes, entre deux salles, les temps pour se poser sont rares. Moi je trouve les heures de cours extrêmement courtes, les discussions hachées, voire étranges.

Les oiseaux s'envolent. Et tout d'un coup, Azzedine s'interroge lui-même :
- Finalement, je ne sais pas ce qu'ils font vraiment les autres. Qu'est-ce qui se passe à la vie scolaire ? Chacun a ses propres problématiques que les autres connaissent mal et qui génèrent un peu d'incompréhension, voire d'animosité de tension ou de rivalité. Les femmes de service rient jaune en détaillant nos emplois du temps : « pas beaucoup d'heures de cours et tout le temps en vacances ! » Une plaisanterie, mais se rendent-elle compte à quel point ça pompe une heure de cours ? A quel point il faut aimer ce boulot pour le faire ? Et le principal ? Je sais que sa journée est bien remplie. Mais que fait-il concrètement dans son bureau ? N'est-ce pas l'esprit d'équipe qui fait un bon établissement ? J'ai toujours rêvé de partir manifester à Bordeaux et que 80% de mes collègues soient réunis sous la bannière collège … Les collèges réputés bons sont toujours ceux où les équipes se serrent les coudes. Qu'est-ce qui fait l'alchimie ? Est-ce que nous sommes un bon collège ?

Je croise Mat dans les couloirs.
- La prof d'allemand a dit que le voyage en Allemagne était annulé. A la place on ira à Strasbourg. Juste à la frontière. Et les correspondants aussi. Dans une auberge de jeunesse. A la fin de l'heure, elle m'a dit : « tu as l'air déçue. » Ben, bien sûr que je suis déçue !

18 septembre

Une heure syndicale

Les profs ont droit à une heure syndicale tous les mois. Rien à voir avec les syndicats, c'est une heure pour discuter des questions d'intérêt général. A l'ordre du jour, la nomination de candidats pour le conseil d'administration, les arbres qui pourraient être coupés dans la cour pour accueillir de nouveaux préfabriqués et le projet farfelu d'Azzedine de raconter sa vie à une journaliste…

- Pendant l'heure syndicale, on parle des sanctions, de la nécessité ou non d'un conseil de discipline, c'est parfois très tendu, me prévient-il. A la fin, on est tous d'accord, mais rien ne se fait quand la réunion est terminée. Certains se tiennent tellement mal parfois que nous avons été obligés d'envoyer un mot à chacun pour recadrer les prises de parole : on s'assied, on lève la main, on ne prend pas la parole sans qu'elle vous ait été donnée, …

Comme les élèves finalement. Grande première, je suis autorisée à être présente quelques minutes pour répondre aux questions. Les réticences des uns et des autres portent principalement, mais je l'avais bien compris, sur ma présence dans la salle des profs.

- C'est un lieu qui sert souvent d'exutoire à la fin d'un cours difficile, m'explique l'une des profs. Les propos qui s'échangent ne sont pas toujours le reflet de ce que l'on pense vraiment.

Je le conçois, mais je pense que tout le monde le conçoit. Dans les autres métiers aussi (dans le mien, sans aucun doute), certains moments de pause sont propices à des commentaires plus que douteux. Tout le monde le sait. De quoi donc a peur le prof qui se sent observé ?

Certains sont profs depuis 1972. Ils n'ont pas vraiment l'habitude d'avoir un observateur :

- A l'époque, me dit l'un deux, on était … tout-puissants. Aucun chef d'établissement n'aurait contesté notre avis, notre autorité était absolue sur les élèves, sans parler des parents qui nous respectaient. C'est nous qui décidions de qui redoublait, vous imaginez ? Aujourd'hui, on n'a même plus aucun pouvoir au conseil d'administration. On a quand même beaucoup perdu …

Mat que je n'ai pas vue depuis ce matin.

- Mauvaise journée ! Déjà, j'avais pas ma tenue parfaite (sa sœur lui avait piqué la veste bleue qui fait la touche finale de sa tenue parfaite) ! Première heure, maths, on refait du calcul mental. C'était toujours dur mais c'était mieux. J'ai eu 7. Et tout juste à mon exercice. En arts plastiques, on a fait des photos marrantes, des autoportraits décalés. Pas de souci en latin, je suis sa chouchoute. Aujourd'hui, on a mangé en dernier. C'était bien parce qu'on a eu plein de rab. Après, contrôle de physique, c'était simple. Elle a même pas demandé les planètes, j'étais dégoûtée ! Après, j'ai eu techno. Il faut que je te montre, c'est

trop joli ce qu'on a fait. Elle me montre son prénom en 3D, « en lettres beau », précise-t-elle. On était en demi-groupe. J'aime mieux quand on est en demi-groupe. Le prof a fait que me complimenter. Trop contente !!!
Je ne vois pas pourquoi elle a passé une mauvaise journée.

19h, où sont les parents d'élèves ?
Le collège est désert. Dans la nuit noire, guidées par un unique néon, une dizaine de silhouettes rejoignent à tâtons la grande salle de permanence. Sur les 1 700 parents d'élèves que compte normalement l'établissement, 10 mères et 3 pères se sont déplacés pour, au final et quelle que soit la forme, s'impliquer dans la vie du collège où est scolarisé leur enfant. Ce n'est vraiment pas beaucoup. Et c'est de pire en pire chaque année, paraît-il.
Assises face aux autres parents, les deux présidentes en titre prennent la parole à tour de rôle pour expliquer à quoi sert l'association de parents d'élèves : les parents élus assistent aux conseils de classe, aux conseils d'administration où se vote la vie du collège et à différentes commissions.
- C'est très intéressant et cela permet de donner son avis, souligne Nadine. Si les parents disparaissent de ces instances, nous ne pourrons plus donner notre sentiment, faire avancer les choses ou nous plaindre. Les élections ont lieu en octobre, il faut être au moins deux pour constituer un bureau.
Les questions fusent : combien de temps ça prend ? C'est à quelle heure les réunions ? L'après-midi, le soir ? Quand on travaille, on ne peut pas prendre une demi-journée tous les 15 jours pour les réunions.
- Les conseils de classe peuvent débuter à 17h, mais nous avons obtenu que les conseils d'administration aient lieu, une fois sur deux à 18h plutôt qu'à 17h30.
Décalage horaire : la journée s'achève au collège bien avant que l'heure des parents ait sonné. Nadine motive les troupes :
- D'une année sur l'autre les sujets de préoccupation ne manquent pas : 839 élèves, cette année, ce n'est qu'un début. Il y a déjà 5 préfas dans la cour et les couloirs murmurent que le petit bois pourrait être supprimé au profit de nouvelles constructions provisoires. Nous avons commencé l'année dernière à prendre des rendez-vous avec les élus et le Conseil Général pour demander la construction d'un nouveau collège dans le secteur. Le combat est à poursuivre. Aujourd'hui la suppression d'un créneau horaire à midi est pour nous un retour en arrière. Nous nous sommes longtemps battus pour que ce temps du repas soit un moment de détente. Vous, parents de 6ème, allez devoir vivre avec toutes ces questions.

Elle évoque un échec : la Maison des parents. D'abord une fois par semaine pour accueillir tous les parents et leurs questions, faire le lien avec le collège. Puis une fois par mois.
- Nous avons vu deux parents en un an et demi. Et encore par hasard.
Sans commentaires.
Elles annoncent d'emblée la couleur :
- Nous sommes toutes les deux démissionnaires. Nous n'avons plus de temps et pour plein d'autres raisons.
Un ange passe. Comme s'il y avait un truc pourri dans ce job …
Et maintenant la question fatidique :
- Qui est partant ?
Comme leurs enfants, les parents baissent les yeux sur la table. Et esquivent :
- On est obligé d'être FCPE ? C'est a-politique ?
Pour 17€ d'adhésion (13 vont directement dans les poches de l'association nationale), il se peut que la FCPE soit un réseau d'informations intéressant, la possibilité de se former, un appui juridique si besoin, une réponse à pleins de questions.
- En fait, murmure une petite voix, ils ne répondent jamais quand on a besoin d'eux. Ils se manifestent uniquement quand il s'agit de ramasser les cotisations.
Quant à la politique :
- La FCPE serait plutôt à gauche, la PEEP plutôt à droite. Finalement, tout est politique. On se bat pour la fin de la carte scolaire ou pour acheter un livre à chaque enfant ? C'est une question politique.
- Moi, je veux bien être co-présidente si un ancien veut bien rester avec moi, déclare finalement une maman.
Après avoir fait le coquet 5 minutes, un papa accepte de co-présider. Les autres se détendent. L'asso est sauvée. A ce stade, il y en a toujours un qui accepte d'être trésorier. On décide donc de faire un mot pour rameuter d'autres parents, de rester FCPE au cas où. L'essentiel est dit, le flambeau est passé.
Quelques-uns ont attrapé leur sac sitôt le dernier mot prononcé, d'autres prolongent la conversation autour d'une cigarette :
- C'est choquant de voir aussi peu de monde. Je dis même à certains parents : mais, vous n'en avez rien à faire de vos enfants ?
- Je travaille dans les crèches, poursuit un père. C'est pareil : il n'y a plus de parents dans les conseils de crèche. Nous avons arrêté les concertations ou les consultations. Le seul truc qui marche, c'est quand on écrit qu'il y aura à boire et à manger. Quand c'est convivial finalement.

- Justement, la seule fois où on a été vraiment nombreux, c'est quand on a invité les profs autour d'un verre, renchérit Nadine. Nous avons discuté sur notre ressenti, sur notre manière de voir la classe, de manière informelle. C'est ça qui était bien, nous n'étions pas dans une réunion parents/profs, pas dans un conseil d'administration, mais dans une relation d'égalité, adulte face à adulte. Nous avons été abasourdis d'apprendre que ni les professeurs, ni l'administration du collège n'obtenaient de réponses à leurs questions en matière de sureffectifs ou de moyens quand ils s'adressaient à leur hiérarchie. Quand nous parents obtenons un rendez-vous, ils sont traités, eux, avec un mépris total.
Je chope Nadine devant sa voiture. Une 2ème clope pour éclaircir un point qui est déjà passé à la trappe.
- Il parait que des parents ont distribué des tracts dans le collège pour l'histoire des cartables ? Tu es au courant ? Et pourquoi n'étais-tu pas là pour distribuer les tiens mercredi à la sortie ? Vous avez annulé l'opération ?
Sa voix tremble quand elle répond :
- Le Principal m'a appelé le mercredi matin chez moi, je n'avais même pas pris mon café. Il m'a agonie d'injures et de menaces pour une distribution illégale de tracts. J'ai eu beau dire que je ne savais pas de quoi il s'agissait, il était furieux. Tu comprendras bien qu'à midi, la motivation était au plus bas. J'en ai marre de me faire engueuler. Par les profs, par l'administration et pire que tout par les autres parents qui me reprochent de ne pas aller au fond des choses. J'en ai marre !

Mercredi 19

Ça commence à bosser

8h15, les 3°B et Monsieur G. ouvrent la journée.
Il ramasse une punition (4 pages sur l'histoire d'un chewing-gum) et en attend vainement une autre donnée pour bavardage intempestif.
- Tu ne l'as pas fait ? Une heure de colle. Donne-moi ton carnet.
Il ramasse aussi les 6 paragraphes à refaire faute d'alinéas, revient à la geste de Roland et déroule l'histoire jusqu'à la Renaissance :
- Que s'est-il passé à ce moment-là ? Quelle révolution a bouleversé la société ? Encore plus fort qu'Internet ?
Dans le grand silence qui suit, l'un se lance avec hésitation :
- Les chiffres arabes ?
Aucun ne pensera à l'imprimerie, ne connaît Gutenberg et n'a entendu parler de la vente des indulgences, de la naissance de l'église protestante. Ni ne sait, et

pourtant cela fait 2 fois aujourd'hui qu'il le dit : *La Bible* est le livre le plus vendu au monde ! La question : « qui a été le grand roi de la Renaissance ? » déclenche en revanche les passions :
- Le roi Soleil ?
- Charlemagne ?
- Charles 9 ? 10 ?
- C'est un Louis ?
- C'est quoi son prénom ?
Il craque :
- C'est François 1er !
Il distribue un texte polycopié. *La ballade des pendus* de François Villon.
- Un poème écrit par un auteur que vos parents ne voudraient pas que vous fréquentiez. Un meurtrier, un violeur probablement. Nous verrons d'autres exemples dans l'année d'auteurs qui étaient des êtres humains épouvantables. Personnellement, cela me pose toujours un problème.
La discussion s'engage avec animation sur la situation des pauvres pendus accrochés aux arbres jusqu'à ce que les corbeaux rendent à la poussière leur cadavre dépiauté.
- Ca puait ?
- Et les squelettes y restaient là ?
- C'était un spectacle, leur répond leur professeur. Les gens amenaient leurs enfants voir les pendus. Aujourd'hui, on vous surprotège mais à l'époque un adolescent voyait fréquemment des cadavres. La mort n'était pas cachée derrière de grands murs. Elle faisait partie du quotidien. C'était beaucoup plus dur, on arrachait les dents sans anesthésie … François Villon, ce n'était pas le genre : « je suis un rebelle et je passe chez Drucker ! » Des réactions ?
- C'est horrible !
- Quel précepte de *La Bible* François Villon a-t-il bafoué ?
…
- Moïse, les Tables de la Loi ? Il est revenu avec quel texte Moïse ?
- Les 12 commandements ?
- Oublie Mickael Youn (en plus dans le film, il y a 11 commandements, c'est une double mauvaise réponse !), les 10 commandements, le décalogue, Tu ne tueras point !
Abba.
Il est effaré :

- J'essaie de leur montrer qu'aujourd'hui vient d'hier. Qu'il y a un fil directeur qui mène jusqu'à nous. Certains ne connaissent même pas *Le petit chaperon rouge* …

Sur le tableau de la salle des profs :
Le concours de dessin sur bureau semble ouvert ! Attention !

10h25, les 6°B retrouvent Azzedine. Les petits s'inquiètent de la prochaine évaluation.
- Il faut apprendre par cœur ?
- Non, surtout pas, méfiez-vous des apprentissages mécaniques. Un jour, j'ai découvert avec ma fille que l'on pouvait apprendre par cœur et ne rien comprendre. Je lui avais fait faire une de mes évaluations sur le cours qu'elle venait d'apprendre dans son école. Elle a eu une très mauvaise note. Quelle que soit la forme de la question ou de la réponse, vous devez restituer un contenu. C'est ça l'acquisition de compétences.
1ère leçon d'histoire : l'Orient ancien
- Si vous n'avez pas vos cahiers, ce n'est pas grave, je ne l'avais pas spécifié. On commence avec un polycopié. On le collera où ?
- Dans notre chambre !
- Oui, mais où sur le cahier ?
- A gauche pour les droitiers, à droite pour les gauchers.
- On prend un nouveau cahier ?
Il rappelle les consignes … et pose le cadre géographique de cette première leçon : l'est de la Méditerranée qui est au cœur du programme de 6ème. Supplantée par Ur, l'Egypte a disparu des manuels. Les déserts en jaune, les prairies en vert, les montagnes en marron, les élèves copient. « Il est des cours, m'avait prévenu Azzedine où je m'ennuie. Vous le verrez tout de suite. » Effectivement.

Azzedine songe à remettre en place ses tandems : un 6ème en difficulté tutoré par un 3ème aguerri. Une heure par semaine à 13h pour revoir conjugaisons, problèmes de maths ou de méthode.
- Je suis conspué pour ce dispositif, indique-t-il un peu amer. Antisyndical de travailler une heure de plus sans être payé. Un principe avec lequel je suis parfaitement en accord en plus. Mais, désolé ! Je ne peux pas ne rien faire. Je rêve aussi que les élèves se bougent. Qu'ils se réunissent et qu'ils nous

soumettent leurs projets. Je les suivrais, je les encouragerais s'ils faisaient preuve de personnalité et d'autonomie. Hier, un 5ème a pris la défense d'un autre qui n'avait pas fait ses devoirs. Un quart d'heure de discussion parfaitement argumentée. J'ai coupé court parce que la cause n'était pas défendable sur le fond, mais une vraie discussion avec un élève, c'est rarissime. Il y a 2 ans, j'ai eu une classe de 3ème composée d'esprits forts. Pour une fois, je n'avais pas l'impression de parler à des neuneus.

Linda et Mat philosophent :
- La 3ème, je n'avais pas envie d'y aller à cause du brevet, déclare Linda. J'ai l'impression que le brevet va me faire grandir. Après, je vais passer un cap. Si tu l'as, tu peux avancer plus vite que si tu l'as pas. Ma hantise, c'est d'oublier tout ce que je sais au moment de l'examen. Plus tard, je veux être chirurgienne-urgentiste parce que j'adore les trucs gore et que j'aime bien l'urgence. En plus si on doit m'opérer, je saurais ce qu'on me fait. Je vais essayer de faire mon stage de 3ème à l'hôpital de Blaye en urgences avec les infirmières. C'est grâce à l'ancienne copine de mon père qui est infirmière là-bas.
- Le collège, c'est intéressant, tout le monde y passe un jour, complète Mat. C'est là où tu deviens une grosse pute ou pas. Mais les pauvres profs ! Ils doivent avoir la pression avec tous ces élèves qui les regardent pendant une heure. Et parfois pas gentiment. Respect les profs !

Vendredi 21

9h15, découverte de la classe "remédiation"

Je mets le pied pour la première fois dans l'un des fameux préfas, baptisé P4 en plus… Tout est normal : une porte, des fenêtres, des tables, des chaises. Murs blancs avec un liseré jaune. La température est conforme, mais il fait 19° dehors, donc à revoir en janvier ou en juin. A ce sujet, les témoignages concordent :
« En été, au-dessus de 35, on fait cours dehors. L'hiver, il fait 5 à 10 degrés quand on arrive le matin. C'est moins grave, on met des pulls. »
Fait inhabituel : dans les autres classes où il ne reste généralement qu'une place pour moi, ici l'assemblée est réduite : 16 élèves ce matin, 1 par table.
La 3°D est une classe différente. Au collège, les projets peuvent être très divers : échange avec l'Allemagne, écriture et élaboration d'une comédie musicale, ouverture sur le monde professionnel, … Ici, il s'agit d'un projet pédagogique : rassembler les élèves à problèmes et les rescolariser. La 3ème de la dernière chance. C'est le brevet et une 2nde générale ou une autre orientation… En

général, une autre orientation. Les enfants à problèmes ? Ceux qui ont fini l'année dernière avec une moyenne générale comprise entre 4 et 7/20. Ceux qui ont complètement décroché, ceux dont les problématiques familiales sont écrasantes. Ici, aussi les enfants du voyage comme on les appelle quand on parle politiquement correct. Les kasoss comme les appellent les autres élèves.
La prof de français, Madame Pignon est volontaire pour prendre en charge l'enseignement du français dans cette classe. En échange, elle a demandé à avoir aussi la meilleure 3ème, celle de Mat, classe aux multiples projets artistiques ou culturels. La classe où sont réunis les latinistes, les bilangues allemand-français, les options européenne, les meilleurs. « Cette prof, elle nous parle comme à des grands, apprécie Mat. On sent qu'elle veut faire de nous des bonnes personnes dans la société. »

Au programme de la séance des 3°D : amélioration de la rédaction.
Ils ont fait une première rédaction sur le thème : le portrait de quelqu'un qui a un défaut, ont étudié deux textes sur le sujet dont un extrait de *l'Avare* de Molière.
- Vous prenez une feuille simple ou double et vous avez 50 minutes pour améliorer votre rédaction. Refaites la présentation, nom, prénom, classe. Vous laissez un encadré de 10 lignes pour mes commentaires. Je noterai sur 5 points, l'orthographe, la conjugaison, la construction des phrases et surtout la ponctuation que nous avons vue la dernière fois. Pas 10 lignes sans un point, ce n'est pas possible, hein Ludovic ? Vous racontez à l'imparfait, on a revu les terminaisons la dernière fois. Vous sautez une ligne à chaque fois et vous faites des paragraphes pour que le lecteur ait envie de lire votre copie. Tu ne peux pas écrire Tamara ?
- Si, ma main ça va mieux. Mais je sais pas quoi mettre, j'ai pas de feuille et j'ai pas envie d'écrire. Pourquoi j'écrirais ?
Sybille interpelle la prof.
- En avoir marre, c'est pas possible. On peut mettre quoi ?
- Excédée ?
- Et, Madame, les gens, c'est du langage familier ? Je dis quoi sinon, le peuple ? propose-t-elle en éclatant de rire.
- Non, tu peux mettre les gens, ce n'est pas du langage familier.
La prof vient s'assoir à côté de Tamara. Assise de travers, son sac sur les genoux, elle a juste sorti une petite lime à ongles.
- Tu te rappelles le sujet ?
- Non ! Si ! Je raconte une histoire ?

- Non, tu fais un portrait. Donne-moi un défaut que tu ne supportes pas.
- Faux-cul, mais on dit pas ça en français.
- Non, comment on dit ? Les autres ?
Une voix :
- Hypocrite.
- Très bien.
- Ouaa, j'suis trop fière.
Mme Pignon revient à Tamara.
- Bon, tu fais le portrait de quelqu'un d'hypocrite. Tu imagines plusieurs situations dans lesquelles il est hypocrite.
La prof se lève et ramasse la lime à ongles qu'elle dépose sur son bureau.
- Pourquoi vous la prenez ?
- Parce que tu ne peux pas avoir de lime comme ça en classe.
Elle s'assied à côté d'une autre élève :
- Tu présentes plusieurs petites scènes où on s'aperçoit du défaut que tu as choisi.
Tamara claironne :
- Qui c'est qu'a un mouchoir ?
La prof lui en tend un.
- Attention aux accords, à la conjugaison des verbes. Pensez aussi à aérer votre texte.
Chacun se penche sur sa feuille.
- Madame, quelle différence entre la virgule et le point-virgule ?
- Vous oubliez le point-virgule pour l'instant. Maîtrisez d'abord les deux autres.
- Je peux mettre : il est franc ? demande Sybille
- Oui, pourquoi tu ne pourrais pas ?
- Dans ma tête, j'avais pensé cash.
- C'est mieux franc. Cash, c'est trop familier.
- Ça me soule !
- Je peux mettre : « bref, je le déteste ! »
- Oui, mais à l'imparfait !
Ils chuchotent entre eux :
- Comment on écrit pitié ?
- Tu parles d'une fille ou d'un garçon ?
La prof passe dans les rangs, elle regarde une copie :
- Pendant un an et demi, ils sont restés : c'est quoi le sujet de sont ?
- Anthéa et Louis ?

- Ok, mais dans la phrase ?
- Je vois pas du tout … Pendant un an et demi ?
- Non.
- Madame, il manquait ou il manqua ?
Tamara qui dessine sur ses mains :
- Il mon cul.
Entre eux, à voix basse :
- Tu as fait combien de lignes ? Moi, 44. Ça parle de quoi ton truc ?
- D'un mec qui se plaint tout le temps …
La prof levant les yeux d'une copie :
- Notez dans vos carnets de vocabulaire, deux mots que je vois tout le temps : "en train de …" et "Qu'est-ce que c'est ?" Je le trouve systématiquement en langage SMS (ksk), j'ai envie de me pendre !
Elle va s'assoir à côté d'Ambre. Rappelle le truc pour savoir si on met à ou a. Ca marche à tous les coups, tu ne peux pas te planter avec ça !
Tamara dort sur sa table. Elle a mis ses gants Hellokitty et des bagues sur ses gants.
Entre copines :
- Des bouts de gomme, ça s'écrit comment ?
- Ecrit des morceaux.
- Morceaux, ça s'écrit comment ?
Sa camarade ouvre le dictionnaire.
Ils se lèvent tous. L'heure se termine visiblement. D'ici, on n'entend pas Abba.

Tous les élèves à problèmes ensemble : pour ou contre ?
Pour : « ces élèves-là, dans une classe normale, il est impossible de s'en occuper. Pas le temps. Ils passent aux oubliettes. »
Azzedine est méfiant :
- On ne sait pas vraiment quel est l'objectif : le brevet ? Ils ont 5 semaines de stage. Et le programme ? Des élèves de 3ème en difficulté qui ne font pas le programme ont encore moins de chance d'avoir le brevet. Quel est alors l'objectif réel ? Cela dit, revenir sur la méthode, reprendre les bases, passer du temps avec des élèves en perte d'identité scolaire, donc en possible perte d'identité tout court, c'est important. Mais ce ne sont plus des 3ème classiques. Ce projet aurait demandé à être réfléchi plus longtemps, cette classe à être nommée plus justement.

22h, pour voir, un coup d'œil sur le profil Facebook de Tamara : « Mariée, parle espagnol et sinti-manouche, croyances religieuses : chrétienne »
Dernier message une photo baptisée « nous sommes que des gitans » avec un cœur.

Thomas, le pion

Thomas est nouveau cette année. Il est venu renforcer l'effectif passé de 7 à 8 surveillants avec la montée en nombre des élèves. Certains de ses collègues sont à mi-temps, une vient une heure par jour, une autre travaille lundi et mardi dans un établissement et jeudi et vendredi dans un autre. Lui, il est à plein-temps (36h30) et a signé un contrat d'un an renouvelable 6 fois. Une chance puisqu'il était au chômage, qu'il doit à son copain Franck, pion ici depuis 3 ans. Chance aussi que la direction recherche plutôt un garçon pour son autorité. Il prend son poste à 7h50 sur le parking. Surveiller le flux des arrivées de bus et d'élèves, organiser la mise en rang dans la cour et dire bonjour, « même si à 8h, je n'ai pas beaucoup de réponses. » Quand les élèves sont montés en classe, les surveillants prennent en charge ceux qui n'ont pas cours et les accueillent selon leur nombre, au foyer, en permanence ou au réfectoire quand ils sont plus de 150 ce qui arrive régulièrement. Les uns récupèrent les papiers d'absence, les autres, au bureau, commencent à appeler les parents et à leur répondre au téléphone. Aux interclasses, les pions sont dans la cour et dans les couloirs. A midi, ils sont dans la cour et à la cantine.
Ce matin, il est au foyer avec une quinzaine d'élèves. Bien sûr, reconnait-il, les élèves l'insultent, lui manquent de respect, lui font des doigts d'honneur ou des « va te faire enculer ». Il ne s'en formalise pas :
- C'est la génération qui veut ça. Ils parlent comme ça. Je reprends à chaque fois mais je ne suis pas choqué. Ici, pas de problème graves : un groupe de garçons exclu pour avoir pris des photos des fesses des filles dans la cour ou les escaliers. Bon, quand même deux jours après la rentrée, un élève a été viré pour avoir sauté sur une prof… Mais ce sont peut-être une dizaine d'élèves, toujours les mêmes qui font les conneries ou qui sont collés.
Un petit 6ème l'interrompt :
- Thomas, je peux aller à la vie scolaire, j'ai du sang dans la gorge.
Ils sortent à deux.
- Je suis ravi de travailler avec ce public, reprend Thomas. Ils sont encore dans le flou. On peut les remettre dans le droit chemin. Comme un grand frère, on est là s'il y a un problème : hier, un gamin pleurait, il n'a pas voulu me dire

pourquoi, mais je me suis dit que s'il avait besoin de parler, il savait que j'étais là. Je ne ferais pas ça toute ma vie (il veut ouvrir un commerce avec son amie), mais je suis sûr que j'en sortirai grandi humainement.
Les relations avec les profs ?
- Superficielles. On se salue, on plaisante, mais on ne discute pas vraiment. Chacun son boulot.

Lundi 24
Intégration
3°B, 13h45, j'arrive en histoire quand tout le monde est déjà installé. Limite en retard. Je me fonds dans la masse et prends ma place dans l'auditoire. Trois n'ont pas de cahier, deux rendent une punition, une change de place. L'histoire commence et, aujourd'hui, c'est une histoire d'horreur. Verdun, « une boucherie qui pue la charogne de macchabées … des corps en décomposition touchés par la rigueur cadavérique et servant de remparts à leurs camarades contre les balles ennemies. » 2ème partie du cours sur le génocide arménien. Là non plus, il n'y va pas mollo : un carnage, des têtes coupées, des viols, …
Un élève demande à sortir. Il ne se sent pas bien. Moi non plus. Je prends la mesure des mots. J'imagine, je mets des images sur un programme d'histoire. Et je suis touchée. D'autant que le prof nous laisse avec une grande interrogation : pourquoi ?
- Je n'ai pas de réponse. Le racisme. Je ne supporte pas ce que je crois que tu es.
Par deux fois, aujourd'hui, Azzedine, m'a interpellée en plein cours :
- Quand est mort le dernier poilu, c'est très récent. Madame Pérou, vous vous rappelez ? 2010 ? 2011 ?
Et quelques minutes plus tard. Aux élèves :
- Vous n'avez pas étudié le communisme, l'année dernière ?
A moi :
- Mathilde n'a pas étudié le communisme, l'année dernière ?
Vous écoutez à peine mes réponses. A vrai dire, je ne sais pas ce que Mathilde a étudié en histoire l'année dernière. Je ne suivais pas ses programmes d'aussi près et j'oublie tout assez vite... En attendant, je deviens un élément de la classe. Un témoin, un autre adulte partageant votre culture et vos références. En sortant plusieurs élèves me disent :
- Ah, vous étiez là Madame, je ne vous avais même pas vue …
Eux aussi intègrent ma présence.

Les parents entre eux …

22h40
Bonsoir à toutes et à tous,

A la réflexion, je ne souhaite pas être membre titulaire du CA. En effet, à la suite du sabotage de la journée "cartable sans livre" par l'administration du collège, et de notre totale absence de réaction officielle, c'est ma façon personnelle de protester par un refus de participer au CA.
Néanmoins, je reste adhérent à la FCPE, et prêt à participer aux conseils de classe, et même, s'il en manque, à être membre suppléant du CA.
La mission des représentants des parents d'élèves n'inclut-elle pas la critique des éventuelles carences et les actions pour tenter de les corriger ?

Cordialement.
Pascal

26 septembre
Le point de vue de la direction
Je demande un entretien à Madame Kleber pour faire un petit point.
Sur le sujet "poids des cartables", elle soulève un autre pan du problème. Avec l'infirmière, elle a pesé tous les cartables de deux classes de 6ème pour obtenir une moyenne de 10kg. Elle a aussi pesé le cartable idéal, attendu ce jour-là : 8 kg.
- Un des cartables, avoue-t-elle, pesait 25 kilos ! Son propriétaire, 26 ! Le stress des enfants qui ont peur de mal faire !
Que font les parents de cet enfant ? Voire de ceux qui ont quand même 2 kilos de trop dans leur sac ?

Bérangère, la principale adjointe
Professeur de sciences économiques et sociales à Montbéliard, Mulhouse, Strasbourg puis en ZEP à Bordeaux pendant 10 ans.
- Nous y avons monté beaucoup de projets avec les élèves très en difficulté, mais aussi avec les autres. Nous avons été les premiers à proposer une prépa sciences-po.
Un parcours probablement exemplaire, une envie bouillonnante de bouger les choses.

- J'y ai connu des proviseurs fabuleux, donneurs d'énergie, explique-t-elle. C'est une fonction qui a vraiment existé pour moi.
Aussi quand son énergie commence à tourner en rond, quand elle s'aperçoit qu'elle piétine, elle passe le concours pour être chef d'établissement.
2012, la cinquantaine, elle prend son premier poste ici comme adjointe du Principal.
- Jusqu'en 2012, il y avait deux ans de formation. Depuis un an, plus que 72 jours à l'ESEN, l'école qui forme les personnels d'encadrement de l'Education Nationale et au programme : budget, orientation, ressources humaines, management des équipes, mise en œuvre des réformes et des projets, relations avec la hiérarchie, … C'est ridiculement court ! Après nous sommes en poste avec pour seul tuteur, le principal de l'établissement. Tout dépend sur qui on tombe. Pour ma part, j'ai eu une chance inouïe. Monsieur Mirbel qui est un formateur reconnu, a patiemment répondu à toutes mes questions. Bien plus, nous sommes parfaitement sur la même longueur d'onde. Il est partant sur tous les projets. Il est profondément humain.
Elle sait qu'il est parfois critiqué :
- Je ne comprends pas. Il ose dire les choses, il fait remonter tous les dysfonctionnements à notre hiérarchie. Il s'est démené pour pérenniser les affectations de certains profs dans l'établissement. Et il est compréhensif sur les absences … Il est certainement mal à l'aise dans le contact physique, reconnait-elle. Ce n'est pas le genre à passer son temps dans la salle des profs, il aurait horreur de ça. Mais les profs devraient être fiers de lui. Comme le ménage, son boulot est tellement bien fait que personne ne s'en aperçoit.

Les précaires de l'Education Nationale ?
- Hormis les agents du Conseil Général (entretien, restauration), nous sommes tous des personnels de l'Education Nationale, mais nous ne sommes pas tous fonctionnaires. Nombreux sont les contrats précaires.
Responsable mais pas fière, elle a constaté comme moi l'absurdité d'un système que subissent les AVS (auxiliaires de vie scolaire) via des contrats aidés par l'Etat au terme desquels une personne formée et opérationnelle doit repartir s'inscrire au chômage. Les vacataires recrutés par Pôle Emploi n'existent plus, restent les contractuels. Là encore, elle n'est pas fière :
- Ils sont recrutés par le rectorat, souvent ils n'ont pas le Capes, mais au moins un niveau licence. Ils doivent cumuler 3h ici, 5h là, 7h ailleurs. Avec parfois

plus de 50 kms entre les établissements. C'est très inconfortable. Comment peuvent-ils s'investir dans les projets ?

Les emplois du temps ?
Ils sont élaborés par un logiciel. En partie puisqu'il faut quand même saisir les 1 200h de cours, la liste des salles, des profs, des matières, les contraintes de chacun, les classes groupées, … Elle y passe 3 semaines entre juin et juillet. Depuis 3 ans, elle a dû tout reprendre à la rentrée. Parfois justement à cause d'un contractuel partagé avec un ou deux autres établissements nommé au dernier moment et dont les heures ici sont forcément groupées.

Le rapport hiérarchique avec les profs ?
Elle peut les rappeler à l'ordre en cas de faute grave. Mais sans véritable pouvoir.
Avec le Principal, elle les note aussi, enfin pour 40%, les 60% restant étant le fait de l'Inspection. Qu'est-ce qu'elle note ? La ponctualité, l'assiduité et le « rayonnement », une notion assez floue qui parle d'implication, de médiation, d'initiative, de relation humaine, …
- Globalement, je trouve que les profs sont très impliqués ici. Il m'est arrivé de voir des glandeurs ou des farfelus, certains à qui on allait jusqu'à retirer leurs élèves. Pas ici. J'apprends beaucoup de choses sur les profs via les élèves et les parents. Je les reçois souvent les profs pour recadrer les choses, Je suis dure avec eux quelquefois. Mais ça, ils ne vous le diront pas ! Certains s'étonnent même que j'écoute les élèves !

Elle n'est pas la seule à le dire, le système est infantilisant …
- L'an dernier, nous avions eu des plaintes à propos du retard des profs à prendre les classes le matin. Cette année, je suis dans la salle des profs tous les matins. Il n'y a plus de retard.
Ou la distribution des emplois du temps à la plénière :
- Si cela ne dépendait que de moi, j'enverrais les emplois du temps par mail. Mais je prends le risque que certains se dispensent de la plénière de pré-rentrée. Ou qu'ils ne soient pas attentifs. Je les vois, ça papote, ça commente, ça commence à râler : « Mais, M'dame … »

Chef d'établissement, c'est une petite corporation de 15 000 membres en France.

- Toujours dans la culture du secret, nous sommes bridés par notre devoir de réserve. Nous sommes même tenus de prêter allégeance ! Nous appliquons les directives, ce qui ne veut pas dire que nous sommes d'accord avec elles.
C'est donc de manière légèrement subversive qu'elle met en œuvre ses propres convictions. Le projet avec les 3°D par exemple.
- Nous l'avons vendu comme un dispositif pour aider les élèves décrocheurs. Impossible de dire à notre hiérarchie que le brevet n'est pas le véritable objectif. Nous voulons que les bases soient acquises et tant pis pour la totalité du programme. Je l'ai dit à l'équipe des profs : je vous défendrai devant un inspecteur qui pointerait que vous êtes en retard sur le programme.
Elle y croit Madame Kleber à son métier, à sa mission envers les générations futures. Entièrement mobilisée, elle irait même plus loin dans l'expérimentation de pratiques innovantes avec la suppression du cours magistral selon les préceptes de Michel Breut, un conseiller d'orientation. Le collège est le premier à avoir donné son accord pour tester la méthode.
- Un bon cours est un cours où le prof ne fait rien, explique Madame Kleber. Il guide mais ne donne pas de réponse. C'est une méthode qui demande beaucoup d'efforts et de remise en cause. Pas facile de se taire ou d'accepter que l'on se trompe en voulant apporter une aide ou une réponse.

Elle me laisse un document où est expliquée la pratique pédagogique expérimentée par Michel Breut. Celui-ci souligne que les profs ont perdu en pouvoir de décision au profit des parents et que des élèves passent d'une classe à l'autre sans que les apprentissages aient été suffisants. Il indique aussi que la société pousse à rechercher la satisfaction immédiate ce qui se traduit en classe par des décrochages (passivité, difficultés de concentration, absence du goût de l'effort, difficultés d'intégration, manque de confiance en soi, travail pour la note, absence de travail personnel, …) et une perte d'autorité de la communauté éducative (comportements irrespectueux voire phénomènes de violence scolaire, familles démissionnaires, remises en question de plus en plus fréquente des décisions prises voire menaces par les familles). Son objectif : passer d'élèves « écouteurs de réponse et demandeurs d'aide » à des élèves « chercheurs fabricants de réponses ». Fini le cours magistral, fini le cours dialogué qui n'apportent que des réponses : « Ils ne permettent qu'à 15% des élèves (l'élite) de s'approprier les apprentissages. Les autres (60% à 70%) semblent suivre et ne se font pas remarquer mais un grand nombre d'entre eux « subissent » l'apprentissage. Au mieux, les « méthodes et les aides diverses leur permettent

d'avoir la stratégie qui les rend transparents (niveau de notes suffisant pour le système scolaire et la famille). Les autres, qui souffrent le plus ou refusent cette stratégie, entrent en échec caractérisé ou en rébellion avec le système et les adultes. »
La construction du cours doit donc pouvoir permettre la seule activité réflexive de l'élève, avec effacement du professeur comme apporteur de réponse ou apporteur d'aide, de telle sorte que chaque élève retrouve estime de soi et plaisir d'apprendre.

En sortant de son bureau je croise Monsieur G.
- Vous auriez dû venir ce matin ! J'ai posé une question très difficile à mes 6ème !
- Laquelle ?
- La liste des voyelles !
Il lève les yeux au ciel. Je vois bien à son air consterné qu'il n'a pas obtenu la réponse qu'il souhaitait … En attendant, il va me mettre en retard. Je file rejoindre les 3ème d'Azzedine. J'arrive encore au moment où les derniers élèves entrent dans la classe. Il tourne vers moi ses yeux noirs.
- Qu'est ce que c'est que ces arrivées en fanfare ?
Pour un peu, il me demanderait mon carnet …
Aujourd'hui, on parle communisme et socialisme, « considérez pour l'instant que c'est la même chose », précise Azzedine. On parle de la naissance des révolutions.
- Pourquoi une révolution ? On fait la révolution quand on touche à quoi ? C'est toujours valable aujourd'hui dans les révolutions arabes, …
…
- Quand on touche au portefeuille et à l'estomac. Eh, réveille-toi bonhomme, dit-il en apostrophant Grégoire. Pourquoi y a-t-il eu une hausse des prix ?
- Je ne sais pas.
- Tu n'as pas révisé ta leçon ?
- Non.
- Donne-moi ton carnet.
Grégoire continue à gribouiller sur sa table tandis que les autres copient le paragraphe et qu'Azzedine met une observation sur le carnet.
On parle aussi de la naissance des guerres. Cartes à l'appui, Azzedine démontre de manière assez convaincante que la seconde guerre mondiale était inscrite dans le règlement de la première.

Mat de retour de l'école :
- Tu devrais venir en français. Madame Pignon, elle nous parle de choses intéressantes de la vraie vie. Elle nous explique le fonctionnement de la société. Aujourd'hui, elle nous a parlé des passions. Je crois bien qu'elle a une passion, parce qu'elle en parle drôlement bien. Elle a dit que les gens passionnés sont comme ça (elle écarte grand les bras) dans un monde comme ça (elle les referme en tout petit) et qu'ils avaient du mal à s'adapter à la société. Et que parfois ils étaient irascibles. Moi, j'suis d'accord, ma sœur elle a une passion et elle est super irascible. Elle a dit aussi qu'il ne fallait pas se laisser formater. Après, au CDI, j'ai lu une BD trop bien. En anglais, on fait des descriptions, des petits dessins, c'était rigolo. C'est bien parce qu'en anglais, on est interactifs. En sport, on a tout gagné quand elle nous a rajouté Bertrand. Deux jours sans maths, c'est le bonheur. C'est pas tellement les maths, c'est surtout le calcul mental ... Après on a mangé chinois, c'était super bon. J'ai gagné le dessert de Victor. En histoire, il nous a rendu nos contrôles...
- Et alors ?
- J'suis pas contente.
- Combien ?
- 14.
- Ben ça va !
- Non. Dans la leçon, il nous parle que du tertiaire. Et il nous dit de ne pas nous servir du texte sur les mines. Bref, j'ai mis tertiaire et je savais que c'était secondaire. C'était compliqué. Mais j'ai eu d'autres bonnes notes : 8 et 8,5 sur 10 en physique. Pour le brevet, je suis toute perdue. La prof de français, elle dit que c'est facile de l'avoir. Le prof d'histoire dit qu'il ne suffit pas d'avoir des connaissances ...

Tous me l'ont dit à un moment ou à un autre, M.G pas plus tard que ce matin :
- 85% de réussite au brevet ? Avec le niveau de certains de nos élèves ? Tout simplement pas possible. Bienvenue au bal des faux-culs !

27 septembre
Mail de nuit
La nuit tombée depuis un moment, les parents d'élèves reprennent le dialogue :

Bonjour,

Je tiens à vous informer que je ne ferai plus partie de la FCPE, notamment parce que je trouve que les propos de M. Hazan sont inacceptables, et montrent à quel point il maîtrise mal les rouages du système scolaire français, système imparfait sans aucun doute, mais sûrement pas pour les raisons qu'il invoque.
Je reste cependant attachée au rôle de parent d'élèves, que j'essaierai d'exercer dans la mesure du possible, dans un autre cadre.

Cordialement,
Catherine

Que dit M.Hazan ? Vérification faite, il remet en question le droit pour l'Education Nationale d'orienter les élèves et revendique la toute-puissance des parents sur l'orientation de leurs enfants même s'il reconnaît que l'avis des profs peut aider. Peut-on vraiment poser comme principe évident que les parents sont les meilleurs juges de l'avenir de leurs enfants ?

28 septembre
In English

- Hello guys, in line, please.

Les good-morning s'égrènent au fur et à mesure que les élèves entrent en classe. Une main se lève :

- Je peux éteindre mon téléphone portable ?
- What ? Say it in english. Can I … ? Il écrit au tableau : can I switch off my phone ? Open your copy book and copy it please. Loïc, tu fais l'appel, I come to see your exercices.

Loïc appelle :

- Raphaël ?
- I'm here.
- Léa ?
- I'm here.
- Un volontaire pour le tableau ?

Quasiment toutes les mains se lèvent. Quentin fait face à ses camarades et commence à jouer à Jacques a dit (Simon says …).

- Simon says : take your pencil.

A chaque fois que l'un se trompe, il est éliminé. Le dernier a gagné.
Puis ils sont invités à réciter leur alphabet et à passer à la pratique en jouant par deux au pendu.

- Avec des mots français ou anglais, peu importe, l'important est que pratiquiez l'alphabet.
Les jeux s'enchaînent, les élèves se battent pour aller au tableau. Jenny a l'air bien sûre d'elle, Koran participe avec application. Et visiblement sans stress. Ils ont les joues brillantes de plaisir. Je comprends mieux le plaisir de Mat quand elle va en cours d'anglais.
Le prof vient serrer la main d'Alexis.
- What's your name ?
- Alexis.
- Can you spell Alexis ?
- A, L, E, X, I, S
- Good.
Alexis se lève et va serrer la main d'un autre élève :
- - What's your name ?
- Quentin.
- Can you spell Quentin ?
- Q, U, E, …
Et ainsi de suite jusqu'à ce qu'ils soient tous debout à se serrer la main. Loïc s'approche de moi et m'attrape la main :
- What's your name ?

En parallèle de ses cours d'anglais, le prof est en master de psycho.
- Quand je vois certains collègues qui ont 30 ans de métier, je me dis que c'est bien d'avoir une autre corde à mon arc.

1er octobre
Réussir sa 3ème !
Octobre, on rentre dans le vif du sujet, notes et évaluations tombent en alternance. Cette semaine, Mat a un contrôle tous les jours. Dans toutes les matières. Elle s'organise : le week-end, elle fait tous les exercices, la semaine, elle révise les contrôles au fur et à mesure. Elle a fini par trouver un stage. Après avoir refusé assistante sociale parce qu'elle ne veut pas s'occuper des vieux, elle vient d'avoir une illumination. Elle sera truquiste (quelqu'un qui conçoit les effets spéciaux dans les films) et a examiné le parcours : une orientation littéraire (« de toute façon, même si je suis devenue un petit génie en maths, j'aime pas cette matière »), une Manaa (classe de design pour se remettre à niveau) et une école de créativité. Elle a demandé à une copine qui fait ça, ça a

l'air dur, commente-t-elle. Donc, elle fera son stage dans une librairie où sont aussi organisés des ateliers créatifs.

Ce soir, 35 parents (31 mères !), 7 professeurs, le Principal et son adjointe réunis pour une réunion d'information sur les enjeux de la classe de 3ème.
- Elle marque la fin de l'obligation de scolarité, annonce d'emblée le Principal. Et le premier palier d'orientation. Jusqu'en 3ème, on passe sans réfléchir, on change de niveau. A partir de maintenant, il faut choisir une voie. En tenant compte du décalage possible entre la voie que l'on a choisie et les capacités dont on dispose pour la suivre.
Il rassure :
- Nous sommes là pour vous accompagner, pour vous écouter et dialoguer avec vous.
Mais il prévient :
- Nous pensons sincèrement que chacun est capable de réussir. Mais un minimum d'efforts est nécessaire. Réussir sa 3ème suppose un engagement actif de l'élève. Et du travail ! Et de la motivation. A notes égales, un élève volontaire sera préféré parce que nous sommes sûrs qu'il s'en sortira toujours.
Il présente les nouveautés : l'épreuve d'histoire de l'art que les élèves passeront en mai et qui repose sur la présentation orale de 15 minutes d'une œuvre d'art. Un travail à faire par groupe de 3. Premières questions :
- Seul l'oral est noté ?
- Les groupes de 3, c'est par affinités ?
- Qui compose le jury ?
Il rappelle que pour avoir son brevet, il faut valider :
- Le niveau A2, un niveau de langue qui sanctionne des compétences écrites et orales.
- Niveau 4ème normalement, précise une prof d'anglais.
- Le B2i, un niveau informatique dont les élèves valident, du collège ou de chez eux, les 45 items tout au long de l'année.
- Il faut savoir lire et écrire, résume Monsieur G. Il suffit de maîtriser le contenu des programmes de CM1 et CM2. Eventuellement de lire des livres qui font plus de 10 pages. Je sais que vos enfants sont en mode zapping et que la langue de Corneille, pas le chanteur, leur pose de gros problèmes.
Petit coup de colère de la prof d'anglais dont la matière n'est pas représentée au brevet :

- La façon dont les langues vivantes sont évaluées est injuste. Les élèves ont l'impression que si la matière ne fait pas l'objet d'une vraie épreuve, elle n'est pas importante.

2 octobre

Nouvelle flambée pour la violence scolaire

La violence à l'école fait la Une du Grand journal sur Canal+ : 11 incidents graves en 3 semaines ! L'actualité est truffée d'agressions : des élèves ou des parents tabassent ou poignardent des profs, des élèves se tuent entre eux. Ce sont d'ailleurs les élèves les premières victimes de la violence à l'école. Le dernier est mort pour un mauvais regard … De plus en plus de violences à l'école ? Pas si sûr, les chiffres sont plutôt stables. La médiatisation à outrance d'un phénomène qui n'est plus socialement supportable ? Certainement. Sur le plateau de télé, une professeure d'un lycée professionnel parisien témoigne :

- Le 10 septembre, dans ma classe, j'ai dit à un élève qui mettait les pieds sur la table et qui sortait son téléphone que je ne pouvais tolérer ça. Un surveillant est arrivé en renfort puis la Principale que l'élève a agressée (insultes, menaces, strangulation, coups, …). Il a fallu 8 policiers pour maîtriser l'élève. J'ai eu peur, les élèves ont eu peur. Deux semaines plus tard, une professeure a été menacée de mort par deux élèves.

Pas de sensiblerie chez cette femme. Elle est venue délivrer un message très clair :

- Nous manquons cruellement de moyens humains : moins de surveillants, une infirmière pour 12 établissements, il faut renforcer l'encadrement adulte pour fixer et faire respecter les limites.

Le représentant du gouvernement chargé d'une énième mission sur le sujet défend sa cause :

- La violence est le fait de quelques élèves. Et elle est concentrée sur certains établissements.

Pourtant 37% des enseignants disent avoir des problèmes avec les élèves. Le philosophe, lui, dénonce le fait qu'après 68, l'autorité soit devenue fasciste. Et prêche pour les libres enfants de Summerhill :

- On ne donne pas assez d'amour, de tendresse, de proximité à des enfants qui ont aussi de gros problèmes chez eux. Je crois aussi qu'il faudrait redonner du sens aux enseignements pour aider les élèves à penser le monde.

On fait comment, Monsieur le philosophe ?

Le lendemain, je croise la petite Lulu, 6ème, sur le parking du collège.
- Tu as déjà eu peur au collège ? Des soucis avec les plus grands ?
- Une fois, me répond-elle. Avec une 4ème qui m'insultait parce qu'elle voulait pas que je sois amie avec une de ses copines. Au bout d'un mois, ma mère est allée voir la sienne et lui a dit : « Dis à ta bougnoule de fille qu'elle laisse la mienne tranquille. » C'est des arabes et il paraît que les arabes ils aiment pas qu'on les traite de bougnoules. Alors, le lendemain, la fille, elle m'a mis une gifle et elle m'a craché dessus. Il paraît que les arabes quand ils crachent, ça veut dire la mort. Elle me suivait partout, j'avais tout le temps peur. Je l'ai dit au CPE et ça s'est arrêté.
Je reste perplexe devant cette histoire qu'elle me raconte avec la bonne foi et l'innocence d'une enfant de 11 ans.

4 octobre
Maths dans les étoiles
C'est mon 1er cours de maths depuis fort longtemps. J'ai peur d'être larguée.
Correction des exercices sur les puissances.
- Qui n'a pas fait son travail ?
Une s'est trompé d'exercices, un autre l'a oublié. Le prof passe quand même dans les rangs.
- Tu n'as fait que le A ?
- Oui …
- Tu connais la règle si je m'en aperçois ?
Deux autres mains se lèvent. Finalement, ils sont 8 ou 9 à avoir fait le travail à moitié. Ceux qui font la preuve qu'ils ont vraiment cherché ne sont pas sanctionnés, les autres ont droit à une annotation dans le cahier du prof.
- Qui a eu tout juste au A et au B ?
Personne.
- Je suis un peu déçu, avoue-t-il. Vous ne vous êtes même pas rendus compte qu'une partie de l'exercice était déjà traitée dans le dernier cours …
Il entre dans le vif du cours en lançant un film sur son écran numérique : un zoom depuis l'infirment grand (la galaxie) jusqu'à l'infiniment petit, le grain de la peau.
- Depuis 3 ans, explique-t-il, on vous demande d'avoir des notions de grandeur et de distance en matière d'astronomie. Ça m'intéresse de savoir ce que vous connaissez sur le sujet ? Combien y a-t-il de planètes ?
- 6 ?

- 7 ?
- 8 ?
- Quand j'étais en primaire, on comptait Pluton qui était la 9ème planète, dit une élève.
- Des idées de distance ? demande le prof. Entre la Terre et la Lune ?
- 600 000 km ?
- 1 année lumière ?
- 2 heures ?
- 300 000 km, dit le prof. Et la vitesse de la lumière ?
- 300 000 km/sec, répond un élève.

Bonne réponse. Et combien de temps aurions-nous de la lumière si le Soleil s'éteignait ? Et c'est quoi un satellite ? Et la Voie Lactée ? Et comment ils font pour voir si loin ? Retour sur Terre :
- On n'a pas vraiment le temps de détailler tout ça mais moi aussi, ça m'intéresse beaucoup … Voici une feuille avec des distances que vous devez classer dans l'ordre décroissant. Distance Soleil-Etoile la plus proche, distance voie lactée-galaxie d'Andromède, taille de l'univers, …
- On colle la feuille ?
- On écrit où ?
- Il y a deux soleils ?
- Estelle ?
- Je comprends pas en fait.
- C'est dommage. Mais normalement, tu devrais comprendre rien qu'avec la discussion que nous venons d'avoir. Il ne faut aucune connaissance préalable.

Correction et l'heure se termine. Mon voisin coupe, colle jusqu'au dernier moment et oublie de noter ses devoirs.

Monsieur Melian est l'un des nouveaux de l'établissement. Mais il n'est pas novice en professorat pour avoir enseigné les maths pendant plusieurs années dans le nord du département. Il a quitté une équipe soudée qui s'entendait bien, qui faisait la fête ensemble régulièrement. Qu'est-ce qui l'a surpris ici ?
- J'ai été étonné de recevoir un petit brief sur la manière d'intervenir en heure syndicale. Ca à l'air tendu parfois. Là où j'étais, on était tous d'accord. Ou on n'allait pas en heure syndicale.

Ce qui l'a surpris aussi, c'est le niveau des élèves. Bien meilleur que celui des élèves qu'il vient de quitter, les plus faibles du département.

- Là-bas, il est difficile de garder les élèves jusqu'à la 3ème. Nous étions toujours à inventer des méthodes pour que les élèves ne décrochent pas et apprennent. Même pendant les contrôles. Quand j'ai demandé quelle était la plus grande ville qu'ils avaient visitée, 7 ou 8 m'ont répondu le bourg voisin à 5 km …

Je papote avec Maurine en attendant le cours de français. Je lui demande pourquoi elle a redoublé.
- J'avais 13 de moyenne mais dans certaines matières, en maths et en français, c'était dur. On m'a proposé le redoublement pour être plus à l'aise. C'est ma mère qui a dit oui, mais j'étais d'accord.
- Et tu es plus à l'aise cette année ?
- Oui, mais j'ai eu que des mauvaises notes pour l'instant, dit-elle en rigolant. Un 4, un 9,5, un 11. J'ai eu quand même un 18 en anglais.

Soutien français pour les 6ème.
Monsieur G. va rendre les premières rédactions. Le sujet : "Vous racontez l'histoire de la langue française à votre grand-père". Il me tend la copie de Sadia :

« Nous avions aussi parlez sur les enfant quand il sallez à l'école et qui s'habiter à 6 km avec leur sabot et leur cartable sur le dos et leur cartable était très lourd. »

- Je n'ai pas noté, soupire M.G. Pour ne pas décourager la petite…
La petite a pourtant bien capté l'un des thèmes favoris de Monsieur G … Il distribue un nouvel exercice où tous les mots sont collés. Il faut le réécrire en bon français.
- Il y a 10 ans, ce genre d'exercice les amusait, me dit-il pendant qu'ils sont en autonomie. Aujourd'hui, ça les ennuie. Et là où nous mettions une heure, il en faut 3 aujourd'hui.
- Pause détente, annonce le prof. On va réciter les verbes être et avoir ! Sadia debout, le verbe être au présent ?
- Je ….
- Tu les as à apprendre depuis combien de temps ?
- 15 jours.
- Bon. Avoir au présent ?
- …

- Une autre ! Lucie, avoir à l'imparfait ?
- J'aurai, tu auras, il aura, nous aurons, vous aurez, ils auront.
- Ca, c'est l'imparfait ?
- Non, je me suis trompée. Elle recommence : j'aurais, …
- Un autre. Fabien, un temps composé du verbe avoir ?
- Un temps composé ? Je connais pas.
Un nouvel exercice avec des mots tout mélangés qu'il faut remettre d'aplomb :
- M'sieur ? Vous l'avez fait exprès de tout mélanger ?

Parfois, souvent, certains profs se laissent aller à incriminer ceux qui les ont précédés. Serait-ce la faute du primaire ?
- Au collège, on confond enseignement et apprentissage, me répond un ancien directeur d'école, instituteur de CM2. Les profs pensent que parce qu'ils ont le savoir et un programme, l'apprentissage va de soi. Ils prennent l'enfant là où il voudrait qu'il soit sans se demander ce qu'il sait faire. Nous leur livrons des élèves habitués à travailler en autonomie et en transversal là où, au collège, les matières sont cloisonnées. Habitués aussi à trouver du sens à l'enseignement parce qu'ils ont débattu et échangé sur l'addition avant de disposer d'une technique pour poser une opération. Tous les enfants n'apprennent pas de la même façon, au même rythme. Nous les avons plus de 6h par jour. Mais, au collège, ont-ils le temps d'observer les gamins ? De tester de nouvelles méthodes ? Ont-ils le temps et l'opportunité d'être inventifs ?

Dans la salle des profs, on parle maladie, angine, séjours à l'hôpital. Sinbad vient d'être emmené à l'hôpital. Il avait d'abord été exclu du cours de gym parce qu'il disait que son bras était mou et qu'il ne pouvait pas lancer le ballon. Finalement examiné de plus près, l'heure suivante par la prof d'anglais à qui il dit qu'il ne sent plus sa main, celle-ci qui est femme de pompier le pince et fait tout de suite venir ses parents. On parle d'AVC …
- Il faut oser pincer un élève ! commente admirative l'une de ses collègues.

Je déjeune avez Azzedine à qui je fais part de mes difficultés pour entrer en contact avec les CPE (conseillers principaux d'éducation) que j'ai vus ce matin et qui déclarent à l'unisson que notre projet n'est pas clair, qu'ils n'ont pas l'autorisation de leur hiérarchie pour participer, que si on n'expose pas l'affaire au Conseil d'administration, ils ne pourront pas se prononcer. Moi qui voulais juste discuter avec eux du rôle de la vie scolaire dans l'établissement …

Azzedine m'apporte une explication qui peut être utile pour expliquer tant de réticences.
- Ils ne peuvent pas m'encadrer !
J'apprends qu'il y a quelques années, les CPE avaient pris l'initiative d'éditer le nombre et la liste des sanctions prises par chaque professeur. Et qu'Azzedine heurté par ce qu'il considère comme du flicage, avait demandé quelques explications pendant l'heure syndicale. Une réunion qui avait dégénéré quand tous les profs étaient tombés à bras raccourcis sur la pauvre Madame Nicaise qui était sortie de la pièce en larmes. Dans l'indifférence de ses collègues, Azzedine avait fait l'objet d'un lynchage en règle par voie d'affichage en salle des profs.

5 octobre
Votez pour moi !
6 candidats, 5 garçons et une fille pour un poste de délégué titulaire et un poste de délégué suppléant. Pour gagner du temps, Azzedine propose de voter pour un ticket titulaire/suppléant (si on vote pour un, on vote pour l'autre, explique-t-il). Les 6 s'organisent et, 2 par 2, sont invités à faire leur profession de foi.
- Oh, la la ! se lance Koran
- Votez pour lui ! l'encourage son suppléant.
- Votez pour moi, se reprend Koran.
- Je dis comme lui, conclut son suppléant.
2è équipe, Louis et Raphaël, son suppléant :
- On essaiera d'ajouter du CDI, on enlèvera un peu de perm et on demandera aux enfants de faire un exposé par trimestre, non obligatoire, précise Louis.
- C'est pas que je dis que ce que vous dîtes est idiot, commente un camarade sceptique, mais c'est un peu impossible de changer tous les emplois du temps…
Azzedine, mort de rire, confirme :
- Eh ben dis donc, vous vous lancez dans de grandes promesses !
- Et si vous dites un truc, on le dira pas aux autres et on essaiera de résoudre le problème.
Applaudissements.
3ème ticket : Quentin et Claire
- Si vous dites quelque chose on le modifiera pas, on le dira tel quel aux profs et on vous trahira pas en disant aux autres enfants les problèmes que vous avez dans votre famille.
Une question dans la salle.
- Koran, tu vas changer quoi si tu es élu.

- Euh, dans les toilettes des garçons … Et on pourra mettre des trucs au foyer.
Azzedine demande deux noms sur chaque bulletin et désigne un assesseur.
- On peut dire « a voté » quand on a voté ?
- Si vous voulez.
Résultat des votes : 17 bulletins nuls. Ils n'ont pas compris le système du ticket. Azzedine n'a pas gagné de temps. Avec plus de bulletins nuls que de bulletins valables, il doit refaire voter en 5 minutes prises sur la récré car la sonnerie vient de retentir. Les heureux élus, Louis et Raphaël, ont juste le temps de murmurer émus : « Merci d'avoir voté pour nous. J'espère qu'on sera convaincants » que toute la classe se rue dehors.

7 octobre
Mail of the english teacher

Hello,
Bon, on ne va pas dramatiser mais c est chaud. Je m explique.
Il a fallu un bon trois semaines depuis debut septembre pour trouver de la place pour nous dans les familles londonniennes.en effet le creneau entre les vacances de fevrier et paques correspond a la saison haute et tout etait plein. J avais pourtant envoyé un email de reservation au voyagiste debut juillet, mais l employée en charge du dossier ne travaillant plus pour eux,la reservation etait passée a la trappe,belle surprise a la rentree..
La nouvelle employée m a envoyé le devis (cout total du voyage) le 28 septembre,mais comme il est parti directement dans les indesirables,je ne l ai eu que le 4 octobre quand je l ai rappelé en m inquietant de ne pas avoir de nouvelles. C est a ce moment la que j ai appris qu il me fallait la liste des eleves au plus vite pour pouvoir la faire passer en conseil d administration du 9 octobre,et savoir a hauteur de combien le foyer pouvait contribuer, ainsi que revalider le voyage,qui pourtant etait censé avoir été validé en juin. De bonnes nouvelles donc,sachant que le voyagiste avait posé une option pour les familles qui expire le 10(elle m'a dit qu on pouvait peut etre pousser un peu,mais pas beaucoup).bien sur,ceci est ironique.
J ai donc reagi immediatement en vous envoyant l email avec le programme et le formulaire d inscription,de maniere a obtenir une liste rapidement,pour lundi,en esperant ne pas avoir a faire appel a d autres classes.
Sauf qu aujourd hui j apprends que la liste ne suffit pas et qu il faudrait aussi les 4 cheques des versements successifs pour valider effectivement le projet de voyage au conseil d administration du 9.oh joie..
Donc...
Je doute fort qu il soit possible d avoir tout cela pour mardi,et comme le prochain conseil d administration n est qu en novembre, l option de reservation pour les familles aura deja expiré en theorie...or,le principal refusera surement de decaler le voyage a plus tard a cause

du brevet.
Donc,pour ceux qui veulent que ce voyage se fasse,je vous demande penser a me rapporter les deux feuilles signés par vos parents pour lundi imperativement. A partir de la, meme si je n ai pas les cheques des versements successifs,j ai peut etre deja un peu plus de poids pour convaincre l administration que tout le monde est motivé. Neanmoins,si on me dit lundi que ce n est pas suffisant, je vous demanderai peut etre ce meme lundi de me rapporter pour le jour suivant un ou plusieurs cheques de versement pour pouvoir se securiser ce voyage,car ça sent le roussi.
Voila, vous savez tout, et peut etre que vous ne comprenez pas tout,mais ce qu il faut retenir,c est qu il faut se bouger rapidement et je compte sur vous,en esperant que dans 8 mois on aille dire bonjour a la reine d angleterre.
Vous pouvez montrer ce mail a vos parents pour qu ils comprennent mieux la situation,et ils peuvent toujours egalement m envoyer un mail pour toute question,je les reçois sur mon telephone et je verifierai les indesirables.

Sur ce,bon weekend,et surtout,keep the faith.

8 octobre

Dans la classe "remédiation"

Un peu tendue, Mme Pignon rend les évaluations dictée/grammaire.
- Il y a encore des gens qui n'accordent pas les verbes et les sujets. Quand ils savent identifier le sujet. J'ai mis beaucoup de 0 à la dictée. Le « c'est ou s'est » vous a plombés. On a vu tout ça plusieurs fois dans la leçon et dans les exercices. Mais si vous n'apprenez pas, je ne peux rien faire de plus pour vous. Vous referez les mêmes fautes à l'infini. Tu veux sortir d'entrée de jeu ? demande-t-elle à Ludovic qui discute avec sa voisine. Tu te retournes et tu t'assieds correctement.
Les uns et les autres commentent pendant qu'elle rend les copies :
- L'année dernière au brevet, j'ai déjà eu 0 à la dictée.
- Oh ! Mais c'est catastrophique ! Ça promet …
Outre la dictée, l'évaluation comportait des exercices : conjuguez les verbes entre parenthèses à l'imparfait, mettre les phrases à la forme négative.
Tamara qui n'a enlevé ni son manteau, ni son sac, se manifeste :
- Demain, je viens pas.
Comme elle n'a pas de copie, elle n'était visiblement pas là non plus hier pour l'évaluation.
- On faisions ? C'est quelle personne demande Mme Pignon. avec une grimace.
Tamara replie le haut de ses bottes et interpelle sa copine qui a été déplacée de l'autre côté de la classe :

- Comme ça, c'est beau ?
Sybille commente au fur et à mesure des poses :
- Là, c'est beau … Là c'est moche … J'ai faim !
- Mange ton cul, lui répond Tamara avec philosophie. Elle montre ses bottes au garçon assis derrière elle :
- Et là, c'est beau ?
- Dans le ciel brillaient les étoiles reprend Mme Pignon. Qu'est ce qui brille ? Pas le ciel ! Il faut vous poser la question : qu'est ce qui brille ? On faisait les fous, c'est quoi le sujet de faisait ? Sybille et Ludovic, vous me donnez vos carnets, s'il vous plaît.
- Mais il me fait trop rire.
- Je m'en fous.
Elle ramasse les carnets. Et reprend les corrections :
- Paraître peut aujourd'hui s'écrire paraitre. Comme vous n'apprenez plus rien et que ceux qui décident des mots savent que vous êtes des nouilles, ils ont simplifié. Mais attention, au brevet, on peut encore compter la faute.
- Y sont restés à l'ancien temps, commente joyeusement Sybille.
Tamara dort sur sa table. Mme Pignon rappelle les différences entre ou et où, à et a.
- On l'a déjà noté madame, se plaint une élève.
- Tu le notes jusqu'à ce que tu le retiennes !
Elle distribue pour mercredi des exercices sur ces/ses. Et rappelle la différence entre les deux. La sonnerie (ce n'est plus Abba mais un air indéterminé) retentit. Tamara se lève et sort.

Sans vouloir faire dans le déterminisme social, il y a dans cette classe 2 enfants noirs, au moins deux gitans et deux beurs, 4 obèses. Et je serai curieuse de connaître le niveau de qualification et de revenus des parents. Je sais qu'au moins une des mères ne sait pas lire. La comparaison avec les élèves de 3°A se passe de commentaire : 25 apprentis top-modèles aussi bien filles que garçons, un seul élève d'origine étrangère (asiatique), des parents majoritairement CSP+. L'écart est visiblement écrit depuis le départ. Selon la chance que l'on a d'être né ici ou là. Difficile d'incriminer l'école. Bien au contraire, c'est probablement la seule institution qui cherche ardemment et en vain à combler cet écart.

9 octobre
1ère grève

Grève du personnel de cantine. On ne sait pas pourquoi.

Mat vers 17h30 :
- J'ai eu 14/14 au hand. Ca frôle l'excellence. Que dis-je, c'est l'excellence totale ! On a eu le contrôle d'histoire, il fallait faire une synthèse à la fin. Tu sais, le cours qu'on a révisé ensemble (sur la périurbanisation, je m'en souviens, et l'organisation de l'espace par les villes). J'ai fait un brouillon, j'ai surligné les trucs importants. J'ai fait 3 lignes d'introduction, je saute une ligne, alinéa, 7 lignes par paragraphe, mais le 2ème il fait que 3 lignes et 2 lignes de conclusion, ça fait pile 15 lignes. C'est tout beau, je défonce le système scolaire ! Je peux avoir un bisou parce que c'est bien ?
Je lui fais un bisou. Mais je m'interroge : place-t-elle la réussite dans la forme et le respect strict des consignes, dans la méthode ou dans la compréhension du fond ? Qu'a-t-elle réellement appris, découvert, retenu dans cette leçon ?

10 octobre
Dans *Le Monde*

Vincent Peillon n'est pas favorable à la suppression des notes mais à une *"évolution"* de sorte que la note engendre *"un encouragement et pas un découragement"*, a-t-il dit.

Près de 39 % des enseignants estiment en effet qu'il faut *"abandonner les notes chiffrées et les moyennes à l'école primaire et au collège"*, selon une enquête interne en ligne du syndicat SE-UNSA. Plus de 31 % des personnes jugent qu'il faut maintenir les notes, plus de 20 % estiment que le débat n'a pas lieu d'être.

" Il faut *"qu'il y ait une évolution de la façon dont nous notons, parce que la note pouvoir être aussi un encouragement et pas un découragement, parce que les élèves de France, à part les petits Japonais, sont les plus malheureux au monde"*, a ajouté M. Peillon.

Le ministre estime qu'il faut trouver un système d'évaluation – que les spécialistes appellent "formative" – c'est-à-dire *"qui encourage à progresser et pas qui décourage et conduit à provoquer l'échec ...il faut faire évoluer notre façon de noter, cela vaut pour les élèves et pour les professeurs qui sont toujours notés comme les élèves"*, a conclut M. Peillon.

Typique du politique : ni pour, ni contre, entre les deux.
Média populaire, le journal télé fait lui un reportage bien concret sur le collège de Surgères qui a abandonné les notes dans les classes de 6ème. Argument avancé : grâce à de petits points rouges et verts, une meilleure lisibilité de ce qui

fait problème (les compétences mal ou non-acquises) et l'absence de stress pour les élèves.

12 octobre
Intense

A peine assis, ils lèvent déjà la main. Pour aller faire l'appel visiblement. En Anglais, les 6°B sont décidément décontractés. D'un geste de la main, le prof désigne Louis qui se lève :
- Quentin ?
- I'm here.
- Léa ?
- I'm here.
Le prof prend la parole :
- What's the weather like today ?
Le jour se lève à peine. Un ciel sans nuage.
- Can I switch off my phone ?
- Of course.
- It's cloudy ?
- The weather is sunny.
Aucun des deux n'a dû regarder par la fenêtre.
- No, the sky is blue.
Leçon pour aujourd'hui, les nombres ordinaux, de first à 19th. 3 nombres par élève, chaque élève désignant celui d'après. Le prof écrit les prononciations en phonétique.
- C'est quoi le O barré ?
- Ben, un O barré ?
- Oui, mais ça se prononce comment ? The, the. Qui veut écrire la date au tableau ?
20 mains se lèvent. Il vérifie les exercices en passant dans les rangs.
- Tu ne l'as pas fait ?
- Non …
- Prends la correction.
Incrédule, la petite se tourne vers sa voisine et lui chuchote :
- Il a rien dit !
- What is the date today ?
Leçon d'aujourd'hui, les nombres ordinaux de 20 à 29.
- Vous vous rappelez comment on demande la date d'un anniversaire ?

Jenny se démonte le bras à force de le lever :
- What is your birthdate ?
- Very good ! Tournez-vous vers votre voisin et posez-lui la question. Puis donnez-lui votre date de naissance. Par exemple : my birthdate is 18 june 1977.
- Vous avez quel âge ?
- Calcule !
Tout le monde calcule l'âge du prof. Il a 36 ans. Eux, ils sont tous nés après l'an 2000.

14h, grande séance de rigolade en français avec les 3ème : on joue avec les mots d'origine grecque et latine.
- Antipodiste ?
- Ceux qui marchent avec les coudes ?
- Et pourquoi pas avec le ventre pendant que vous y êtes ! Non ça a à voir avec ce qui est loin, se lancer des trucs loin.
- jongler ?
- Mais comment ? Avec les pieds !
- Sémaphore ?
- C'est le truc que vous avez dessiné avec des barres …
- Oui, mais sois plus précis. A une époque où on ne pouvait pas envoyer des SMS, on envoyait des signaux. Comme pour le morse. C'est quoi le morse ?
- Des petits bruits stressants.
Tout d'un coup, je m'aperçois qu'il y a deux autres adultes dans la classe. Assises à côté de deux garçons qui ont un ordinateur.
- Misogyne ?
- Qui hait les troubles ?
- Non qui hait les femmes, reprend Monsieur G. Un homme qui hait les femmes, c'est un homme intelligent. Un astérisque ?
- C'est une petite étoile ?
- Oui, mais ça sert à quoi ?
- J'ai jamais su.
- Un gastronome ?
- Quelqu'un qui administre son estomac.
- La rubrique nécrologique on la trouve où ?
- A l'hôpital ?
La conversation dévie sur l'âge des nourrissons. Une élève conclut :
- Ben, comme ils vivent, on ne peut pas déterminer leur âge.

- Logorrhée ? Les profs, par exemple, qui parlent beaucoup et souvent inutilement.
- Pas vous, monsieur, vous vous êtes parfait !
- Oculiste ?
- Il occulte ?
- Et il occulte quoi ?
- Les oreilles ? Le cerveau ?
- Non, ça c'est le cervotologue, intervient Emma.
- Presbyte ?
Eclat de rire. L'une des adultes rit tellement qu'elle sort pour se calmer dans le couloir.
- C'est le presbytère ?
(Mathilde à qui je pose la question le soir me fait exactement la même réponse.)
- C'est quand on est chauve ?
- Oui et vieux et qu'on voit mal, l'aide le prof. Céphalopode ?
- Un truc gluant ?
- Tête-pied ?
- Un nain ?
- Monsieur patate ?
- Démocrate ? Louis ?
- Je sais pas.
- Aristocrate ?
- Ca vient de quelqu'un qui s'appelle Aristote ? C'est pas des chats ?
- C'est quoi les aristochats ?
- Des chats qui chantent ?
- Horoscope ?
- Le truc des taureaux et des balances ?
- Cacophonie ?
- C'est quand on ouvre la bouche ?
- Dans ton cas, je confirme ! Hémiplégique ?
- Quelqu'un qui a la moitié de son plégique ?
Les pensées de certains me semblent parfois très confuses…
Je jette un œil sur les devoirs de conjugaison (être et avoir à tous les temps, un apprentissage de CM2) et comprends pourquoi les profs se désespèrent du niveau. Impératif ? Je dois avoir. Des colonnes vides à tous les temps du subjonctif. Des inventions pures : je seriais, j'auriais. Sur la classe, 7 ont la moyenne. La meilleure note est 57, 5/60. La pire 7,5.

Monsieur G. y perd son latin.
- J'en avais certains en 6ème. Ils étaient meilleurs il y a 3 ans … Le problème c'est que je passe mon temps à leur dire qu'ils ne savent rien. Mais d'un autre côté, je voudrais pas les dégoûter …
A la sortie de la classe, je me jette sur les autres adultes :
- Vous êtes qui ?
- Les AVS !
Les auxiliaires de vie scolaire accompagnent un enfant une année, ou 2 ou 3 …Un enfant à qui la MDPH (Maison départementale des personnes handicapées) a accordé une aide particulière. Handicap. Le mot est lâché.
- Le mien, commente l'une d'elles, ne peut pas attacher un lacet ou un bouton. Il est tout le temps dans son monde. Il faut sans cesse le ramener à la réalité, au cours.
- Le mien est dysgraphique.
- Le mien aussi, en plus.
Ah, voilà la fameuse famille des dys : dyslexique, dysorthographique, dysphasie, …
Ni professeurs, ni surveillantes, elles se fondent dans la classe.
- Les enfants nous appellent par nos prénoms, nous font des confidences. Surtout les filles. On donne un petit coup de main quand on nous le demande.
A priori, les deux enfants vont passer leur brevet et bénéficier d'un mi-temps ou d'une secrétaire. Leur formation à elles ? Aucune. Elles ont répondu à une annonce du Pôle Emploi. Le jour de la rentrée, on leur a juste dit : « Voilà ton élève. Bonne journée. » Quelques semaines plus tard, elles ont pu rencontrer les parents, la psychologue et les médecins de l'enfant.

Dans la cour, les 6°A ont deux heures à perdre avant de manger. Et donc le temps de papoter. Ils m'entrainent au soleil, me dégotent un banc et se rassemblent autour moi. C'est ma première récré… Après 5 semaines de collège, les 6ème sont visiblement à l'aise :
- Vous fumez ? me demande Taïwena. Je dis pas ça pour être malpolie mais vous avez les dents jaunes …
- Et on peut vous appeler par votre prénom ?
- Et vous parlerez de nous dans votre livre ?
Je leur explique qu'ils sont mineurs et donc que je n'ai pas le droit d'utiliser leurs propos sans une autorisation écrite de leurs parents, qu'ils ont un droit à l'image aussi. Mais eux, ils veulent être cités :

- Mes parents, ils diront oui, ils disent toujours oui à ce que je leur demande, déclare fièrement Fabien.
Il est pourtant le seul de la bande qui n'a pas de portable... Mais c'est prévu pour son anniversaire, précise-t-il.
Pour contourner le problème, chacun choisit un nom secret.
- Vous savez comment on appelle un nom secret ? je commence à faire la prof …
- Ben, un nom que personne connait, un nom secret quoi.
Je ne suis pas prof finalement, je n'ai pas la patience de repasser par le latin, le grec et l'histoire de la littérature, j'abrège.
- Un pseudonyme.
Va pour le pseudonyme. Chacun choisit le sien de Ronald à Manouchette en passant par Mister beau-gosse…On peut entrer dans le vif du sujet. Leur nouvelle vie de collégien.
- Ca fait plaisir d'être une collégienne, me dit Taïwena. C'est la preuve qu'on change, qu'on évolue.
- Et le mieux, déclare Léon, c'est qu'on n'est pas obligés de supporter le même prof toute la journée. Mais mon amoureuse n'est pas dans la classe et je ne peux la voir qu'à la cantine.
L'un est ravi parce qu'on ne le confond plus avec son jumeau, l'autre parce qu'ayant 3 ans de décalage avec son frère, elle peut enfin le voir dans la journée.
Fabien s'est déjà cassé les dents en tombant de la poutre :
- Il y avait des bouts de dents partout, ça saignait vachement, me raconte Dayana.
Deux d'entre eux pleurent beaucoup. Antoine quand il a des mauvaises notes et Doris qui pleure tout le temps, me disent ses camarades. En privé, elle reconnait effectivement, en pleurant :
- J'ai tout le temps envie de pleurer, je ne sais pas pourquoi.
L'adolescence ?
Ce qui les embête vraiment les 6ème ?
- D'être les petits quand l'année dernière, on était les grands ! résume la toute petite Taïwena. J'en ai marre d'entendre dire dans mon dos : « ils sont de plus en plus petits les 6ème. »
Les grands font peur :
- Racket de carte de bus, annonce un peu trop fièrement Fabien. Ils voulaient que je la rachète, mais je leur ai reprise en cachette.

- Ils poussent tout le temps dans les couloirs, pour monter dans le bus, à la cantine, ça fait souvent tomber nos plateaux. Ils veulent piquer nos frites et ils jettent nos sacs ou s'assoient dessus. Ca fait 2 fois qu'ils pètent mon équerre.
- Et les grands, se plaint aussi Léon, ils se moquent de mon portable parce qu'il a une antenne.
Comment ça se passe en cours ?
- En français, moi je suis contente d'avoir Monsieur G. Il nous fait vraiment apprendre des trucs. Je sais qu'au lycée, ils vont le voir que je suis passée par ses mains. La plus stricte, mais aussi la mieux, c'est la prof de maths. Deux tables de multiplication à copier si on dit : « Madame. »
Ils adorent Azzedine :
- Il est sympa, il est gentil, il écoute toujours ce qu'on a à dire, il interroge d'abord ceux qui ont du mal, mais il fait bien tourner les questions. Y a des profs qui interrogent toujours les mêmes élèves.
Harry, Fabien, Taïwena et Dayana ont déclaré la guerre des notes. Pour l'instant, ils sont à peu près à égalité, estiment-ils.

12h15
En passant la porte de l'ULIS (unités localisées pour l'inclusion scolaire), on entre dans un autre monde. Pourtant, le décor est le même : porte bleue, murs blancs, liserés jaunes, mais la salle est plus grande. Les tables et les chaises sont moins alignées, il y a un bureau comme celui de la maîtresse à l'école primaire.
L'enseignante, Madame Madrange, prof d'histoire/géo dans un collège, a d'abord accepté un poste dans un ITEP (institut thérapeutique, éducatif et pédagogique) qui accueille des enfants et des adolescents présentant des troubles psychologiques.
- Envie de plonger dans l'enseignement spécialisé, explique-t-elle. Pendant 5 ans, ça a été passionnant, très violent aussi. On voit souvent voler des chaises ou des piques à broche. Aussi quand un poste s'est libéré ici, j'avais la qualification et l'expérience, j'ai postulé.

Définition du site eduscol.education.fr :

Les élèves scolarisés au titre des ULIS présentent des troubles des fonctions cognitives ou mentales, des troubles envahissants du développement, des troubles de la fonction auditive, des troubles de la fonction visuelle ou des troubles multiples associés.

Les ULIS accueillent des élèves dont le handicap ne permet pas d'envisager une scolarisation individuelle continue dans une classe ordinaire mais qui peuvent bénéficier, dans le cadre d'un établissement scolaire du second degré, d'une scolarisation adaptée.

14 élèves, autistes ou à l'inverse hyperactifs, cumulant parfois les handicaps cognitifs et moteurs et deux AVS, celles que j'ai rencontrées, qui accompagnent les enfants à certains cours « normaux ».
- C'est du sur-mesure pour chaque enfant. Selon son niveau ou son handicap, selon les professeurs aussi – certains sont plus réceptifs que d'autres à l'accueil d'un enfant handicapé - il suit des cours dans différents niveaux et matières. C'est l'inclusion. Le reste du temps, il est dans cette classe.
Madame Madrange se sent un peu seule au sein du collège :
- J'obtiens tout ce dont j'ai besoin, ce n'est pas le souci, mais personne ne sait vraiment ce que je fais. Si vraiment j'ai besoin de parler, je raconte mes problèmes au moment de la pause clopes.
Elle gère aussi la relation avec les parents :
- Soit il y a une vraie carence éducative, soit les parents sont dans le déni. J'ai un gamin, autiste moyen qui tend à la schizophrénie à mon avis, dont la maman, au bout de 2 ans à dire : « mon fils sera biologiste » a enfin pu sortir : « j'ai compris que Simon n'est pas comme les autres. Son handicap, je le prends dans la figure tous les jours. » Je me suis dit : « enfin, on va pouvoir avancer ! » Pour certains parents, c'est aussi un revenu puisque les enfants qui sont ici touchent une pension de compensation de leur handicap.
Elle a faim, je promets de revenir lundi. Je m'aperçois que depuis 8 ans que je fréquente cet établissement comme mère ou comme journaliste locale, je n'avais eu la curiosité de pousser la porte de l'ULIS. Le handicap n'est pas un sujet sexy.

Je pose deux questions à Mathilde, le soir :
- Comment tu les traites les 6ème ?
- C'est un cercle vicieux. Quand t'es petit, tu te fais martyriser. Quand t'es grand, tu te venges. C'est normal et ça va à tout le monde. Dès fois, on va les voir et on leur dit : « le fatum te rattrapera ! » Ils comprennent rien et nous ça nous fait marrer. Et puis c'est vrai ils sont petits et gros avec leurs énormes cartables qui bouchent le passage.
- Tu as déjà eu des élèves de l'ULIS dans ta classe ?
- Oui.
- Et alors ?

- Ben rien, mais Gaël il s'amusait à les faire pleurer.

Réforme des rythmes scolaires : Vincent Peillon remet à plus tard la question des vacances d'été (12/10/2012, La gazette des communes)

Dans le cadre de l'épineuse réforme des rythmes scolaires, Vincent Peillon ne touchera pas aux vacances d'été : « Pour l'instant, je crois que les vacances d'été telles qu'elles sont, nous ne sommes pas en capacité de les changer », a indiqué le ministre. Mais dans le « travail que nous avons à accomplir dans les années qui viennent, cette question ne devra pas être taboue », a-t-il prévenu.

Le gouvernement veut revoir les rythmes scolaires de la journée, de la semaine et de l'année, considérant que l'année scolaire est à la fois trop courte et trop concentrée, au détriment des apprentissages. Le rapport de la concertation sur la refondation de l'école a prôné sans surprise le retour à la semaine de quatre jours et demi en primaire, avec le mercredi matin sauf dérogation locale pour le samedi, ainsi que le raccourcissement de la journée de classe. Cette demi-journée de plus permet mécaniquement de passer de 144 à 180 jours de classe par an, le nombre souhaité par M. Peillon.

En revanche, le rapport est resté très prudent sur la délicate question des vacances, alors qu'étaient débattus un possible raccourcissement ou zonage des vacances d'été ou encore une éventuelle disparition des zones des vacances de printemps et d'hiver, défendues mordicus par l'industrie du tourisme.

Depuis 1964, la France est découpée en trois zones permettant d'étaler les vacances d'hiver et de Pâques sur quatre semaines pour favoriser les activités touristiques, notamment les sports d'hiver, et répondre aux impératifs de sécurité routière. Abandon du zonage - Jeudi, plusieurs fédérations du tourisme se sont dites « farouchement opposées » à un abandon du zonage, synonyme de « perte de chiffres d'affaires » et d'un « risque sur les emplois », surtout en montagne. Le zonage « permet de diminuer le prix moyen des séjours » donc « une plus grande accessibilité des vacances pour tous », argumente le délégué général de Domaines Skiables de France, Laurent Reynaud. »Doit-on garder un zonage pour que 8% des Français continuent d'aller au ski? » a fait valoir à l'inverse Sébastien Sihr, du SNUipp-FSU. « Le bouleversement des zonages « représente un risque politique démesuré par rapport au sujet », analyse Christian Chevalier, secrétaire général du SE-Unsa.

« Il ne faut pas rajouter de contraintes aux familles. Nous ne sommes pas contre un dézonage mais cela semble peu réalisable », résume Valérie Marty, présidente de la Peep. Jean-Jacques Hazan, président de la FCPE, milite pour des vacances d'été raccourcies de deux semaines.

Azzedine avait raison sur la refondation de l'école. La montagne va accoucher d'une souris.

13 octobre,
Election des représentants des parents d'élèves

22h54, Bonsoir,

Devant vos demandes angoissées et pour ne pas ajouter à la fatigue laissée par cette campagne électorale harassante, je vous donne sans plus attendre les résultats de ce vote :

Sur 1397 inscrits 232 parents ont voté soit 16,6% (1,1% de plus qu'en 2011, notez que notre marge de progression reste énorme!)

Sur les 232 suffrages exprimés 220 voix pour notre liste soit 94,8% (5% de plus qu'en 2011, là, difficile de faire mieux, plus deviendrait indécent!)

Cordialement,
Paul

15 octobre
C'est l'automne

Lundi, 8h15, en rang dans la cour, il commence à faire froid le matin.
Azzedine a une tête fatiguée, des petits yeux. Il demande un grand silence avant de distribuer des feuilles.
- Ne sortez pas vos cahiers. Petite évaluation. Vous avez 6 minutes.
Stupeur dans la classe. Mais bon, chacun se penche sur sa feuille avec appréhension. Au bout de 2 minutes, Louis lève la main :
- Mais Monsieur, on l'a pas appris ça.
Azzedine se penche sur sa feuille.
- Ben oui, vous avez raison. Je vous ai donné l'interro des 5ème ! Ben ça alors ! La semaine commence bien.
Il sort de la classe. Et revient avec un tas de nouvelles petites feuilles. Il en manque 8. Il repart. Et revient distribuer les dernières. Il passe dans les rangs et examine les cahiers. 6 minutes. Il ramasse les feuilles.
- J'ai vérifié vos cahiers. J'ai trouvé beaucoup de fautes. Quand vous copiez au tableau, essayez de faire attention.
Après l'interro écrite, l'interro orale :
- Pourquoi les Grecs sont-ils partis ?
- A cause des montagnes ?
- Et ils sont allés où ?
- M'sieur, vous avez dit qu'il fallait ramener les interros signées.

- Ca a un rapport avec ma question ?
- Non.
- Koran, tes lunettes sont réparées ?

Ça n'a pas vraiment de rapport non plus ...

- Non, demain.
- Tu dis toujours demain ...
- Qui vient au tableau me faire le schéma de la ville-Etat ?
- Est-ce que l'évaluation, c'est noté ?
- Imaginez, c'est la seule carotte qu'on ait ! Et si je disais, apprenez mais rien ne sera noté, vous imaginez ?

Une photo du site de Delphes, son temple, son stade et son théâtre.

- Quelqu'un est déjà allé en Grèce ?

Ils sont 3. Azzedine détaille les lieux autour du temple.

- Où ont lieu les sacrifices ?
- A l'hôtel.
- Comment tu écris hôtel ?
- H.o.t.e.l.
- Non.

Il écrit autel au tableau.

- Quels sacrifices on faisait ?
- On tuait des personnes.
- Non, quand même pas. Des animaux. Comment on les tuait ?

Un élève passe son pouce sous sa gorge.

- Oui, on les égorge. Et on vide les entrailles. C'est un peu gore dès le matin.
- Qui se rend dans le sanctuaire ?
- Apollon ?
- Non ! Qui va en Grèce, dans un sanctuaire grec ? Les Grecs !

10h20, 6ème Segpa

Définition

Au collège, les sections d'enseignement général et professionnel adapté (SEGPA) accueillent des élèves présentant des difficultés d'apprentissage graves et durables. Ils ne maîtrisent pas toutes les connaissances et compétences attendues à la fin de l'école primaire, en particulier au regard des éléments du socle commun.

Les élèves suivent des enseignements adaptés qui leur permettent à la fois d'acquérir les connaissances et les compétences du socle commun, de construire progressivement leur projet de formation et de préparer l'accès à une formation diplômante.

Même réflexion que pour l'ULIS. Je suis rarement venue spontanément jusqu'ici. Cette fois, je suis chaudement invitée. Contrairement au collège général où ma présence ne fait pas l'unanimité, ici, ils ont fait une réunion d'équipe et décidé que j'étais la bienvenue (sauf chez une prof que cela intimide d'avoir quelqu'un dans sa classe), et même dans leur salle des profs où ils discutent autour d'un café ou de déjeuners très réguliers. Le directeur dela Segpa a fait passer l'info et en deux mails m'a indiqué deux créneaux horaires. Premier contact avec les 6ème.
Ils sont 14, mais aujourd'hui, il y a deux absents. Mission du jour : classer selon le genre et le nombre des noms communs féminins et masculins. Un travail de groupe.
Ma voisine fouille dans la trousse de son voisin :
- Je te prends ton effaceur parce que je me suis trompée avec ton stylo.
Une se coupe une mèche de cheveux avec des ciseaux. Dans le silence, bon an mal an, pendant 50 minutes, chacun complète les colonnes du tableau, s'interrogeant : féminin ? pluriel ?

11h30, un puis deux cafés avec Monsieur G.
Tout petit il voulait déjà être prof. Peut-être parce que sa grand-mère qui avait arrêté l'école à 12 ans lui disait que c'est un beau métier. Et il adorait lire. En 3ème, il opte pour un cursus littéraire mais paresseux, dit-il, n'étudie pas le latin. En 1975, il devient maître d'internat pour gagner sa vie et s'inscrit à la fac. Il y passe sa licence et un premier diplôme d'enseignement aujourd'hui disparu. En 1986, il passe le Capes de lettres modernes.
- Travaillant en même temps pour gagner ma vie, j'ai décidé d'y voir plutôt le plaisir intellectuel que la possibilité de l'avoir vraiment. Il m'a bien fallu 3 ou 4 ans pour l'obtenir.
Puis en 1997, l'agrégation, interne, précise-t-il, l'externe, la royale (?) étant fermée à cause du latin. J'ai été admissible la première année, je l'ai eue deux ans plus tard.
C'est le seul prof agrégé du collège. Il est arrivé un peu par hasard, en croyant demander un lycée qui correspondait plus à sa qualification. Mais il est resté : « c'est là que je suis le plus utile finalement. » Agrégé donc 15 heures de cours par semaine. Mais il lit et corrige 1 050 lignes d'élèves par semaine. Sans compter les évaluations et autres devoirs. Certains cours sont figés dans le marbre : les bases latines ou grecques, la conjugaison et la grammaire, difficiles

à réinventer. Ce qui change, ce sont les textes piochés au fil des nouvelles lectures (temps de travail ou pas ?). Et les élèves :
- C'est l'oral qui me sauve. Le rapport avec les gosses, leur spontanéité.
Un révolté, Monsieur G ! Il est outré que son patron, l'Etat, fasse deux poids, deux mesures :
- Un professeur certifié débute à plus ou moins 1 500€ pour terminer à 2 500€. Un professeur agrégé débute avec 1 700€ pour finir à 3 500€. Combien est payé un ingénieur ? Un colonel ? Les priorités affichées, tout le social, infirmières, personnel hospitalier, enseignants, sont les plus mal payés. C'est normal ? Rien n'a changé dans nos statuts depuis 1955. Les profs ont un rapport dramatiquement imbécile à l'argent. Le syndrome de l'Abbé Pierre. L'argent n'est pas important. Mais c'est vrai que je gagne bien ma vie.
Il doit gagner près de 3 500€ puisqu'il est au dernier échelon et à 7 ans de la retraite.
Outré aussi, que son patron, l'Etat, fasse si peu cas de lui :
- Le mépris, ce n'est pas juste une question d'argent. Mais aussi de considération. « Casse-toi, pauv con ! » La pauvreté est associée à la connerie, ce n'est pas moi qui le dis. Les enseignants seront respectés quand ils gagneront autant qu'un capitaine. On nous a retiré tous nos pouvoirs. Aujourd'hui, moins on connait l'élève plus on a d'autorité sur lui. Devenir chef d'établissement ? Pas question, je ne suis pas calibré pour avaler des couleuvres.
Une baffe à l'école ? Pas de problème, il assume.
- Un jour, je demande son carnet à un élève qui me répond qu'il ne l'a pas. Je cherche dans son sac quand il me dit : « vous avez qu'à regarder dans ma trousse pendant que vous y êtes ! » La claque est partie. J'ai appelé son père après le cours et je lui ai dit : « Je viens de donner une baffe à votre fils, il faut qu'on en parle. »
Ce qu'il pense de supprimer les notes ?
- Quand on a de la fièvre, on casse le thermomètre ?

Salaire ?
Comme professeur certifié, Azzedine gagne 2 049, 77€ par mois net. Un peu plus au mois d'août où lui sont payées les heures d'accompagnement éducatif de l'année. Est-ce trop ? Trop peu ? Est-ce assez ?
- Comme dans d'autres métiers, commente-t-il, on en fait plus que ce pour quoi on est payés. Le tutorat 3ème-6ème à l'heure du déjeuner, les rendez-vous avec les parents le soir, les réunions, le temps de préparation des projets ne sont jamais

pris en compte. Je m'en fous, la hausse de mon salaire n'est pas une priorité. Je préfère me battre pour que nous ayons des tableaux numériques dans les classes. Des profs plus en colère sur ce sujet ne participent pas pour autant à des actions communes de revendication. Faire la révolution dans la salle des profs, c'est stérile.

Mathilde rentre avec une mauvaise tête. J'hésite : problème avec les copines ou mauvaise note. Je demande gentiment ce qui se passe. Elle pleure et avoue qu'elle a eu une mauvaise note. Je mets un moment avant de savoir combien : 9,5 en français. En grammaire et conjugaison. Après ce que j'ai vu cette semaine, plus rien ne m'étonne. Sinon, qu'elle aussi, en 3ème, ne reconnaisse pas un passé simple …

16 octobre

La foire aux parents

C'est le petit nom que donnent les profs aux réunions parents/profs…

- Les réunions avec les parents se ressemblent toutes, me prévient Monsieur G. qui me joue une saynète qu'il connait bien :

Le prof : « Les élèves doivent travailler. »

Les parents : « Mais ils ont beaucoup de travail... »

Le prof : « Non, ils sont lents, sans méthodes, souvent sans bases élémentaires, sans concentration... »

Les parents : « Vous noircissez le tableau... »

Le prof à l'élève : « Petit chéri à mômâ, peux-ti lui dire de quoi on a parlé ce matin ? »

L'élève : « EUHHHHHHHHHHHHHH...ze sé pu... »

Monsieur G : Mômâ, qui commence à comprendre, blêmit... Et rien ne change... Même musique en 3ème, avec en dièse, le problème de l'orientation, aigu pour les élèves faibles dont on ne voit généralement pas les parents. Mais tout ça, c'est la fôte des profs ! Et les élèves passent en seconde sans savoir – ou presque- ni lire, ni écrire pour certains !!!!

Le collège est illuminé dans la nuit. Des parents, des mères toujours plus nombreuses mais pas tant que ça pour une fois, et les classes ouvertes pour des discussions avec les professeurs. 15 jours avant on choisit quel prof on veut voir, à quelle heure (entre 17h et 20h), on a 5 minutes par prof. Azzedine est là, plutôt tranquille assez content de ce temps d'échange. Il a 13 rendez-vous.

- C'est important pour la relation humaine de mettre des têtes de parents sur les têtes d'élèves. C'est un moment aussi où l'élève devient un enfant. On le découvre sous un autre angle.
Je remets vite ma casquette mère de Mathilde quand celle-ci me tire par la manche en m'annonçant que son prof d'histoire m'attend. Prof principal, il passe vite sur le « pour Mathilde tout va bien. Un peu d'étourderie. Je voulais vous parler d'orientation. Tu sais ce que tu veux faire l'année prochaine ? Une seconde au lycée général ? Quelle filière ? Quel métier ? » Il est bien embêté quand elle répond « Truquiste » … « Tu as un stage ? Bon, comme je le dis toujours aux bons élèves, en entrant au lycée, tu as le temps d'attendre avant de décider d'une orientation. »
On enchaîne très vite avec le prof de maths. Direct :
- Il n'y a rien dont il faille s'alarmer MAIS … Le calcul mental (elle a juste la moyenne), les devoirs maison, la participation orale … c'est plutôt moi qui viens te chercher que le contraire, non ?
Elle sort un peu sonnée :
- Comment il m'a saquée …
Pas le temps de respirer. Anglais. Le prof a choisi ce moment pour rendre le contrôle que tous les élèves attendent avec angoisse depuis qu'il a annoncé que la moyenne de la classe était de 9 …
- Tu es dans la moyenne, commence-t-il. 9,5.
Les larmes montent aux yeux de Mathilde. Elle les retient pendant qu'il détaille toutes les fautes de conjugaison, de grammaire, d'étourderie, … :
- De la rigueur ! Je ne laisserai rien passer.
Mathilde se jette dans mes bras en pleurant sitôt la porte franchie. De gros sanglots d'enfant. Nous sortons prendre l'air sous l'œil effaré de ses camarades et de leurs parents. Pas facile pour moi parent de partager tout ce chagrin. Intellectuellement, je relativise (c'est ridicule de se mettre dans un état pareil pour un 9,5), affectivement, mon petit est touché et cela me touche. Elle dit qu'elle travaille beaucoup (et c'est vrai), qu'elle fait des efforts, qu'elle participe mais qu'on ne l'interroge jamais, qu'elle pensait avoir tout fait bien et que cela ne suffit pas à avoir de bonnes notes. Que c'est pas juste, ses 3 meilleures amies sont meilleures qu'elle. « Elle peut crâner Alice en calcul mental, elle triche ! » Je ne vois pas comment on peut tricher en calcul mental, Mathilde explique que les élèves se corrigent entre eux et que le moment est propice à quelques rectifications. Les profs ne sont plus ni beaux, ni sympas, ce soir, ils sont tous méchants.

Les yeux rouges et gonflés, elle s'assied devant Mme Pignon qui lui a donné un autre 9,5 hier. Parce que je sais qu'elle a son franc-parler (elle m'a dit l'année dernière d'entrée de jeu qu'elle n'était pas là pour aimer ses élèves), je préviens :

- Allez-y doucement, elle en a pris assez pour ce soir.

Message reçu. Elle met en avant les qualités de compréhension, de participation, de motivation, mais est bien obligée de pointer les lacunes. En écho : « de la rigueur, je ne laisserai rien passer. » Au moins, le message a le mérite d'être clair.

Maintenant, c'est à moi de regonfler mon petit. On quitte l'école sans dire au-revoir à personne, on file acheter le dernier manga qu'elle attendait depuis des semaines, on rentre à la maison. Je profite des trajets et des câlins de la soirée pour positiver comme un parent :

- C'est bien de savoir où sont ses faiblesses, ça permet de travailler dessus et de s'en débarrasser. On va s'y mettre toutes les deux, deux petits exercices par soir et d'ici la fin de l'année on n'en parle plus des problèmes de grammaire ou de conjugaison. Ne t'inquiète pas. Accroche-toi, mon amour, tu vas y arriver !

Elle reconnaît qu'elle pourrait faire mieux. Elle promet de leur en mettre plein la vue. Elle va se coucher consolée et prête à en découdre dès le lendemain.

Comment ils font les enfants qui cumulent les mauvaises notes, année après année ? Comment trouve-t-il la force de se remotiver ? Et leurs parents ? Je sais que l'éventail est large : encourager, soutenir, faire à la place, menacer, punir voire pour certains récompenser financièrement…

17 octobre

Des élèves plus difficiles ?

8h15, je suis la première dans les locaux de la Segpa. M.Thevenin, le directeur arrive, il enfile sa veste de directeur et répond gentiment à mes questions en allumant les ordinateurs.

- Les élèves qui sont en Segpa ont une vraie difficulté d'apprentissage liée ou non à un handicap. Peuvent accéder à la Segpa des élèves dont le dossier a été validé par une commission d'orientation qui prend l'avis des professeurs, des parents, des services médico-sociaux et qui fait calculer le QI de l'enfant. Il faut savoir aussi que les élèves de Segpa sont prioritaires sur certains CAP où des places leur sont réservées.

Les profs arrivent et passent dire bonjour. Une maman attend pour dire un mot au directeur. Je file en Français avec les 3°E.

16 élèves dans la classe. L'enseignante assure les cours de français et d'histoire-géo. Elle est professeur des écoles, a exercé un an en maternelle avant d'entreprendre une formation spécialisée.

- C'est un public très attachant, explique-t-elle. Qui souffre d'une sale réputation. Or leur problème, à la base, ce n'est pas le comportement, c'est la difficulté scolaire. Mais à force de se voir coller l'étiquette de "kassos", ils finissent par l'intérioriser, voire par la cultiver. Pourtant on travaille bien ici. Sur 4 ans, on le temps de connaitre les élèves, de faire du travail différencié, de redonner confiance, de suivre de près. Et si on ne finit pas le programme, ce n'est pas grave. L'équipe est très soudée, 1h30 de synthèse par semaine, tous ensemble. On aborde le cas de chaque élève. Et on appelle très vite les parents si besoin. Action/réaction.

5 préparent le brevet pro. Tous visent un CAP à choisir dans la liste des CAP prioritaires.

Exercice du jour : classer les qualités et les défauts dans deux colonnes. Ils travaillent avec application et dans le calme :

- J'ai un gros problème avec altruisme, madame, c'est pour les intellos, altruisme.
- Tu n'as pas un gros problème, tu n'étais pas là la dernière fois, c'est tout.

Ils ont travaillé sur le questionnaire de Proust, sur des portraits chinois, des autoportraits, textes, peinture et doivent pour vendredi créer leur photo-bulle. Une photo autour de laquelle de petites bulles donnent des informations : qui je suis, ce que j'aime, où je vis ? … Ils vont devoir rédiger les textes et mettre leur photo-bulle en page (cela comptera pour valider l'un des items du B2I).

- Je ne sais plus ce que c'est un centre d'intérêt, Madame.
- Tu ouvres ton cahier, on a vu ça tout au début.

Outre les cours traditionnels, la Segpa abrite 4 ateliers : vente/distribution/magasinage, hygiène/alimentaire/services, Habitat 1 (plomberie) et Habitat 2 (maçonnerie). 6h d'ateliers par semaine en 4ème et on teste tous les ateliers. 12h en 3ème dans le domaine que l'on a choisi. Aucune fille, cette année, dans les ateliers Habitat. Et les élèves sont en stage deux fois une semaine en 4ème et 3 fois deux semaines en 3ème.

- Il est important qu'ils choisissent un métier en connaissance de cause, reprend leur enseignante. Et qu'ils apprennent, par exemple, via ces autoportraits à mieux se connaitre. A un moment, certains doivent accepter que la réalité l'emporte sur leur désir.

Mat me hèle dans le couloir :
- J'ai eu anglais. J'ai dit Hello au prof, il m'a répondu Hello et m'a regardé en disant : « I'm sorry. » La honte !
Azzedine arrive, les élèves entrent en classe. Un petit attend d'être le dernier pour lui dire :
- Monsieur, vous avez de la chance, je viens dans votre cours le jour de mon anniversaire.
Koran a enfin rapporté l'argent pour la photo de classe. Il en manque encore une :
- Maman a dit qu'elle le ferait plus tard.
Azzedine reprend la leçon sur le monde grec. Du bruit s'élève de la classe en face. De la où je suis assise, je ne vois rien. Une classe sans prof ? Un débat ? Des bruits de chaise, des élèves sortent dans le couloir. Un élève lève la main :
- Oui ?
- Vous avez fait une faute Monsieur ! Vous avez écrit démocratie.
Il prononce le t comme dans tonton.
- Ca s'écrit comme ça mais ça se prononce çie. Alors Delphes, c'est quoi ?
- Un temple ?
- Un Dieu ?
- Un roi ?
- Vous avez l'intention de me sortir tout ce qui vous passe par la tête ? s'énerve Azzedine. Vous avez ouvert votre cahier ?
Il hausse le ton :
- C'est un sanctuaire ! On l'a bien écrit hier ?
En revanche, les élèves ont bien retenu les sacrifices, l'autel, les gorges tranchées, la lecture des entrailles.
- Jordan, tu peux arrêter de faire tes lacets ! Tu passes mes cours à faire tes lacets. Pourquoi les cités déposent-elles des trésors dans les sanctuaires ?
- Pour pas qu'on les vole ?
- Parce qu'Apollon les surveille ?
- Parce que c'est sacré, précise Azzedine. Aucun grec n'oserait piller un sanctuaire. Une cité l'a fait une fois, elle a pris une bonne raclée : tout la population a été réduite en esclavage et vendue.
C'est effectivement une sacrée raclée !
- M'sieur ? Apollon, c'est le dieu de quoi ?
- Ah, là, je ne sais pas. Tu me poses une colle …
Et il diligente aussitôt un exposé sur la mythologie grecque.

- Loïc, retourne-toi.
Nouvelle salve de bruit depuis la classe voisine. Des cris, des rires. Encore des bruits de chaise. Un niveau sonore très inhabituel en ces lieux.
- Jordan, ça montre quoi le panhellénisme ? Prenez vos agendas pour vendredi. Répondre aux questions du dossier pages 35 et 36. Ce sont des questions qui portent sur des documents et qui parlent de l'Iliade et de l'Odyssée. Jordan, c'est clair ? Vous ne répondez pas directement sur le cahier. Vous prenez un cahier de brouillon ou une feuille. Vous me faites quelque chose de très sérieux, des cahiers de brouillon un peu remplis.
- M'sieur ? Vous allez nous rendre les contrôles ?
- Et si on arrive pas à répondre à toutes les questions, c'est grave ?
- Quoi qu'il arrive, la réponse est dans le document, sous vos yeux. Forcez-vous à la chercher. Je ne vous demande pas d'imaginer ou d'inventer. Il faut du temps, des efforts et chercher. Même si c'est compliqué. La réponse peut être dans un mot compliqué. Tout l'enjeu de la classe de 6ème est là : curiosité, sérieux, motivation. Et faire des efforts pour réfléchir.
Quand la classe s'est vidée, je demande à Azzedine qui voyait beaucoup mieux la situation que moi, ce qui s'est passé dans la classe d'à côté.
- Une collègue qui a des difficultés. On dirait qu'elle n'est pas là, mais en fait elle est là. Elle remplace un collègue qui avait déjà du mal. Il avait l'habitude de faire des remplacements et ne supportait pas bien des élèves en permanence. Quand on a vu que cela dégénérait, nous sommes allées en parler au principal. 2 jours plus tard, on apprenait qu'il était en longue maladie. Jusqu'à la Toussaint, mais à mon avis, il ne reviendra pas. C'est difficile de savoir quoi faire. Elle, je lui ai dit qu'elle pouvait compter sur moi si elle avait besoin de quelque chose, mais je ne peux pas arriver en disant : « C'est le bordel dans ta classe, tu as des difficultés ? » C'est trop brutal.
Ça ne se fait pas entre profs. Ce serait peut-être plus efficace ?

De mon temps, ça s'appelait sciences naturelles. Aujourd'hui, c'est un sigle. SVT : Sciences de la vie et de la terre. Mais en fait, c'est toujours les "sciences nat". Au programme : le squelette humain et les 3ème Segpa que j'ai vus il y a 2 heures. Un mélange explosif pour Madame Dubreuil qui m'a chaleureusement invitée :
- Venez voir, je n'arrive à rien avec cette classe.
J'apprécie qu'elle ouvre sa porte en annonçant d'emblée sa difficulté. Ce n'est pas si fréquent un prof qui reconnait être dépassé. Effectivement. Ils ne sont que

16 mais font plus de bruit que les classes à 30 élèves. Surtout les garçons. Contrairement au cours de français, ici, visiblement, on se lâche.
- Madame, j'ai encore oublié mon cahier !
- On va écrire encore ?
- On continue sur le corps humain. Pour la centième fois, mettez vos sacs par terre.
Tina se lève, s'installe face à moi, ouvre son cahier et me montre ce qu'ils ont fait jusque là. C'est très gentil, mais un peu désinvolte dans l'enceinte d'une classe bien tenue. La prof ramène un squelette de la salle voisine. Les plaisanteries fusent :
- Comment il s'appelle déjà ?
- Gilbert Montagné !
- Vous pouvez pas me le prêter pour Halloween ?
- C'est un vrai ?
- C'est qui Gilbert Montagné ?
- Non, c'est de la résine.
- Dans son nez, c'est bizarre.
- C'est ses crottes de nez !
- Il parle le gars ?
Le crâne, les cervicales, les omoplates, la clavicule.
Ils s'interpellent, se répondent, alimentant un joyeux brouhaha dans lequel, sans faiblir, la prof continue à suivre le fil de son propos.
- Clavicule, sternum, c'est kiffant.
- J'ai une boule qui ressort là, indique Zoé en montrant sa nuque.
- C'est tes couilles !
- Ça c'est fin ! commente la prof.
Les côtes, les, dorsales, les lombaires. Laura se lève et relève son pull :
- Moi je les sens mes côtes qui ne sont pas rattachées au sternum.
- Les rugbymen se les cassent très souvent et certains se les font même enlever pour qu'elles ne transpercent pas la rate ce qui pourrait provoquer une hémorragie interne, rebondit la prof. Une fois, une amie à moi était dans un bus qui a freiné brutalement. Elle a heurté un accoudoir. Elle avait mal, deux heures plus tard, elle perdait connaissance. Heureusement, on a pu lui enlever la rate et tout va bien. Mais on peut mourir bêtement.
- Vous pouvez la tordre sa colonne vertébrale ?
- Et toi, tu peux la tordre la tienne ? rétorque la prof.
- Pourquoi chez les médecins les squelettes sont pas en entier ?

Amaury se lève et sort, il ne se sent pas bien. Il est tout pâle. La prof le suit, lui ouvre les toilettes. Il n'a pas supporté la rencontre avec le squelette.
- Madame, quand je suis parti en vacances, j'ai vu un bonhomme, son sternum il sortait. C'est quoi comme maladie ?
- Moi, ma grand-mère elle a vomi du sang.
- Quand on mange, pourquoi ça coince vers ici ?
- Je ne sais pas. En biologie, on apprend ce qui est normal. Ce qui est anormal, c'est le domaine des médecins.
- Vous avez qu'à le dire tout de suite qu'on est pas normals ?
- Est-ce que j'ai dit ça ?
Elle fait des allers-retours pour prendre des nouvelles d'Amaury. Il revient :
- Heureusement que tu fais pas Halloween avec nous ! le salue Zoe.
Le bassin, le pubis, le fémur, le col du fémur.
- Le bassin, ça fait mal quand on se cogne.
- Le bassin, les os du pubis, rappelez-vous la 4ème …
- En 4ème, j'étais jamais en SVT, rigole Jonas.
Le sacrum.
- Avant les êtres humains avaient une queue, … commence la prof.
Stupeur générale !
- Vous voulez dire les singes, madame ?
- Ce serait bien si on avait encore une queue, rêve tout haut Steven.
- Mon docteur dit que j'ai un problème aux disques. C'est où, madame ?
Cubitus, radius, carpes, métacarpes, phalanges.
- On avait vu un film en primaire qui s'appelait cubitus/radius.
- Moi je regardais l'histoire de la vie avec un vieux barbu qui avait sa barbe qui traîne, c'était super.
- Tu copies, Brice ?
- Il est midi.
- Moi madame, j'ai une rotule déplacée.
- Des fois, j'ai des crampes aux joues à force de rigoler.
La prof tire sur la jambe du squelette. Genou, ménisque, tibia, péroné, tarses, métatarses.
- Eh, mais c'est Jackie Chan le mec.
- Pourquoi les personnes âgées rétrécissent ?
- Ma demi-sœur s'est fait opérer du tibia parce qu'elle avait un cancer. Ils lui ont pris un os ailleurs.
- Moi, j'étais sur les rails, je suis tombé et je me suis cassé le poignet.

- Qu'est ce que tu faisais sur les rails ?
- Du vélo et j'ai glissé et ma main s'est coincée. J'ai tiré très fort pour la décoincer. A l'hôpital, ils m'ont retourné le poignet.
- Mon grand-père, il est bizarre. Il arrivé à retourner son doigt.
- On peut ranger Madame ? Ca sonne dans 5 minutes.
- La semaine prochaine, contrôle.
- Ah non Madame, on a le CFG (Certificat de formation générale) ! Mettez-le après les vacances !
- Ok.
Ils sortent comme ils sont entrés. Dans un joyeux foutoir. Madame Dubreuil brosse un portrait à la fois juste et franc de la situation :
- Ils prennent la parole n'importe comment, ils ne lèvent pas la main, ils n'apprennent pas leur cours. A tel point que, pour qu'ils aient de bonnes notes, je les fais toujours réviser 5 minutes avant un contrôle. Si les notes sont trop mauvaises, je les fais refaire. Force est de constater que je n'ai pas trouvé la technique. J'en ai parlé avec mes collègues de la Segpa. Ils disent qu'ils les connaissent depuis la 6ème et ils sont profs des écoles, ils n'ont pas la même formation que nous. Et encore aujourd'hui, ça allait. Hier, 4 garçons ont passé le cours à parler de mobs et de scooters. Ils s'insultent entre eux, mais ils ne sont pas méchants, ni insolents avec moi. On se remet en question avec des classes comme celles-là. Et on souffre du manque de retour : la seule personne qui vient dans nos classes, c'est l'inspecteur, une fois tous les 5 ans. Et encore, il ne vient pas pour conseiller, donner un avis constructif, juste pour sanctionner. Quand je vois un ancien élève, je lui demande toujours ce qu'il a pensé de mes cours. Ce que je peux améliorer. Trop vite ? Trop lent ? Je sais juste qu'ils sentent que j'aime ma matière. Et que quand j'entends « Ah déjà ! » quand ça sonne, c'est que mon cours était bon.
Se faire respecter ?
- L'autorité brutale, c'est pas mon truc. Il est rare que je dise : « tais-toi et copie ! » Je suis toujours dans le dialogue. Je mets très peu d'heures de colle, au pire, des lignes à copier. En gardant l'élève après le cours, en face à face. En général, il ne recommence pas. Les profs ont une mauvaise réputation. Quand vous dites à l'hôpital que vous êtes prof, on vous répond souvent : « Ah, alors vous allez m'en mettre plein la tête ! » On est tellement obligés de se faire respecter qu'on en devient autoritaire.
Se renouveler ?

- Les programmes changent tous les 7 ans, et je le dis franchement, je ne refais pas mes cours tous les ans. Si je veux m'occuper, avec 12 classes, j'ai toujours des copies à corriger. Ce qui fait toute la différence, c'est la classe. Pas mêmes élèves, pas mêmes cours. En 14 ans de métier, je n'ai jamais eu l'impression de me répéter.

19 octobre

La fatigue se fait sentir

8h15, je découvre la salle informatique avec les 3°B que je n'ai pas vus depuis longtemps. Ils ont filé de la première à la seconde guerre mondiale, ont abordé le totalitarisme, le fascisme et le nazisme et ont quitté le monde en 1945 pour aborder les rivages de l'Education civique. Le thème : Citoyenneté, République, Démocratie. 3 concepts visiblement assez flous pour les élèves qu'Azzedine invite à se connecter sur le site de l'Elysée. 14 ordinateurs, un qui ne marche pas. 2 ou 3 élèves par poste.

- M'sieur, on a un problème. Les touches de notre clavier ont été changées de place.
- Essaie de retrouver les lettres.

Les élèves se mettent au travail.

- Avant, me dit Azzedine, on avait un informaticien. Aujourd'hui, c'est un prof de maths qui se charge de tout, la maintenance, les mises à jour, les sauvegardes, … Il a 2 heures de décharge mais cela lui prend beaucoup plus. De toute façon, il est en congés maladie pour plusieurs mois. Certains élèves arrachent les boules des souris ou effacent les dossiers des autres.

Je passe derrière les groupes et profite de la décontraction générale pour poser quelques questions aux élèves :

- Ca vous inspire ?
- Non, j'aime pas la politique.

Je m'étonne aussi :

- Rouget de Lisle, ça ne vous dit rien ?
- Non, Lille ça me dit quelque chose, mais pas Rouget.

Ce qui les surprend vraiment, c'est qu'il ait composé la Marseillaise en une seule nuit.

L'une explique à l'autre :

- Officiel, c'est quand c'est officiel. National, c'est national.

Et puis elles se chipotent sur la date de la prise de la Bastille pour tomber d'accord sur 1489 parce que l'une est sûre qu'il y a 89 et l'autre un 4.

Le vocabulaire n'est pas familier : représentativité, laïcité, indivisibilité, … Le débat devient plus concret quand on aborde les couleurs du drapeau français.
- Moi le blanc, je suis pas fan, déclare Azzedine. C'est le drame de l'humanité. Le blanc est devenu le symbole du bien. Dans les films, le paradis est toujours blanc, la barbe de Dieu est toujours blanche. Le rouge et le bleu m'intéressent plus.
Il garde quelques minutes à la fin du cours pour rendre les évaluations :
- C'est pas mal. Les choses avancent bien pour certains. Mais il va falloir travailler à produire des réponses structurées : une intro, deux paragraphes, une conclusion. Vous avez été très peu nombreux à vous servir du génocide arménien comme exemple de violence de masse, c'est dommage. Et pour les repères chronologiques, vous allez vous bouger ! 70% ont eu 0. C'est inadmissible !

Les parents se plaignent aux autorités :

Madame, Monsieur le Maire,
Le collège est surpeuplé : bientôt un collège à 1.000 élèves !
Les difficultés sont déjà nombreuses :
- réfectoire trop petit : l'administration a dû mettre en place plusieurs services ce qui fait que certains élèves ont 4 heures de cours l'après midi, qu'il est impossible pour d'autres de participer aux activités prévues dans le midi-deux, clubs, UNSS…etc.
- le préau est insuffisant. Lorsqu'il pleut les élèves ne peuvent pas tous se mettre à l'abri !
- Le parking des bus est maintenant insuffisant avec les dangers que cela implique.
- Le CDI est trop petit donc « réservé » pour quelques élèves…
- La salle de permanence est de taille insuffisante
- Le nombre de sanitaires n'est plus adapté.
- Il manque des salles de classes !

Pour y remédier, le Conseil Général a fait installer des préfabriqués dans la cour. Ceux-ci sont non isolés, tant au niveau phonique que thermique et les conditions de travail y sont déplorables. De plus, cette installation a réduit la taille de la cour, alors que le nombre d'élèves ne cesse d'augmenter. Nous pourrions craindre des problèmes de discipline, de violence et autres incivilités comme le montrent les études menées par le Ministère de l'Education. En effet, comment effectuer un véritable travail avec et pour les élèves dans un collège « usine » avec les moyens réduits que nous connaissons déjà (infirmière à temps partiel sur l'établissement, manque de surveillants et CPE…etc) ?
Il est temps de prendre en compte la croissance de la population pour offrir à nos enfants des collèges « à taille humaine » dans lesquels des adultes, formés et en nombre suffisant, pourront leur permettre de mener à bien leur scolarité.

Nous vous remercions par avance de l'attention que vous accorderez à cette et vous prions d'agréer, Madame, Monsieur Le Maire, nos sincères salutations.

17h : texto de Mathilde
Mon bus n'est pas réglementaire. Il n'a pas de ceinture.

22 octobre
Premiers pas vers l'orientation
13h45, ODP pour les 3°D. Encore un sigle. Ça veut dire "découverte du monde professionnel", une option de 2 heures inscrites chaque semaine au programme des 3°D, 2h pour réfléchir à son orientation et si possible choisir un métier. ¼ d'heure se passe à équiper chaque élève d'un ordinateur portable et à récupérer les autorisations pour la grande sortie de demain, une journée d'intégration pour la classe et les 12 profs. Le projet était conçu sur deux jours, ramené à une sortie au parc accrobranches voisin faute de budget.
Dans la classe, deux profs, Madame Dubreuil et Monsieur Braque, SVT et techno.
- C'est vrai qu'on va faire une chasse au trésor ? demande Tamara qui ajoute aussitôt : si j'ai pas envie de venir, je viendrai pas. On pourra fumer ?
Mes voisins ont commencé leur fiche métier. Kevin a l'air déterminé et veut être routier :
- Les frais de déplacement, c'est en plus ou en moins ? demande Ludovic qui est passé de pilote de ligne à dératiseur.
- En plus ! Moi mon père, il est chauffeur et il les ajoute. C'est comme les frais de repas et les nuits dans le camion.
- On peut prendre nos appareils photo ? demande Ambre.
- Non, ni les MP4, lui répond le prof de techno. Les profs ont pas vraiment envie de se retrouver sur Facebook dès le lendemain.
Il élève le ton.
- Vous n'avez même pas sorti une feuille ? Vous avez déjà commencé la semaine dernière pourtant !
- Moi j'avais déjà séché, lui explique charitablement Tamara.
- Je peux copier/coller sur un fichier ? demande Sybille.
- Non ! Tu prends une feuille et tu notes !
- Oh, putain !
Malgré l'envie évidente qu'il a de s'énerver, il décide de faire preuve de pédagogie :

- Merci d'utiliser un vocabulaire plus châtié. Copier/coller n'a aucun intérêt. Tu utilises tes compétences en français pour résumer.
- Oh, la, la ! Je n'ai aucune compétence en français !
Le prof de techno s'est assis face à Tamara et entreprend de canaliser son énergie. Madame Dubreuil explique la différence entre le brut et le net.
Ludovic revient à l'aviation et envisage la piste commandant de bord :
- 15 000€ par mois !
- Et faut faire combien d'études ?
- 5 ans.
- En plus du bac ?
- Ouais, ça va, c'est pas très long. Moi je veux bien faire beaucoup d'études si c'est pour gagner beaucoup d'argent.
La prof de SVT autorise finalement le copié/collé, mais recadre l'exercice :
- C'est un travail en autonomie. On vous fait confiance. Depuis 1 heure, vous parlez de tout et de n'importe quoi. Aucun n'a produit un texte pour servir de support à un exposé. Ça le fait pas !
Une élève enlève ses écouteurs pour mieux capter.
Ludovic s'attaque maintenant à concepteur de jeu vidéo. Musique.
- Déjà ! On a rien fait ! constate avec surprise ma voisine...
A la pause, les deux profs débriefent.
- Le curseur de mes limites est poussé loin avec cette classe, avoue Monsieur Braque. Jamais je n'accepterais d'une autre classe la manière dont ils parlent ou se comportent !
- Oui, mais tu as vu Thomas ? répond sa collègue. Il a 2 de moyenne depuis la 6ème. Cette année, il a d'excellents résultats. Il a compris qu'on allait s'occuper de lui. Moi, ce qui me fait peur, c'est qu'ils commencent à échafauder des plans pour ne pas venir demain… Les filles qui ont des problèmes de poids surtout.
Ils m'apprennent aussi que Tamara n'est pas du tout gitane, ni mariée, bien sûr, qu'elle est complètement mythomane et s'invente une vie selon son humeur. Non, son père n'est pas mort (Madame Dubreuil lui a parlé au téléphone), ni sa mère enceinte, ni son cousin dans un cercueil avec les doigts coupés.
- Elle a besoin d'être soignée, conclut son collègue. Le peu que nous pouvons apporter comme équilibre dans la journée est balayée dès qu'elle rentre chez elle. Avec elle, on atteint les limites de l'Education Nationale.

23 octobre
Au journal de 13h

Les gendarmes ont mis des PV à des dizaines d'enfants qui n'avaient pas attaché leur ceinture dans le bus. 135€, 90€ si on paie tout de suite. Inutile de dire que les enfants ont eu peur et que les familles sont furieuses. Et incohérentes ? Ne pleuraient-elles pas, il y a quelques semaines, pour que chaque bus soit équipé de ceintures de sécurité ?

Mat est sortie à 14h40. Elle a supplié pendant 2 jours que je ne l'envoie pas en latin, seul cours de l'après-midi. Elle s'est même couchée sans me faire un bisou. Sans rancune, je vais la chercher après le cours de latin pour l'amener chez sa copine Alice qui, elle, a séché, « parce qu'elle est fatiguée » a expliqué sa maman. C'est la cohue dans le hall à cause des 12 profs absents pour cause de journée d'intégration avec les 3°D. Il faut examiner chaque carnet, faire signer les parents des 6ème, 5ème et 4ème, les surveillants sont écrasés contre les portes et doivent donner de la voix :
- Tu vas être fière de moi, me dit Mat quand nous parvenons enfin à nous extirper de cette foule.
J'attends la suite.
- En maths, le prof il avait oublié ce qu'on avait à faire, il a regardé sur Pronote où il avait marqué "calcul mental". J'ai commencé à stresser et quand je stresse c'est que je vais avoir une très bonne note ou une très mauvaise. Je penchais plutôt pour la seconde hypothèse… J'ai eu 7 et j'ai même su répondre à des trucs super durs du style : -5-1/2 ! Il a demandé aussi quel est le pourcentage de filles dans la classe. Tout le monde s'est levé et à commencer à compter les filles … J'suis trop contente ! Il m'a même pas demandé de venir en soutien. De toute façon, je peux pas y aller, j'ai latin en même temps. En anglais, on a fait la maison. Moi j'ai fait la maison de mes rêves, 3 étages, 2 piscines, 4 salles de bain, … Après une moitié de la classe était les estate agents, les agents immobiliers, et l'autre moitié les clients. Après on a changé de côté. A la fin, on devait trouver l'agent qui avait la maison qui se rapprochait le plus de la nôtre. En gym, pas de bol, tous les sports dehors, javelot et demi-fond, on va les faire en plein hiver ! En français, à la dictée, certains ont écrit : « Ils se lèvent de bonheur. » La honte !

18h : réunion parents-prof d'Anglais pour le voyage en Angleterre.
La principale adjointe commence par mettre de l'huile dans les rouages :
- Il est vrai que nous avons utilisé un nouveau moyen pour communiquer jusqu'à maintenant. Certains d'entre vous ont été perturbés par les mails

échangés entre Monsieur Darce et les élèves, et c'est bien légitime. A notre décharge, il fallait faire vite.
2 classes, 49 enfants de 3ème et 4ème, 4 accompagnateurs, 20h de bus aller, 20h retour.
Les questions des parents : assurance, carte d'identité, argent de poche, la mixité dans les familles, un ou deux chauffeurs ? ...
Les questions des enfants : on peut emmener son portable, son MP3, son ordi ? Dans les familles, on peut choisir avec qui on veut être ? Et si on est malade dans le car ? On pourra se coucher à l'heure qu'on veut dans les familles ? On aura quartier libre dans la journée ?

Azzedine ? Je le croise dans les couloirs, il court, il sautille, il s'énerve un peu plus souvent. Trop de copies, la salle informatique à préparer, deux après-midis consacrés aux élections des délégués au Conseil Général, un nouveau projet dont l'idée lui a été soufflée par Madame Kleber : pourquoi pas un café philo ? Ben oui, pourquoi pas, il branche un de ses collègues. Plus trois réunions parents-profs en deux semaines. Il sort entre 20h30 et 22h, avouant quand même : « quand je parle, je parle, je ne peux quand même pas chronométrer les entretiens ! » Entre les copies, les cours, son groupe de musique, il n'a plus le temps d'aller au cinéma le jeudi.

24 octobre
Exercice de démocratie
Les 4ème et 5ème, candidats pour représenter leurs pairs au sein du Conseil Général, viennent déposer leur profession de foi :
- La terre est un organisme vivant, soyons de bonnes bactéries, propose Allison déclarant la guerre aux chewing-gums collés dans la cour et prônant le tri sélectif.
- Des casiers pour tous ! exige Célia. Je vais trouver une solution pour alléger les sacs de tous les élèves.
Paul, lui, soumet deux projets aux voix :
- Mon projet principal sera de préserver un espace naturel accessible aux élèves dans l'enceinte du collège. Mon projet secondaire : la lutte contre la discrimination entre élèves qu'ils soient petits, grands, gros ou minces. Je veux que vous vous respectiez mutuellement à un niveau identique !
C'est Paul qui a été élu.

En 6°B, Azzedine commence par viser les carnets et les observations qui, visiblement, sont largement tombées au dernier cours d'anglais. Koran n'a pas son cahier, deux autres non plus. Un autre a pris histoire au lieu de géo. Un autre commence à coller ses polycopes.
Une prof hurle dans la salle voisine :
- Taisez-vous !
Azzedine jette un œil mais ne se laisse pas détourner de sa question :
- Comment on définit l'espace proche ?
- Ben, dans espace proche, on a espace…, commence Louis
- Si tu définis un mot par lui-même, Louis, tu n'avances pas …
Azzedine donne la souris à Quentin qui doit placer les continents, les océans et les lignes imaginaires. L'écran numérique lui répond "Bravo" à chaque placement réussi.
- Tu vois, souligne Azzedine, tu sais des choses.
Ca hurle toujours à côté.
Azzedine annonce que les tandems 3ème-6ème vont se mettre en place. 5 ou 6 élèves de 3ème, que des filles, ont accepté de parrainer des 6ème, le vendredi à 13h, tous les 15 jours. Il reste 5 minutes avant la sonnerie. Azzedine s'assure que toutes les questions en suspens sur la Grèce ont été posées avant l'évaluation prévue à la rentrée.
- Si vous n'avez pas de question, c'est que vous avez tout compris.
Une main se lève :
- Moi, j'ai pas compris un truc mais je ne m'en rappelle plus…
- M'sieur, est-ce qu'il y a toujours autant de montagnes en Grèce aujourd'hui ?
- Une fois quand j'étais jeune, intervient Raphaël, je suis parti avec mon père et un ami escalader une montagne. Quand j'étais tout en haut, j'ai vu plein de montagnes avec des pics.

11h20, dernier cours d'histoire avant les vacances de la Toussaint pour les 3°B.
- M'sieur, j'ai vu que Hitler était contre les juifs parce que son père était juif.
- C'est effectivement une légende qui court depuis quelques années. Mais que son père soit juif ou non, on s'en fout. Ce qui compte ce sont les conséquences de la politique antisémite qu'il a menée.
Azzedine annonce l'évaluation de la rentrée : une question sur les totalitarismes, une question sur la République Française. Il rappelle la méthode pour gérer la question structurée : intro, deux parties, conclusion. Et distribue le corrigé du précédent devoir sur l'immigration pour illustrer ses propos :

- Une phrase d'intro pour dire que l'immigration en France est un phénomène très ancien puis ouvrir sur une problématique. Pensez aux questions simples : qui ? Quand ? Comment, Pourquoi ? Et repérez celles qui sont le plus pertinentes. Ici, qui et pourquoi se posent dans la 1ère partie. Dans la seconde, il était judicieux de s'interroger sur l'intégration, sur comment ce sont passées ces vagues d'immigration successives. Vous remarquerez que chaque période de crise correspond à une envolée du racisme. Tant pis, je prends parti, mais je suis choqué de voir les scores du Front National. Vous verrez que si la France renoue avec la croissance, le vote Front National baissera. Les courbes du chômage et des votes extrémistes sont liées. Cela ne me choque pas qu'un pays ferme ses frontières en période de crise. Ce qui me choque c'est quand des étrangers qui sont là depuis longtemps deviennent subitement la proie de remarques racistes et de tracasseries administratives alors qu'ils paient leurs impôts, que leurs enfants vont à l'école. Cela vous plairait si vous viviez depuis 10 ans en Italie et que tout d'un coup on vous en chasse ? L'erreur c'est de croire que les choses sont différentes pour vous et pour les autres. Que vous soyez chassé d'Italie ou qu'un Marocain soit chassé de France, c'est pareil.
Devant moi, une jeune fille se retourne vers Coline, ma voisine :
- Ta croix !
Effectivement, Coline a une jolie croix en brillant autour du cou. Elle l'enlève immédiatement.

Mat rentre déjeuner avec Olivia. Elles comparent leurs notes.
- Moi, dit Olivia, ma mère, elle est accro à Pronote, elle y va le matin, le midi et le soir. Elle connait mes notes avant moi.

26 octobre

Les vacances !

Ca piaille aigu dans la cour de récré. Il y a de l'excitation dans l'air. C'est vendredi après-midi et ce soir commencent les vacances. Personne n'a vraiment le cœur à entamer un nouveau chapitre. Les évaluations sont rendues, les prochaines sont programmées pour la rentrée ce qui laisse aux élèves l'opportunité de réviser et aux profs celle de partir sans copies à corriger. Harry m'aborde dans l'escalier :
- Ma mère elle a dit qu'elle était d'accord pour que j'aille dans votre livre si on avait un exemplaire gratos.
- Je verrais ce que je peux faire …

Je voulais sentir cette atmosphère si particulière du dernier jour d'école. En me hâtant pour rejoindre ma classe, je croise Doris qui, comme de bien entendu, pleure. Elle me montre sa jambe d'un air désespéré. Dayana m'explique qu'elle a pris un coup sur la tête. Je les envoie vers la vie scolaire. Même moi, je n'ai pas envie de travailler. Je papote avec mes voisins et voisines avant de me rendre compte qu'Azzedine attend le calme pour prendre la parole !
Direction la Segpa où les 6°B passent l'heure à déambuler dans les classes et dans les ateliers : un « vrai » supermarché avec une caisse enregistreuse, des briques et des planches pour construire des cabanes, des jeunes sorcières qui fêtent Halloween en concoctant des gâteaux au chocolat pour leurs profs, ça fait bien envie aux 6ème. De l'avis général, « trop stylés, les ateliers ! » Pour eux, ça, ce n'est pas du travail, ça s'appelle jouer.
- M'sieur demande Quentin, comment on fait pour entrer à la Segpa ?
Azzedine pèse ses mots. Il s'agit d'être parfaitement politiquement correct quand on aborde la question des jeunes en difficulté. Il explique que « ce sont des classes comme les vôtres mais où les enfants ont des difficultés à suivre. On leur propose plus vite qu'à vous une expérience professionnelle. Ils sont moins nombreux et les enseignants ont vraiment le temps de s'occuper de chaque cas particulier. Moi, ici, je ne peux pas faire ça. »
- Mais nous, les général, on peut pas juste aller dans les ateliers ?

14h40, pause clope avec Mme Pignon qui soliloque. Le cas Tamara lui prend littéralement la tête.
- Elle n'est pas de mon monde, je ne suis pas du sien. Je ne peux rien faire pour cette gamine. Son cas ne relève pas de ma compétence, je suis enseignante pas psychiatre. Il lui faut un vrai soutien psychologique. Elle ne devrait pas être là, et à force d'être dans l'affect, on finit par se tromper. Elle traîne tellement de casseroles que mon cours n'a aucune chance de l'intéresser. Elle ne sait même pas écrire son prénom…
La clope est terminée, chacun repart vers sa salle de classe en se souhaitant de bonnes vacances.

15h, les 6°A sont contents de me voir.
- On dirait que vous êtes devenue une élève !
Leçon sur le planisphère. Toujours très vifs, ils sont aujourd'hui limite hyperactifs. Il ne faut pas 5 minutes à Azzedine pour perdre son calme en constatant que 3 élèves n'ont pas colorié le plan.

- Je ne suis pas payé pour travailler avec des élèves qui ne veulent pas travailler. Je fais mon travail, faites le vôtre. A la rentrée, si le travail n'est pas fait, vous passerez le cours dans le couloir.
Ca jette un froid. Sauf sur Fabien qui passe 50 minutes à lever la main une fois par minute pour dire une connerie :
- Le capricorne ça fait mal au ventre, le cancer ça fait mal au cœur, donc le tropique du cancer est au nord.
Et il se tord de rire. Azzedine craque rapidement :
- Fabien, c'est bon là, on fait une pause.
- Ca tombe bien, je ne me souviens même plus pourquoi je levais la main cette fois.
Au bout d'une heure entre irritation et indulgence parce c'est les vacances, il est temps de se séparer sur les recommandations d'usage :
- Reposez-vous bien, mais travaillez régulièrement !

Mat est effondrée. Elle s'est disputée avec Violette et Olivia, qui, au dernier moment, ont décidé de se mettre ensemble, sans elle, pour préparer l'épreuve d'histoire de l'art qui compte pour le brevet. Mat s'est mise avec Alice et Pierre, mais ne comprend pas pourquoi ses copines lui ont fait ça. De textos en textos, elle finit par avoir une idée : Olivia a choisi Violette parce que c'est la meilleure et qu'elle veut absolument avoir la meilleure note au brevet. L'amitié passe après. Mat se sentait trahie, maintenant, en plus, elle est vexée :
- Ca veut dire que je suis pas assez bonne élève pour elle, super !
- Elle réussira, cette petite Olivia, commente Azzedine.
Comment mesurer la réussite : la moyenne générale ? La confiance en soi ? L'harmonie avec les autres ?

Pause

Ce qui va bien :
- L'implication des profs, des personnels, des surveillants : globalement, chacun pense faire son travail du mieux possible.
- La discipline : de manière générale, on lève vraiment la main avant de parler. On se lève quand quelqu'un entre dans la pièce. On reste souvent silencieux. On est respectueux des enseignants. Peut-être un peu bassinés de morale ?
- L'instruction : c'est fou le nombre de trucs qu'on apprend ici ! A un rythme assez intense et sur plusieurs fronts. Pour moi, c'est presque même trop. J'oublie le contenu des cours au fur et à mesure. En deux mois, qu'ai-je retenu ?

Ce qui va mal :
- L'intensité : les plus fragiles s'essoufflent. Et ils sont finalement nombreux, profs et élèves à être fragiles. Humainement, c'est assez dense.
- La difficulté de se rencontrer, de se poser, d'échanger avec les élèves, avec les parents. Le temps est haché en rondelles d'heures et les barrières de protection sont fortes autour des différentes communautés adultes du collège. Idem du côté des enfants : les caïds, populaires, les kassos, les mongols, chacun est dans une case.
- Le manque de reconnaissance, de félicitation, de temps festifs, histoire d'instaurer des rapports moins hiérarchiques, moins figés.

8 novembre
9h15, dans l'ULIS
Josua, 6ème et Colin, 5ème, reviennent tous les deux du cours de maths des 6ème générale.
- Josua il écrit toujours pas son nom et son prénom, quant à Colin, il ne l'a même pas fait le devoir maison, râle l'AVS. Elle s'installe entre les deux et ils se remettent sur le devoir. L'autre AVS de la classe supervise un second groupe. L'enseignante, Madame Madrange, demande à chacun des 9 élèves de se présenter et complète discrètement de quelques explications :
- Quand il est arrivé Simon pleurait tout le temps. Il a fallu 3 ans pour qu'il commence à parler et à sourire. Il a fait beaucoup de progrès, il peut aller demander un ballon tout seul à la vie scolaire. Il travaille beaucoup. Mais il est très lent et se fatigue vite. Il veut être conducteur de train ...On verra s'il peut intégrer une ULIS dans un lycée pro. Corentin, lui, peut être très impressionnant à certaines heures de la journée. A d'autres, il n'est plus disponible. Il faut s'adapter en permanence, remettre à demain ce qu'on ne peut pas faire aujourd'hui. Marine, elle, présente une déficience intellectuelle légère. Elle est arrivée ici en février. Son père, complètement bourré à 8h du matin, l'a déposé sur le parking en lui disant : « Démerde-toi ! » Depuis juin, il n'a plus de permis, la mère ne conduit pas. Ils vivent à 15 Kkm. La grande misère. La petite a des poux dans la tête depuis des mois, sa sœur est déjà sur la liste d'attente ...
Elle m'apprend que les ULIS sont prises d'assaut : à peine une classe a-t-elle ouverte qu'elle est pleine. Ses élèves font parfois 20 ou 30 km pour venir en taxi, en bus, avec leurs parents selon les cas. Ses élèves n'iront jamais en

seconde générale. Elle a quand même de belles fiertés quand l'un part au lycée professionnel ou l'autre vers un CAP. Certains passent même le brevet.

Aujourd'hui, Gaël a plaqué Alice. Après une relation de 8 mois, il lui déclare en face qu'elle le fait trop chier. Elle pleure. Il en rajoute une couche en publiant sur Facebook une photo où il brûle les lettres d'amour qu'elle lui a écrites. La communauté réagit et l'invite à plus de modération. Deux jours plus tard, Alice sort avec Théo.
Taiwena aussi a des problèmes de cœur qu'elle expose sur Facebook :

Moi je veut quelquin qui soit honnete qui croit pas des mensonges de personne que tu croit connaitre alors si tu net pas pret a asumer d'etre avec moi ten pit.

9 novembre
Et un reportage de plus sur la violence !
Lendemain de rentrée, reportage dans *Complément d'enquête* sur les lieux où s'exerce la loi du plus fort. Celle de ceux qui ne se soumettent pas à l'autorité de l'adulte si souvent rappelée dans les établissements scolaires : « Je suis l'adulte, on peut discuter mais au final tu dois obéir. » Aujourd'hui, visiblement, cela ne marche plus si bien. Encore une fois, le reportage est tourné dans une zone d'éducation prioritaire où 500 APS (assistant prévention sécurité) viennent d'être embauchés. Pour faire face à des gamins pour qui la rébellion, l'envie de toute puissance, le refus d'un dialogue cadré dans les limites posées par l'adulte passe par la violence.

10 novembre
Réconciliation
Texto d'Olivia :
- Je m'excuse.
Mat :
- Pour de vrai ?
- Oui.
- Bon, j'arrête de faire la gueule !
- Tant mieux.
- Ouais, j'suis contente ;)
Mat commente :
- Je suis sûre que Violette et Alice lui ont pris la tête toutes les vacances ! Mais bon, j'avais dit que je pardonnerais si elle s'excusait. Alors je pardonne.

12 novembre

Rentrée bis et plus cool

Pour une fois, vu le froid qui pique dehors, je stationne dans la salle des profs.
- Elle est là Mme Dubreuil ?
- Oui, oui, me répond une collègue à la cantonade. Elle vient de m'appeler pour me demander comment elle devait s'habiller.

Je dois avoir l'air tellement ahurie que l'une de ses dames m'explique charitablement :
- Le premier lundi après les vacances, il fait toujours glacial parce que le chauffage vient d'être remis en marche. Elle travaille au 2è étage, vous imaginez la température … Je lui ai dit de s'habiller normalement parce qu'aujourd'hui, on a de la chance, il y avait des réunions jeudi et vendredi, le chauffage était rallumé.

13 novembre

Les parents sont touchants

20h, c'est le plus tôt qu'ils ont pu trouver. L'heure où l'on a vraiment envie de s'assoir bien serrés dans le coin dans une salle gigantesque écrasée sous la lumière des néons. Surtout en novembre quand il fait nuit, humide et froid. Mais bravement, pour cette première assemblée générale de l'association des parents d'élèves, nous sommes 15 à avoir pris sur nous pour faire notre devoir de parent. Un peu guindés au départ, on ne sait pas trop s'il faut se tutoyer. Chacun a respecté la consigne et apporté des victuailles encore emballées au centre de la table. Premier sujet à l'ordre du jour : c'est quoi un conseil de classe ? Que sommes-nous censés y faire ? Les anciens expliquent aux nouveaux. Les récompenses : félicitations (si un prof propose et que personne ne s'y oppose), les compliments et les encouragements. Les frontières sont un peu floues entre les distinctions. C'est un peu selon les profs et les classes. C'est une chose à laquelle il faut faire attention. Comme à la note de vie scolaire et aux avertissements, au travail, au comportement ou les deux.

L'ancienne présidente témoigne :
- Il y a toujours un grand moment de flottement quand on nous demande si nous avons quelque chose à dire. Aucun parent ne nous contacte jamais et on n'est pas là pour parler de son cas personnel. On peut toujours demander si le nom des parents d'élèves a bien été collé dans le carnet.

On peut finalement manger en parlant et boire en mangeant. Plus convivial. On échange quiche contre pâté, rosé contre rouge en faisant un bilan de la première période :
- J'ai été un peu surprise par le nombre de chartes, de règlements, d'engagements que nous avons eu à signer depuis septembre, déclare la maman de Quentin. Chaque prof a la sienne. Mais le message est toujours le même : il faut se tenir à carreaux. C'est un peu stressant, impressionnant. Ce n'est pas un message sympa.
Les réunions parents-profs :
- Interminables ! Les enseignants ne savent pas gérer leurs horaires et en plus ils nous engueulent quand on n'est pas à l'heure parce qu'un autre prof nous a mis en retard ! Monsieur Laabar quand on voit qu'il affiche 5 minutes, on sait que c'est une blague ! Il faut bien compter ½ heure !
Ils y vont aux réunions parents-profs. Même s'ils n'ont rien à dire. Pour voir la tête du prof qui fait face à leurs enfants. Pour comprendre de visu pourquoi leur enfant dit qu'il est super ou désagréable. Mais ils font attention à ce qu'ils disent : les profs sont, il paraît, très susceptibles.
L'orientation, sujet majeur en 3ème :
- Il faut le savoir, la consigne c'est 0 redoublement. Attention aux élèves qu'on oriente un peu automatiquement vers le lycée professionnel ou vers la Maison Familiale et Rurale qui est privée et payante, je le rappelle. Nous, parents, devons nous assurer que cette orientation correspond au projet de l'élève. Le collège est une institution qui éjecte. Quand on en sort, on ne peut plus y rentrer.
Les parents pointent du doigt l'absence de seconde chance. Dans la scolarité, aucun moment n'est prévu pour rattraper un retard ou travailler un point précis. Ils rendent hommage au travail des Segpa et des ULIS mais regrettent que leurs effectifs n'augmentent pas.
- Pour entrer en Segpa, il faut avoir le niveau CE2, explique un père de famille. Mais il y a si peu de places que seuls sont pris les élèves qui ont le niveau CP ou CE1. Ceux qui sont restés au CE2 passent en 6ème classique.
Ce qu'ils regrettent finalement, c'est que le cas particulier de leur enfant ne soit pas traité de manière particulière. Que l'enseignement ne s'adapte pas à la personne, mais que la personne s'adapte à l'enseignement. On conseille la filière S à tous ceux qui sont bons, on envoie vers le pro tous ceux qui sont mauvais. Et on ne peut rien faire pour celui qui est légèrement dyslexique, pour celui qui est trop agité ou qui a du mal à se concentrer, pour celui dont les lacunes en maths

sont de lourds boulets, ni pour celui qui est trop rapide et qui s'ennuie en classe. De la pédagogie différenciée s'il vous plaît !

Azzedine m'informe par texto qu'il part sur un nouveau projet ! Encore un. Réaliser un film de quelques minutes avec ses élèves sur le thème : le harcèlement au collège (l'année dernière, c'était sur l'alcool), une opération organisée par le Comité d'Education à la Santé et à la Citoyenneté inter-établissement.

14 novembre

Aide-toi, le ciel t'aidera

Azzedine est en grève : il manifeste à Bordeaux contre l'austérité en Europe. Je suis les 6°A chez Monsieur G. Il commence par ramasser les punitions (30 lignes sur « comment taper les doigts de sa voisine ? »). L'objet du cours : apprendre à faire le brouillon d'une rédaction. Une nouvelle fois, c'est *La Bible* qui sert de support pédagogique. Aujourd'hui, *La Genèse* sert de modèle à une future rédaction sur la création d'un monde par un Dieu. M.G a pris l'exemple du dieu des chiens, Caninius qui a créé les arbres à croquettes puis les hommes pour faire des câlins aux chiens.
- Si on était avant 1905, je ne pourrais pas faire ce cours. On me reprocherait de me moquer de Dieu.
Après la création du monde, la création de la femme.
- Eve, ça veut dire eau. Quel est le mot français qui vient de là ? Allez c'est facile, c'est pour ça que les femmes ont de petits pieds.
Ils sont perdus les élèves.
- C'est évier, propose l'un deux complètement au hasard.
- Parfaitement !
- Mais quel rapport avec les petits pieds ? s'étonne Dayana.
- Ben, explique leur prof, les femmes ont de petits pieds pour être plus près de l'évier quand elles font la vaisselle.
Sous les protestations de ces demoiselles, il reprend son histoire : le jardin d'Eden, le serpent, la pomme, le diable et la malédiction pour l'homme qui devra gagner sa vie à la sueur de son front et de la femme qui enfantera dans la douleur :
- Demandez à vos grand-mères si elles n'ont pas accouché dans la douleur ! Pendant longtemps, les médecins ne se sont pas occupés de la douleur des femmes à cause de *La Bible*.

- Il y a encore des médecins comme ça ? s'informe Taïwena.
- Non, mais certains médecins refusent l'avortement au nom de la religion.
- On peut refuser une péridurale au nom de *La Bible* ? interroge plus finement Taïwena.
- C'est quoi l'avortement ?
- Moi, ma mère …
- Non, non, l'interrompt M.G. Revenons à notre texte.
Le cours se termine avec l'Arche de Noë. Les enfants trouvent cela assez juste de supprimer une population qui a pêché :
- Vous trouvez normal que le « bon » Dieu tue tout le monde ? demande Monsieur G. Alors, moi je peux vous noyer si vous faites une faute ?
- Mais, lui répond fort à propos Taïwena avant de sortir, vous, vous êtes pas Dieu !
La question religieuse continue à faire débat dans le couloir :
- Moi, mon père, il veut pas que j'apprenne les textes que Monsieur G nous a donne, dit Harry. Il dit qu'il a pas le droit. Dans ma famille, on n'aime pas trop *La Bible*.
Elle est pourtant officiellement au programme des 6ème.

Mercredi après-midi, Mat apprend les verbes irréguliers en anglais pour la 3è année consécutive :
- Je ne les ai jamais su aussi bien, apprécie-t-elle.
On révise les verbes commençant par B en 5 minutes.
Depuis la fameuse rencontre parents-professeurs, on a regardé le problème en face. Le moins facile : reconnaitre que problème il y avait. « C'était dur », avoue Mathilde. Mais à partir de là, à raison de deux exercices de français et de deux exercices de maths par jour (sauf les vacances), les notes se sont améliorées au grand plaisir de Mathilde : « Maintenant, j'ai plus qu'Olivia » claironne-t-elle. Ce que je vois moi, c'est qu'elle sait –grosso modo, elle connaît ses tables de multiplication ou ses conjugaisons, le futur excepté- mais qu'elle ne fait pas l'effort de mobiliser son savoir. Elle a l'habitude d'aller au plus vite, au plus facile en espérant que ça passe. Un défaut, au moins scolairement, qu'elle est en train de corriger parce qu'elle constate à quel point cela facilite sa vie scolaire. Elle m'annonce fièrement que, pour l'instant, précise-t-elle, elle a 15,56 de moyenne (merci Pronote !).
Olivia a encore une nouvelle maladie. Après la tumeur au cerveau qu'il faut opérer tous les 2 ans en priant pour qu'elle ne grossisse pas entre temps, elle

risque l'implosion du genou à tout moment. Pas de sport pendant 3 mois. Et Tamara s'est bousillé la main en donnant un coup de poing dans le mur du bureau du CPE.

15 novembre

Ado en crise

Je croise Tamara assise par terre dans le couloir qui mène à la vie scolaire. Elle se prend la tête avec une surveillante dont la voix est tendue.
Je file à la réunion hebdomadaire des profs de Segpa. Une réunion d'une heure tous les jeudis inscrite dans les statuts c'est-à-dire payée. Ambiance décontractée autour de la grande table de réunion. Les profs en profitent pour échanger informations et points de vue sur celui dont le père a demandé un placement dans un foyer parce qu'il n'arrive plus à gérer son ado qui lui fait peur ou cet autre qui se laisse tout doucement entraîner vers l'alcool voire la drogue, sujet quasi-tabou dans l'établissement.
- Tant qu'on ne sait pas, on ne peut rien dire, rappelle le directeur.
A l'ordre du jour, la répartition des visites aux élèves pendant leur stage. Ils partent 15 jours en entreprise, si possible dans un domaine en lien avec leur travail en atelier. Pâtissier, garagiste, plâtrier, palefrenier, restauration collective ou fleuriste, tous les élèves ont trouvé un stage sauf un qui n'y consacre pas les efforts nécessaires. Quelques collectivités jouent le jeu d'accueillir un jeune stagiaire au sein des services techniques. Pour Lucas, ce n'est pas possible : il vient de se faire pincer alors qu'il jetait des cailloux dans les vitraux de l'église … Ceux qui resteraient en rade en dernière minute seront accueillis à la cantine de l'établissement. Chaque élève part en stage avec un dossier qui contient une fiche métier, des questionnaires à remplir, des observations à noter, le stage devant faire l'objet d'un rapport écrit et d'un entretien oral. Seront pris en compte la ponctualité, la tenue, le comportement, l'investissement, mais aussi le respect des consignes et des règles d'hygiène, l'esprit d'initiative et la capacité à expliquer deux tâches. Une expérience qui globalement se passe bien, mais si elle peut être parfois un peu rude, commentent les profs se souvenant de cet élève qui, avec son patron maçon, a dû vider des tombes de leurs ossements ou de cette autre en esthétique à qui on a demandé de teindre les poils pubiens d'une vieille dame…

17h Mat raconte :

- Tamara s'est battue aujourd'hui. Elle a cherché une fille de 4ème, Maeva, qui s'est défendue. Apparemment elle a dit des trucs sur les Arabes. Tamara devait aussi se battre avec Esteban mais ça s'est pas fait. Sybille était obligée de lui tirer les cheveux pour la calmer.

16 novembre

Thématique urbaine

8h15. L'air buté, Tamara est entourée d'une bande de garçons sur le parvis du collège. Ce matin, tout le monde en parle de la bagarre. Devant la porte de la classe, j'interroge Camille qui est l'une des souffre-douleurs habituelles de Tamara.

- Qu'est-ce qui s'est passé ?
- Tamara a dit des trucs racistes sur la religion.
- Et elle a été punie ?
- Même pas. Peut-être encore un rapport, mais elle est toujours pas exclue. Nous si on faisait même pas un quart de ce qu'elle fait, on serait déjà virés depuis longtemps.

Les profs le disent aussi : avec Tamara, les critères d'appréciation sont différents. Une situation vécue comme injuste par les jeunes. Et pourtant Tamara est toujours là. Parce que les adultes culpabilisent. Parce qu'ils savent bien que hors de leurs murs, Tamara part à la dérive. Ils ont peur d'être les derniers adultes à s'occuper d'elle. Pas facile de jeter un enfant à la rue.

Azzedine arrive en pleine forme. Pourtant tout son branchement informatique est à refaire, il doit attendre un collègue puis aller chercher un câble au local technique, mais rien n'entame sa bonne humeur. Il taquine l'un, commente la nouvelle paire de lunettes de l'autre, il fait des blagues, il fait le pitre en laissant dépasser sa tête de la porte, tout en plantant le sujet de cette première leçon de géographie : l'étalement urbain. Il chantonne :

- Quand on arrive en ville … Vous connaissez ?

Les profs ont souvent un côté "j'aurais voulu être un artiste". Un cours est un show. Tenir un auditoire pendant une heure n'est pas chose facile (j'ai essayé, je sais de quoi je parle). Eux, ils aiment ça. Faire rire, captiver, être aimé … D'autant que la séduction exercée sur leur public s'accompagne d'une relation d'autorité très globalement acceptée par les élèves. Revers de la médaille, comme tous les artistes, ils parlent tout le temps. Ils radotent parfois. Je n'ai jamais croisé autant de pipelettes au m^2. A en devenir légèrement nombrilistes.

En presque 3 mois, aucun ne m'a posé aucune question sur moi. Azzedine y compris.

Aujourd'hui, la difficulté du cours tient au vocabulaire : aire, espace, collectivités territoriales, urbanisation, démographie et encore pire, intermodalité. Mais contrairement à l'histoire, le cours de géographie est en temps réel : la hausse du foncier dans les villes, les banlieues, l'étalement urbain, les banlieues et les banlieues des banlieues, l'urbanisation qui assassine la campagne et des élus qui doivent satisfaire la demande en logement sous la pression démographique. Les difficultés induites de déplacement, la galère des embouteillages, la hausse du prix de l'essence, la pollution. Les nouvelles mesures pour conjuguer co-voiturage, train, tram et vélo. Notre environnement immédiat, ici dans la couronne périurbaine de Bordeaux. Des sujets que je traite tous les jours sous différentes formes dans le journal local : des usagers qui manifestent contre le retard des TER, des propriétaires expropriés pour laisser terrain libre à la LGV, des viticulteurs qui vendent un domaine familial à un promoteur qui construit des pavillons, des éleveurs qui n'ont plus de terres pour leurs vaches, des riverains qui protestent contre la création d'un ilot d'immeubles, mais aussi la détresse de ceux qui ont besoin d'un logement social.
- Le cours, c'est ce qui se passe sous vos yeux, confirme Azzedine.
Une séquence de 6h mais un cours qui ne pose pas les questions jusqu'au bout. La population augmente, la ville s'étale, la campagne disparait. Soit. Et après ? Pourquoi on vous parle de ça, jeunes générations ? Parce qu'on parle de développement durable pour faire joli, mais que bien concrètement il s'agit aussi de la survie d'une planète qui nous donne de l'eau, de l'air et de la nourriture, de l'épuisement des ressources et des espaces. Pourquoi ne pas les faire réfléchir là-dessus ? Il y a un monde à réinventer pour les générations qui grandissent.
Non, Azzedine conclut sur un discours un peu caricatural :
- C'est comme le bio. Si vous croyez que manger bio, c'est manger sain, vous vous gourez. C'est une arnaque. Il y a juste moins de pesticides.
Le bio serait typiquement le sujet intéressant pour un exposé, dégustation de produits bio à l'appui, pour voir de quoi on parle. L'étalement urbain pourrait faire l'objet d'une observation réelle, d'un reportage photo, d'un déplacement intermodal à Bordeaux (mais là, je rêve sortir du collège avec 32 élèves est d'une complexité administrative forcément rebutante). L'observation du réel

donnerait peut-être vie aux mots compliqués. Et permettrait d'émettre une idée personnelle. Mais, ici, quand les élèves émettent-ils des idées personnelles ?

19 novembre

Vie de classe

- Une heure précieuse, commente Azzedine, parce que seuls les élèves savent vraiment ce qui se passe dans la classe. Je vous invite à parler librement, en levant la main bien sûr.

Et là, ça tombe bien : le 1er conseil de classe est dans 10 jours. Une 1ère question bien concrète :

- Combien ça coûte une observation sur la note de vie scolaire ?
- Un point, répond Azzedine. 2 points pour une colle et 1/2 points pour un retard injustifié. Vous le savez, la note de vie scolaire compte dans la moyenne. A titre personnel, je ne suis pas trop pour : ça gonfle ou ça dégonfle la moyenne générale sans rapport avec le travail. Ça fausse l'appréciation sur le travail réel.
- Et si on est exclu du collège, ça coûte très cher ?
- Bien sûr ! Au moins 6 points ! C'est comme sur la route.
- Et quand toutes les pages de retenues sont pleines, qu'est-ce qui se passe ?
- On recolle des pages. Pas de chance pour ceux qui avaient pensé avoir épuisé leur quota !

Les enfants n'en ont pas terminé avec leurs questions sur l'éventail infini des punitions, mais Azzedine voudrait parler d'autre chose, de la vie de la classe.

- On a trop de devoirs ! A part vous, bien sûr.
- Les cartables, ils sont hyper lourds, insiste Louise qui avait déjà fait la remarque en septembre.
- Je sais, soupire Azzedine.

Les devoirs reviennent, des plaintes sur le peu de temps pour les faire, le soir ou le mercredi quand on fait du sport ou quand on va chez l'orthophoniste.

- Vous savez que j'ai un petit problème avec ça, commente Quentin.
- Oui, oui, lui répond Azzedine, il faut d'ailleurs qu'on en parle. Viens me voir à la fin de l'heure. Pour les devoirs, je n'ai pas de réponse satisfaisante. Ne croyez pas que les profs se réunissent et décident de vous bombarder de devoirs. On ne se voit pas entre profs, on n'a pas les mêmes emplois du temps, on ne peut pas se coordonner.
- C'est qui qui fait les emplois du temps ?
- Mme Kleber.
- C'est qui Mme Kleber ?

Azzedine revient à la classe, à l'ambiance :
- La classe va bien, résume Léa.
- Elle est un peu bavarde quand même, précise Koran.
Les autres se tordent de rire.
- C'est un problème ? demande Azzedine.
- Non.
- Une classe qui bavarde tout le temps, ce n'est pas un problème ?
- Si.
- L'autre jour, j'ai mis ma règle sur le bureau de Loïc, intervient Maurine. Il s'est énervé. Il s'énerve vite. Il nous tape.
Loïc n'est pas là.
- Il cherche tout le monde, confirme Alexis. Il tape, il pousse.
- Et dans la cour, il est agressif, complète Raphaël. Hier, il donnait des coups de poings dans le ventre. Des fois il dit des blagues sur nous ou fait semblant de mettre des coups de boule.
Azzedine les invite à prévenir si les choses empiraient ou viraient au harcèlement. Il se tourne vers les filles.
- Au début, je connaissais personne et je ne savais pas à qui parler. Maintenant ça va mieux.
- Moi j'aime bien cette classe, déclare Aymeric. Je m'entends bien avec tout le monde. J'aime bien être ici.
- Moi, dit Alexis, je préfère être au collège qu'à la maison. En primaire, je m'ennuyais. Maintenant, j'aime les cours.
- Moi, je regrette un peu le primaire, avoue Léa. Le prof que j'avais, il était très gentil.
- Comment ça se passe le conseil de classe ? demande Raphaël.
Azzedine lui fournit les explications demandées avant d'être interrompu par Koran :
- Ça sert à quoi les délégués ?
- Mais, tu t'es présenté ! Heureusement que tu n'as pas été élu !
C'est la fin de l'heure. Azzedine répond aux questions de dernière minute et range ses affaires de la journée. Quentin attend gentiment son tour et arrive finalement devant le bureau :
- Vous savez que je suis dysorthographique et que cela me stresse un peu quand il y a une éval, commence-t-il.
- Oui, oui, Il faut qu'on en parle. Mais pas maintenant, je n'ai plus le temps.

Et il le plante là pour me raconter que la petite Jenny a eu un problème à la piscine. Quand on lui a dit de sauter, elle a sauté. Elle ne savait pas nager. Il a fallu plonger pour la lui éviter la noyade.
- Même s'ils sont beaucoup sous pression, il faut qu'ils réfléchissent avant d'obéir, commente Azzedine.
Je me mets à la place de Jenny qui a dû choisir entre deux maux : se noyer ou se faire engueuler par la prof. Si elle a choisi le moindre, ça fait froid dans le dos. Ne faudrait-il pas voir à faire baisser la pression ?

20 novembre
Vie de Mat
A peine rentrée, elle trépigne déjà. D'abord parce qu'elle a fait un pari avec Kyle et qu'elle a gagné un happy meal.
- Mais c'est pas pour ça que je suis heureuse ! En maths, le prof nous a rendu nos devoirs maison, celui que tu n'as même pas vu que je l'avais fait. J'ai eu 7 sur 10 !
Elle danse de joie et m'embrasse en sautant.
- Attends c'est pas fini ! En sport, on a été évalués : le premier groupe a eu 14,5, le deuxième, 15, le troisième 15,5, le quatrième, 16 … et le nôtre, devine ?
- 16,5 ? C'est facile, elle augmente d'un ½ point à chaque fois.
- Non, on a eu 18 ! Et tiens, j'ai appris que ce trimestre, on n'avait pas de note de vie scolaire. C'est du foutage de gueule ! D'habitude, un 20 dans la moyenne, c'était conséquent. Mais ils ont eu un problème informatique, c'est n'importe quoi ! A la cantine, c'était dégueulasse : des carottes pas fraiches, des brochettes collées à la broche avec des trucs mous non identifiés. En latin, elle a rendu les contrôles. Moyenne de la classe : 18. J'ai eu 19,5. J'étais donc déjà contente quand je suis arrivée en français. Elle nous a rendu les devoirs de la semaine dernière. La rédaction d'abord, j'ai eu 11/15 ! Et après les contrôles de lecture. La prof elle rend toujours les copies dans l'ordre. Elle a appelé Violette (elle a eu 19,5, des fois je voudrais la taper !), puis après Mathilde. J'ai eu 16 !
Elle redanse avec frénésie. Elle a fait ses comptes : elle a utilisé 3 cartouches d'encre depuis le début de l'année. L'an dernier, elle en avait utilisé 5 pour toute l'année.

21 novembre
Les 6°B balancent

Les 6°B n'en ont pas terminé avec la vie de classe. Loïc a encore frappé. Au sens propre. Les 3ème confirment : « même nous, il essaie toujours de nous chercher des poux dans la tête. »
Pas de chance pour lui, cette fois, Loïc est là.
- Alors, tu peux expliquer ce qui se passe ?
- Ben, si je vous le disais, vous ne me croiriez pas.
C'est tout ce qu'Azzedine peut en tirer même menacé de tout l'attirail de punitions.

Je croise les 6°A dans la cour. Ils sortent de français.
- Monsieur G, il nous fait travailler que sur *La Bible,* soupire Taiwena
- Mais c'est super, rétorque Fabien. Moi j'adore l'histoire de Moïse. C'est génial surtout quand on a vu le film !

Un instant de grâce chez les 3°D. Tamara n'est pas là. Encore mieux, ils sont 7 absents. Un par table, dans la lumière de la fin de matinée, ils travaillent. Ensemble, au même rythme, dans le calme.
- Qui est de Gaulle ?
- Un général.
- De l'armée française.
- Il a amené la révolution.
- Non, dans le contexte de la 2nde guerre mondiale, on parle de Résistance.
- C'est un personnage comment ?
- Historique ?
- Oui !
- Légendaire ?
- Politique au moins.
Les questions sont rapides, les réponses tout autant. Et, en situation de travail, bizarrement, ils lèvent la main. Albert Cohen, Georges Perec, Raymond Queneau, une heure dense : des mémoires, des récits, des anecdotes sur le thème de l'autoportrait. Des connaissances, un vocabulaire précis. On touche à l'extase quand Ludovic repère une hyperbole ! Mme Pignon lui décerne un deuxième « très bien » ! Et même une discussion quasi-philosophique sur la prise de conscience de la mort :
- Moi, j'en pleure tellement j'en ai peur de la mort, avoue simplement Ludovic. Ne plus exister c'est horrible.

- Moi, je m'en souviens, quand je me suis rendu compte que j'allais mourir, c'était en CM1.
Le portable d'Ambre met fin aux confidences.
- Demain, annonce Mme Pignon, on passe à la pratique. Vous commencerez par un autoportrait plastique. Pas de mot, de la colle, des photos, des feutres, de la peinture. Une image de vous pas seulement physique.
Ça sonne.
- Franchement, elle est passée vite cette heure, constate avec stupéfaction Ludovic. J'ai kiffé !

25 novembre
Mat en dépression
Quand elle n'en peut plus, elle s'éteint. Comme une batterie déchargée. Deux ou trois jours de grande faiblesse. C'est le début de l'hiver, les journées sont grises, elle pleure. Toujours pas vraiment remise de la peine que lui a causée Olivia. Pour elle quand on est meilleure amie, c'est pour toujours. C'est une chose sur laquelle on ne revient pas. Fidèle Mathilde qui passe par un gros chagrin d'amitié. Qui sort du monde parfait de son enfance. En plus son portable est tombé dans les toilettes. Le drame à 14 ans. Sa tête horrifiée quand je ressors mon Nokia increvable de 2005 pour la dépanner … Elle a mal à la tête, au ventre. Elle pleure dans mes bras. Je lui accorde un puis deux jours de récupération. Pour souffler un peu et vider son sac. Le comble : je vais au collège et pas elle !

27 novembre
La journée Breut
8h15, Madame Kleber m'a conviée à assister au stage organisé par Michel Breut. Autour de la table : 9 femmes, prof d'anglais, de SVT, de physique, d'EPS, d'espagnol et d'histoire. La principale adjointe ne pratique toujours pas la langue de bois :
- Je suis un peu déçue du faible nombre de participants. J'ai même entendu dire que Michel avait été perçu comme désagréable par certains. Vous avez d'autres explications ?
- Peut-être que la démarche déstabilise trop certains collègues. C'est vrai qu'on ne sort pas vraiment indemne d'une journée de stage comme celle-ci, déclare Mme Dubreuil qui a déjà suivi la même formation l'an dernier.

Chacune est alors invitée à expliquer pourquoi elle est venue. Mme Carmat parce qu'elle a besoin de participer à une dynamique d'établissement :
- Il manque des temps de concertation sur les projets. On se croise en salle des profs, on se dit : « Faut qu'on se parle » et on ne se reparle jamais ! Nous n'avons aucun moment d'échange pour présenter et comprendre un projet. En outre, avec autant de non–titulaires (4 sur 8 dans ma matière), c'est difficile pour nous de construire sur le long terme et pour eux de s'investir.
Mme Deluz, contractuelle en anglais, est là parce qu'elle a l'impression que ses élèves s'ennuient et qu'elle cherche des idées contre leur passivité. Mme Pierrick, la jeune collègue d'Azzedine (celle dont on croit qu'elle n'est pas dans sa classe quand elle y est) invoque très honnêtement sa difficulté avec les 4ème :
- C'était pareil l'an dernier, j'avais des problèmes avec une classe. Des élèves qui sont dans la contestation, l'insolence, l'agressivité. Ça commence à aller mieux (Madame Kleber est déjà intervenue 2 fois), mais au bout d'une demi-heure, je les perds et ils recommencent à bavarder.
- On a tous des classes comme ça, ne t'inquiète pas, relativise, la rassure Mme Dubreuil. On n'est pas le seul responsable quand on est 32 dans une salle. Et dans la tête des élèves, tu es seulement une remplaçante. Ça ne facilite pas la relation et leur investissement dans cette relation.
Mme Dubreuil, elle, est venue pour sa difficulté avec les Segpa. La 2ème prof d'anglais n'a pas de souci de discipline, mais elle s'ennuie et ses élèves sont mous (une relation de cause à effet ?) :
- En 6ème, refaire les couleurs et les nombres, je n'en peux plus !
C'est aussi pour vaincre la passivité que Mme Duboste est déjà entrée en méthode Breut l'an dernier :
- Me voir toute seule au tableau, ce n'était plus possible. J'ai abandonné le cours magistral et même les corrections d'exercice. Cette année, les 3ème n'ont même plus de feuille de cours. Je fonctionne par activités.
Mme Dubreuil conclut le tour de table par une réflexion personnelle :
- Nos élèves, il faut bien savoir qu'on les connait pendant une période compliquée de leur vie : celle de l'adolescence. Ma fille vient d'entrer au collège. Jamais, je n'avais pris conscience avant de la masse de devoirs qu'ont les 6ème ! Son père et moi sommes tous les deux profs de SVT, c'est sa pire moyenne ! C'est bien simple, elle ne réfléchit pas, elle passe son temps devant la télé !
Michel Breut passe alors une vidéo d'une classe travaillant selon ses méthodes. Il met en avant, images à l'appui, le plaisir, une fonction vitale, souligne-t-il, de

l'élève qui trouve tout seul la solution à un exercice. De la théorie à la pratique, il invite chacune de nous à faire quelques exercices : remettre les vignettes d'une BD dans l'ordre, inscrire 4 traits dans un rond pour faire 11 morceaux.
- Le prof doit donner à l'élève tout le matériel et les informations mais lui il doit rester à distance, sans donner de réponses. Il est là pour soutenir psychologiquement l'élève qui est panne.
La journée se passe à proposer des idées d'exercices, d'autres manières de présenter le travail. 2 profs font un cours selon Breut ouvert à la discussion et à la critique.
Une approche intéressante qui met l'élève et pas le prof au cœur du cours, qui prône le plaisir et l'utilité de penser par soi-même, qui invite à la collaboration entre collègues. Qui a probablement ses limites : le prof n'a-t-il vraiment rien à dire ? Que fait un élève qui n'arrive jamais à la solution (je suis moi-même en panne sur les traits à mettre dans le rond ...) ? Mais une formation qui a au moins le mérite de permettre à chacune d'exprimer ses difficultés :
- C'est bien de voir qu'on n'est pas tout seul à avoir des problèmes, me confie la jeune collègue d'histoire d'Azzedine. Ce n'est pas facile d'en parler aux collègues. Se faire bordéliser, c'est un sujet tabou.
Tant mieux si cela lui a fait au moins ce bien là. Mais pourquoi faut-il un stage pour qu'elle éprouve les bienfaits de la solidarité ?

Azzedine, lui, n'est pas venu, plutôt opposé à la méthode :
- Le cours magistral n'existe déjà plus, les élèves travaillent parfois en autonomie. Et quand bien même : au lycée ou à l'université, j'ai appris énormément des cours magistraux. Les élèves retiennent d'ailleurs bien les anecdotes orales, mieux que le cours. Cette année, nous sommes mêmes invités à réintroduire des récits dans nos cours, à redonner de la chair à la réflexion. Mais distribuer des documents et ne plus rien faire, est-ce vraiment cela être prof ? Je doute que les élèves maintiennent leur concentration pendant 50 minutes. Travaillent-ils vraiment tous ? Quels sont les résultats de cette méthode ? Ok à quelque chose qui renouvelle ma pratique, comme l'informatique et le numérique, par exemple. Pour le reste, je me satisfais aujourd'hui de la manière dont j'exerce mon métier.

Je rentre la tête pleine de nouvelles réflexions pour retrouver Mat qui vit en direct live la sortie du conseil de classe via la mère d'Alice qui est déléguée. Les

deux filles ont les compliments. Indignation, avec 15,5 de moyenne, elles visaient les félicitations :
- Ma mère a dit qu'on a pas les félicitations parce que les profs ils avaient pas le temps de parler de notre cas, s'étouffe Alice. Ils étaient à la bourre et ils se sont consacrés aux élèves en difficulté ! Ils aimeraient les profs qu'on fasse des conseils de classe entre élèves, qu'on les note et qu'on n'ait pas le temps de parler de leur cas ? Pendant un trimestre, ils font que de dire que ce qu'ils notent c'est le comportement, le travail, les progrès et au final, ils font 3 évaluations et voilà. Il n'y a que les notes qui comptent ! Tous les efforts qu'on fait, ça compte pas ?
Un point de vue que partage complètement Mat qui, le moral déjà en berne, se met à pleurer dès que sa copine est rentrée chez elle. Déçue. Rabaissée par le fait que ses profs n'ont pas pris à sa juste valeur son implication et son attitude volontaire par rapport au travail. Je lui dis que moi, je suis fière d'elle. Et pas seulement à l'école. Elle est sociable, a des ami(e)s, elle m'aide si je lui demande et parfois avant, elle gère sa chambre, ses affaires et son travail. Elle est tendre et sensible, pleine d'énergie.

29 novembre

Conseils de classe en rafale

Ils ne sont pas super forts les 6°A. Et ils ont une cervelle de moineau : ils sont pleins de bonne volonté mais ils oublient immédiatement ce qu'ils ont appris.
- Ils zappent, se désole M.G
- Ben, ça va alors, ils sont normaux, se moque gentiment le Principal.
Leur période d'adaptation au collège est un peu plus longue que celle des autres classes, la marche un peu haute à monter. Les profs se lamentent sur le niveau, les résultats, les lacunes, le manque de travail personnel. 2 points de moins par rapport à la moyenne générale des 6°B ! Les carnets sont truffés d'observations. Moi je les trouve adorables les 6°A, très attachants. Des enfants spontanés, plein de vie juste avant les grands tourments de l'adolescence. Mais on n'est pas là pour parler de leur gentillesse. Ca ne compte pas dans la moyenne. En revanche, il apparait que beaucoup manquent de soutien parental dans leurs études. D'ailleurs les parents ne se sont pas déplacés en masse à la réunion parents/professeurs. Et ça, ça ne pardonne pas sur une moyenne.
Un peu impressionnés, les oreilles toutes rouges, Harry et Taïwena, les délégués, rapportent les résultats de l'enquête qu'ils ont menée auprès de leurs camarades :
- L'ambiance est bonne. La classe est unie.

- Personne n'est à l'écart ? demande le Principal.
- Si. La première, c'est Doris parce que tout le monde se moque d'elle en disant qu'elle est un bébé et l'autre parce qu'elle se sent seule. Et beaucoup d'élèves disent, mais pas devant tout le monde, qu'ils ont des problèmes en privé et que leurs conditions de travail à la maison sont mauvaises.
Après la vue d'ensemble, la revue de détail et au-delà des notes, des petites tranches de vie : Gwenaëlle aurait une leucémie, Tim a un souci avec les filles et a été puni plusieurs fois pour des insultes ou des mauvais regards. Il doit aller voir le principal. Fabien ment comme un arracheur de dents et participe beaucoup trop. Il est épuisant. Il devrait passer des tests pour voir s'il est surdoué ou juste hyperactif. Cela le rendra-t-il moins usant ? Il vient d'avoir une petite sœur. Aurait-il besoin d'attention ? Il n'empêche : 3 observations, 2 retenues, 1 avertissement, et un autre que lui décerne l'assemblée, son comportement est inadapté. Baptiste, Monsieur G se demande comment c'est chez lui.
- Il y a un problème chez lui, répond Harry. Mais il ne veut pas dire quoi.
- 3 enfants, les parents ne travaillent pas. Je vais les convoquer.
Le père d'Henri va mourir, Antoine reste tétanisé quand on lui parle – « l'autre jour, il a fondu en larmes parce que j'avais demandé que tous participent avant la fin du cours, j'ai cru qu'il avait perdu père et mère », raconte Azzedine. Eva a un gros, gros souci de concentration :
- Des fois, on dirait que c'est comme quand je dors. Je suis là, mais ma tête, elle s'en va, a-t-elle expliqué à Monsieur G.
Sinbad ne sait toujours pas pourquoi son bras est paralysé. Il a été victime d'injures racistes comme Geoffroy. Des injures proférées par Mélanie qui a aussi tenu des propos racistes en public 4 fois contre 3 élèves métisses :
- J'ai été alerté par la maman de Geoffroy qui pleure à la maison, indique le Principal et j'ai convoqué les parents de Mélanie. Le père m'a dit qu'il ne comprenait pas, que sa fille avait une amie métisse. Il n'est pas vraiment avec nous. La prochaine fois, j'ai promis à la petite un rappel à la loi. Le père est gendarme ...
Même souci avec Laura, mais elle vit sous le même toit que Mélanie ... Elle a quand même dit tout haut à la cantine : « Ça sent l'Arabe ici. »
Ce n'est pas très réjouissant. Mais, je pourrais féliciter mes copines Taïwena et Dahiana qui ont les félicitations.

30 novembre

Pour ceux qui n'y étaient pas

Lendemain de conseil pour les 6°B. Il y a vie de classe pour l'occasion. Il fait froid mais grand soleil. Dommage, Azzedine ferme les stores et allume la lumière. Raphaël et Louis racontent :

- Au début, on paniquait un peu, surtout devant le Principal. C'est quelqu'un d'important le Principal. On n'a pas l'habitude de voir tous les profs en même temps. C'est impressionnant.

Azzedine les interrompt très vite :

- Et merci d'avoir dit que nous n'avions pas préparé le conseil alors qu'on venait de faire une heure de vie de classe sur le sujet !

Il se venge d'être passé pour un professeur négligent :

- Vous auriez dû prendre des notes quand les professeurs ont donné leur avis sur la classe. Vous auriez eu des choses intéressantes à raconter. Pour les autres, sachez qu'il y eu beaucoup de compliments et de félicitations. J'ai été impressionné par vos résultats. Vous êtes l'unes des meilleures classes que j'ai eue. Attention quand même, le 2ème trimestre sera plus difficile.

Puis il en vient à une longue revue de détail, un peu langue de bois tellement il prend de précautions pour ne vexer, fâcher ou heurter personne. Il ne donne aucune note et positive à chaque fois qu'il peut :

- Alexis, c'est juste, mais on sait que tu fais des efforts, Quentin, des difficultés, mais nous pensons que tu peux travailler plus, les résultats seront meilleurs, Maurine, bon début, Loïc, nous pensons que tu ne travailles pas assez, mais des fois, on se trompe, …

Il arrive au terme de l'alphabet. Il a oublié Jenny. Il demande :

- Certains se sentent-ils lésés ou pensent que nous n'avons pas été justes avec eux ?

Koran lève la main. Tout le monde rigole.

- Tu ne manques pas de sérieux dans certaines matières ?
- Si.
- Tu fournis des efforts ?
- Non.
- Ben alors, où est l'injustice ?

Alexis aussi proteste :

- Mon orthophoniste, elle a vu mon cahier. Elle a dit que ce n'était pas moi.
- Qu'elle vienne en cours, lui rétorque Azzedine.

Loïc annonce qu'il va changer d'école. Il ira à Sainte-Marie, le collège privé de la commune. Ses parents durcissent-ils le ton parce qu'il est agressif avec ses copains ou l'éloignent-ils pour le protéger de toutes ces petites racailles du public ?

Les bons et les mauvais
- Avec les bons élèves, on est un bon prof. Avec les mauvais, on est mauvais, déclare avec fatalité un prof d'histoire, collègue d'Azzedine. Il y a une part du travail qui appartient à l'élève. L'enjeu, c'est de développer un appétit gratuit de savoir, le plaisir d'apprendre.

Les mauvais élèves ? Quand on enlève tous ceux qui ne fonctionnent pas selon les critères du normal (les dys, bien sûr, et tous ceux qui vont moins vite, moins loin ou autrement, hyper-actifs ou autistes, trop agités ou trop calmes), des enfants comme Alexis ou Eva, les "mauvais" élèves sont d'abord ceux qui ont des "mauvais" parents : absents (honte aux pères qui démissionnent ! La parité chez les parents est loin d'être acquise) ou violents. La mère de Maeva l'a frappée avec une guitare électrique dans le dos pour pas qu'on voie les marques. Azzedine vient de "signaler" que Jenny serait victime de violences morales et potentiellement physiques (sa mère a expliqué via le carnet de correspondance que la petite avait été témoin d'un coup de poing dans le ventre… L'année dernière, c'était un coup de fusil …). Les alcooliques, psychologiquement dérangés, cumulant les handicaps (analphabète, chômeur, étranger, gitan, sans logis (en Segpa, 3 élèves vivent dans une cabane dans les bois …). La misère sociale ce n'est pas qu'à la télé, ses enfants sont au collège.
"Mauvais" aussi ceux qui ont délégué la fonction parentale à des écrans. Régulièrement, mes enfants s'étonnent que je leur refuse une télé dans leur chambre comme chez les copains. Les racistes car, à moins que les enfants ne naissent racistes, leur propos à 10 ans sont forcément ceux de leurs parents… Ceux qui sont déprimés, les familles monoparentales des statistiques, ces femmes seules qui surnagent à peine financièrement, qui ont besoin d'amour, qui sont crevées. Les parents, enfin, qui ont laissé l'enfant prendre le contrôle de la famille, qui ne disent jamais non.
Evidemment pas question de jeter la pierre aux "mauvais" parents. Ils sont autant victimes que leur enfant d'une société en détresse.
Les bons ? Ceux qui assument l'intégralité de la fonction parentale et tiennent la barre. Suis-je un bon parent ? Mes 3 enfants sont de bons voire de très bons

élèves. Pourtant, je n'ai aucune autorité. Je ne surveille ni les devoirs, ni les cartables, je ne vais pas sur Pronote, je ne dis jamais quand je retrouve mon enfant après l'école : « Tu as eu des notes aujourd'hui ? » Mais je fais réviser les leçons si on me sollicite, je peux relire un devoir et dire s'il y a des fautes, donner des conseils pour organiser un planning de révision, prêter un livre et construire l'avenir. Mon fils me reconnait d'ailleurs cette compétence puisque, dit-il, s'il a accepté de rester vivre avec moi encore cette année, c'est pour que je l'épaule dans son orientation. Ce n'est pas parce qu'il m'aime ou qu'il est bien, « c'est parce que tout le monde me pousse selon ses idées, les profs, les grands-parents, mais toi, tu me connais et tu vas m'aider à aller où moi je veux aller. » Finalement c'est aussi bien qu'une déclaration d'amour !
Peut-être, n'y a-t-il ni bons, ni mauvais. Certains ont eu de la chance, d'autres pas. Il y a tout le monde qui fait ce qu'il peut avec ce qu'il a.
L'Ecole atténue-t-elle ces inégalités ? Non. Certains disent même qu'elle les accentue.

1er décembre
Pas que des élèves !
Après avoir reçu chacun leur calendrier de l'avent et mangé leur 1er chocolat ce matin, mes 3 poussins sont partis ensemble à Bordeaux au concert de Sexion d'assaut. Tous en sweat à capuche, la collégienne et le lycéen dans la petite voiture de leur grande sœur tout juste bachelière.

6 décembre
Santa Klaus Tag
J'ai le privilège d'assister à un cours avec la classe de Mathilde. Un cours d'allemand pendant lequel Mathilde doit faire un exposé sur son liebstich film (son film préféré). Tout le monde s'assied dans un bordel monstre. La prof explique en allemand que je vais assister au cours et que Mat va faire son exposé. Mais d'abord, elle vérifie les chèques. Puis elle enchaîne. Je capte que aujourd'hui, c'est Santa Klaus, le jour du chocolat. Elle a envoyé une carte virtuelle à chaque élève pour lui souhaiter une bonne Santa Klaus. Le chocolat n'est que pour les enfants braves. Je ne comprends pas bien le sort qui attend les enfants pas braves… En tout cas, ils sont privés de chocolat.
Mat vient au tableau. Elle est toute mignonne. Toute la classe l'écoute et la trouve trop belle avec sa nouvelle coiffure. Elle est toute rouge aussi. Surtout quand la prof lui arrache ses notes en lui demandant de parler plus

spontanément. Un petit instant de flottement, elle ne trouve plus ses mots, ni ses idées. Qu'est-ce que je fais si elle se met à pleurer ? Je vais la prendre dans mes bras ? En pleine classe, ça ne le fait pas. Heureusement, elle est brave (elle mérite un chocolat), elle se reprend et termine avec une vidéo de Happy Potter en allemand. Les autres élèves applaudissent en tapant sur la table (on fait ça en Allemagne, il paraît) et ils posent des questions : quand as-tu vu Harry Potter pour la 1ère fois ? Ils sont seulement 2 (plus la prof) à ne pas l'avoir vu dans la classe.
Gaël va se luxer l'épaule à force de lever le bras. Son allemand est aussi hésitant que celui des autres. Construire une phrase simple est laborieux.
- Gut arbeit, conclut la prof. Mais lis moins tes notes.
Ils enchaînent avec un exercice par groupe de 4. Il faut poser des questions sur ce qu'est un ami. Ma voisine s'affole :
- Mais je ne parle pas allemand !
Avec ses 3 coéquipières, elle commence à dire du mal de ceux qui ne sont pas là. Puis elles évaluent le degré de ressemblance de chacune avec sa sœur. Enfin, elles comparent leur écriture. La prof s'approche. Elles ouvrent leur cahier et font semblant de chercher la traduction d'un mot.
- Je veux des subordonnées dit la prof qui s'éloigne.
- Elle est super belle sa montre !
Le niveau sonore augmente. Ma voisine a du noir sur la bouche, les 3 autres sont mortes de rire.
La prof distribue des papillottes pour la Santa Klaus. Les élèves se jettent sur les blagues malgré les rappels à l'ordre. Ma voisine explique à ses copines que si elle en mange trop elle aura des boutons. Chacune détaille ses allergies.
Horrifiée, je vois Mat qui balance son papier de papillotte sur Antoine (c'est lui qui avait commencé m'expliquera-t-elle après). Son groupe a fini. Mes voisines ont pondu une question mais commentent :
- Quand tu prends allemand, t'es sûr au moins que tu n'es pas avec des nazes.
Il reste 3 minutes pour rendre les questions. Elles discutent du programme télé de la soirée.
Mat se retourne et m'apostrophe :
- Elle nous donne toujours des feuilles recto/verso et on doit les coller. On fait comment ?
Faute d'une réponse satisfaisante, elle continue de balancer des boulettes de papier à travers la classe. J'ai rehonte.

La prof note les devoirs en direct sur Pronote via l'écran numérique. Contrôle pour lundi sur le vocabulaire de l'amitié, les verbes prépositionnels et les relatives, bien sûr. 5 minutes plus tard, les papiers dorés des papillottes jonchent l'escalier.

Erwan, prof d'anglais

Les langues étrangères, un problème français ? Il le reconnaît d'emblée : notre réputation n'est pas bonne et c'est parfaitement fondé. Nous, Français, sommes les plus nuls de la planète dans l'apprentissage des langues étrangères. Même les Espagnols sont passés devant nous, ce qui, dans sa bouche, a l'air d'une catastrophe. Pourquoi ?

Première explication : en France, tout est traduit. La langue de Molière ne supporte pas la concurrence. Ce n'est pas le cas m'explique-t-il dans les pays scandinaves ou au Mexique où ni les programmes télé, ni les jeux video ne sont traduits.

Deuxième explication : le choix par l'Ecole française de l'écrit au détriment de l'oral. Un choix qui commence à être remis en cause comme en témoigne les nouvelles épreuves du bac, mais qui sera long à faire évoluer.

- Les élèves allemands, par exemple, parlent sans arrêt. Même mal. Ils osent, on les éduque comme ça. Je sais qu'être confronté à une autre langue est aussi une souffrance. Même les profs de langue étrangère quand ils se croisent se parlent en français.

Peur d'être ridicule ? Peur du regard des autres ?

- En arrivant en 6ème, les élèves sont censés avoir déjà 4 ans d'anglais derrière eux. Certains ont même commencé à la maternelle. Dans la réalité, certains n'en ont jamais fait soit parce qu'il n'y avait pas de prof accrédité(e) dans leur école, soit parce que le prof accrédité(e) était malade ou enceinte. Sans compter que tous les profs qui en font la demande sont accrédités et qu'ils ne reçoivent aucune formation. Quand les 6ème arrivent, globalement, ils ont 2 ans d'anglais derrière eux et devraient maîtriser les couleurs, les nombres, … Mais je commence toujours par détricoter les erreurs de mes prédécesseurs avant qu'elles ne fossilisent. Après, coincés entre les impératifs des programmes et ceux des examens, avec des classes trop chargées, on manque de temps pour donner la parole à chacun, pour avancer à son rythme, pour travailler en autonomie, pour s'enregistrer, écouter, regarder des films, voyager (ah, la complexité administrative du montage de projet …). Le collège unique, c'est très lourd. Il est impossible d'apprendre à tous les mêmes choses au même

moment. Parce que chaque élève est différent. L'Education Nationale est un grossiste peu regardant au détail humain. Tant chez les profs que chez les élèves. Pour les plus sensibles, pour les moins bien adaptés, le système est violent. Et ne laisse pas de place à la mise en valeur d'autres compétences, d'autres savoir-faire. Pas de place à l'individu et à son épanouissement. Plutôt que de faire semblant d'apprendre l'anglais, les Segpa ne gagneraient-ils pas à avoir 3h pour montrer qu'ils ont eux aussi quelque chose à apprendre aux autres ?
A défaut de bouger les lignes, il emmènera 4ème et 3ème en Angleterre, il continuera à voyager pour se rappeler ce qu'est la difficulté d'une langue étrangère, et ramené entre les murs, continuera à s'appuyer sur l'imaginaire en proposant des jeux de rôle à ses élèves.
Il devient tout rouge quand je lui dis que ses élèves sont toujours contents de l'avoir en début d'année, que ses cours sont parmi les plus vivants auxquels j'ai pu assister, qu'il n'y a qu'avec lui que j'ai vu la petite Jenny trépigner d'impatience pour aller au tableau.

6 décembre

En anglais justement.

Les 3ème Segpa entrent dans la classe en se battant, en s'insultant. Pour l'instant, on entend mieux les « Tu me casses les couilles » que les appels au calme de madame Deluz. Elle tousse à force de s'égosiller.
- Madame, si vous êtes malade, restez chez vous ! conseille Brice
Et tous de s'esclaffer. Puis les vannes reprennent. Dans un joyeux bordel, entre jet d'objets en tout genre, distribution gratuite de « je t'emmerde, bouffon » et de photocopies, de balades à travers la classe, de changement de place, de ramassage de carnet, la prof ne tient pas 10 minutes. D'autant qu'elle commence à s'emmêler sérieusement dans les 4 tas de photocopies qu'elle a à distribuer :
- Thomas, ça suffit ! Je vais chercher le Principal tout de suite si ça continue !
- Non, non madame, c'est bon je change de place !
Thomas change de place. Deux se battent avec un tube de colle, 2 se foutent des baffes, 3 n'ont pas leur cahier. Brice traverse la classe pour dire un truc à Thomas. La prof félicite ceux qui ont bien collé leurs feuilles.
- Dans 15 jours, c'est Noël, commence-t-elle.
- Moi je devais aller à Disneyland et en fait j'y vais pas, embraie Zoe.
- Le dernier jour, c'est la fin du monde, on va se taguer les cheveux !
Tina essuie quelques tirs de boulettes de papier et commence à s'énerver sérieusement quand Brice lui balance des bouchons.

- Surlignez les mots connus, réussit à placer la prof qui passe auprès de chacun décoller et recoller les photocopies.
Brice va s'asseoir à côté de Thomas. 3 filles sortent leur surligneur. Et Brice aussi qui s'empresse de badigeonner la joue de son voisin.
Aux 4 coins de la classe, la prof se désole :
- Mais tu as tout collé à l'envers ! Et toi, tu as tout surligné !
Brice continue à se promener et donne une tape sur la tête de Tina qui quitte la classe en claquant violemment la porte. Laura lui emboite aussitôt le pas.
- Je vais avec elle, madame.
Amaury montre ses oreilles à tout le monde :
- J'en ai une carrée et une ronde !
Laura rentre et feuillette le cahier de Tina. Elle ressort.
Au fond de la classe, Boris n'a pas bougé, ni prononcé un mot depuis 45 minutes.
- Heureusement que vous êtes là, lui dit la prof. Ils sont pénibles vos camarades !
Elle lui colle ses feuilles. Engueule Thomas qui vient de taguer au stabilo vert sa 2ème feuille. Laura rentre suivie de Tina qui a l'air renfrognée et les yeux rouges.
- Madame, ça va bientôt sonner, on peut chanter ?
Ils commencent tous à chanter une chanson différente. Ca sonne. Ils sortent comme un troupeau qui beugle. La prof reconnaît immédiatement qu'elle a pêché en distribuant 4 feuilles. Beaucoup trop complexe. Elle reconnaît aussi qu'elle n'a aucun objectif en anglais avec les Segpa. Elle les subit. La qualité du cours varie avec leur humeur collective.

Madame Deluz, contractuelle
Elle se marie à 18 ans et suit son irlandais d'époux dans son pays natal. Sans expérience professionnelle, elle mise sur sa différence linguistique et commence par donner des cours de français dans un couvent.
- A cette époque en Irlande, m'explique-t-elle, toutes les écoles, privées ou publiques, intègrent des cours de religion à leur programme. La seule école laïque est privée ! Je n'étais pas titularisable parce que je n'avais pas le bac irlandais, obligatoire pour enseigner dans le pays.
Forte de son expérience, à 23 ans, elle ouvre une école de langues et embauche des enseignants italien, allemand et espagnol. Cette école fait sa fierté pendant 6 ans jusqu'à ce que son mari disparaisse sans laisser d'adresse lui laissant ses

deux fils à charge. Elle cumule les boulots, la direction de l'école, les cours et des traductions quand elle finit par décider de rentrer en France.
- J'en avais assez du bourrage de crâne religieux, mon fils aîné allait rentrer au collège. Je l'ai donc inscrit à Bordeaux en section bilangue. Et là catastrophe, il faisait naturellement beaucoup de fautes en français, gêné en plus par une légère dyslexie. Ses profs voulaient l'orienter vers une 4ème pré-professionnelle. Doué d'une mémoire phénoménale, il était pourtant brillant à l'oral. Aujourd'hui encore, je ne supporte pas les collègues qui traitent les gosses de débiles ...
Elle décide de refuser le système et s'installe en Angleterre. Assistante bilangue chez un importateur de céramiques, elle enseigne le français en parallèle en tant que formatrice pour adultes. Ce qui lui vaut d'être sollicitée pour enseigner dans un collège.
- Des classes très nombreuses, aucune discipline, une grosse claque ! Les établissements sont dotés d'un tableau de performances qui doit comptabiliser les exclusions. Chaque prof est donc gentiment invité à ne pas trop en faire sous peine de faire du tort au collège. Personne ne hausse le ton sur un élève, celui qui dit « fuck off » à un adulte est gentiment prié de maîtriser son vocabulaire. Il faut, à tout prix éviter le conflit dans le respect des droits civiques de la personne. Bizarrement, ces ados mal élevés deviennent des adultes courtois...
Elle s'inscrit à la fac pour passer l'équivalent du CAPES et pouvoir être titularisée.
- Une vraie formation de 2 ans, en contrôle continu avec 60h de cours magistraux supervisés par une tutrice, elle-même prof de français. 70% des enseignements théoriques sont consacrés au « class-room management », à la gestion de la classe et à la pédagogie. Devenue prof, j'enseignais alors 27 heures par semaine.
Des raisons familiales l'obligent à revenir s'installer en France. Au collège, elle remplace cette année une professeure en congés maternité.
- Après plus de vingt ans dans l'enseignement, la France ne reconnaît comme expérience professionnelle que mes années passées dans l'Education Nationale. Or, en Irlande ou en Angleterre, les écoles sont majoritairement privées. Aujourd'hui, il me manque donc 5 mois d'expérience professionnelle pour faire valider mon expérience, passer le CAPES et pouvoir être titularisée en France. Je retenterai l'année prochaine.
C'est elle qui au moment du passage en 3ème valide le niveau A2. « Je ne le fais pas systématiquement, indique-t-elle, mais les élèves savent bien qu'ils ne risquent rien : le principal l'a toujours fait derrière moi. »

Aux infos : le métier de prof ne fait plus rêver ! Des conditions de travail qui se dégradent, des salaires qui stagnent, le manque de formation, la violence, 706 postes sont restés vacants l'an dernier … Peillon instaure une 1ère année avec 18h devant une classe. Mon mari s'esclaffe :
- 18h ? Par semaine ? Et ils sont payés 2 000€ ? Ca va pour eux, on ne va quand même pas les plaindre en plus !

7 décembre
Le scoop du jour
Tamara a quitté l'établissement. La nouvelle tombe comme un roulement de tambour en ouverture du conseil de classe des 3°D.
- Elle sera inscrite ailleurs en janvier car sa mère a déménagé, explique Mme Kleber. Mais son attitude n'était pas conforme, elle avait même régressé par rapport à l'an dernier. Par son comportement elle perturbait la réussite de tout le projet de classe. Nous l'avons beaucoup accompagnée, beaucoup soutenue, on m'a même souvent reproché de trop la protéger, mais sa pathologie nous dépasse. Aujourd'hui, c'est un soulagement de la voir partir. Ne culpabilisez pas. La mission n'était pas à notre portée.
Ça a le mérite d'être honnête et vrai. Mais Tamara ? Elle repart dans un autre collège en janvier et sera probablement éjectée du système dès 16 ans. Si elle tient jusqu'à 16 ans. Personne ne viendra la réclamer.
- Au chapitre des nouvelles, reconnaissance de la bipolarité de Sybille, poursuit Mme Kleber. Assez importante, semble-t-il. Elle sera suivie mais a d'ores et déjà obtenu l'autorisation de sortir de vos cours quand elle sent que la pression monte trop.
Pour le reste, la classe est jugée pénible. Les garçons surtout à l'instar de Kevin qui s'est battu avec un Segpa pour un mauvais regard. Et qui lui aurait dit aussi : « C'est inadmissible d'être dans une classe de débiles. »

22h, en se couchant, Mat prend conscience qu'il y a un brevet blanc à l'horizon. Elle ne sait pas vraiment quand et dans quelles matières. Elle décide de faire des fiches.

10 décembre
Lu dans Sud-Ouest :
Charente : un professeur suspendu pour une rédaction sur le suicide

Un professeur de français d'un collège de Charente a été suspendu jusqu'à nouvel ordre. Il avait fait travailler ses élèves de 3ème sur le thème du suicide pour un devoir de rédaction. Des parents révoltés avaient averti le rectorat.

Le sujet : « Vous venez d'avoir 18 ans. Vous avez décidé d'en finir avec la vie. Votre décision semble irrévocable. Vous décidez dans un dernier élan de livrer les raisons de votre geste. En dressant votre autoportrait, vous décrivez tout le dégoût que vous avez de vous-même. Votre texte retracera quelques événements de votre vie à l'origine de ce sentiment ».
En découvrant le sujet, des parents d'élèves ont décidé de contacter la presse. Dans un courrier, ils écrivent : « Nous n'avons pas l'habitude de remettre en question ce qui se passe à l'école, mais il y a des limites. Quel va être le prochain sujet ? Que ressentez-vous lorsque vous vous piquez ? On aimerait comprendre ».

« *Cela ne veut pas dire qu'il ne faut pas évoquer la mort et le suicide, mais il faut le faire par le biais de la littérature*, estime sur RMC Michel Buttais, professeur de français et membre du collectif Sauvons les lettres. *Lamartine, par exemple, disait "la littérature m'a permis d'échapper au suicide". Cela, ça permet d'en parler comme d'un objet de réflexion. Le professeur n'est pas un psychothérapeute, il est là pour exposer la façon dont les hommes se sont interrogés sur l'amour, sur la mort, sur toutes les questions de l'humanité* ».
Un sujet ainsi posé « *c'est très dangereux (...) surtout pour des adolescents qui se cherchent, doutent d'eux-mêmes* », a expliqué le docteur Xavier Pommereau, psychiatre et spécialiste de l'adolescence en difficulté. « *On peut faire réfléchir un adolescent sur tous les sujets (...) à la seule condition expresse de ne jamais le mettre, lui, en position d'acteur défavorable* », a-t-il ajouté. « *Il faudrait plutôt leur dire "Qu'est-ce que vous feriez pour venir en aide à un ami qui vous parle d'idées suicidaires ?"* », selon le médecin.

En tant que parent, je ne suis pas horriblement choquée. Finalement le prof a été réintégré à la demande des parents !

11 décembre

Le redoublement ne sert à rien

A midi, aux infos, un reportage sur le redoublement. En France 4 enfants sur 10 redoublent pendant leur scolarité. Un des taux les plus élevés en Europe (en Finlande, le redoublement n'existe simplement pas). Le journaliste explique qu'un taux élevé rime avec un niveau bas et que toutes les études prouvent que le redoublement ne sert à rien. Pourquoi on continue ?

Conseil de classe des 3°B : une classe agréable, sympathique, un peu enthousiaste, un peu immature. Ils se font pourrir en langue, mais Azzedine les trouve très épanouissants. 5 redoublants qui tournent autour de 10 de moyenne

et qui avaient de meilleurs résultats l'an dernier. Louis, le délégué, n'y échappe pas :
- Tu passes combien d'heures sur les réseaux sociaux ?
- Plus d'une heure par jour.
- Tu passes combien de temps sur tes devoirs ?
- Moins d'une heure par jour, constate-t-il en riant.

12 décembre
Profs de tous les collèges unissez-vous !
Les profs ont invité leurs collègues des 5 établissements voisins en vue d'une démarche commune pour demander la construction d'un nouveau collège dans le secteur. Seuls ceux d'un collège sont venus. Grande première pour une réunion de revendication : les parents, les profs et l'administration sont invités à faire cause commune. Mme Nicaise reconnait que, ici, l'administration est un peu isolée et que parents et profs mènent souvent des combats parallèles.
On partage le saucisson, on débouche quelques bouteilles pendant que les uns et les autres font état des mêmes difficultés : de plus en plus d'élèves, des effectifs très chargés, des préfas qui s'empilent dans les cours alors que réfectoire, sanitaire ou salle de permanence deviennent trop petits. A qui la faute ? Au Conseil Général. Ressenti comme d'autant plus coupable qu'il plaide pour des établissements à taille humaine et qu'il a même fixé un seuil de 700 élèves … et qu'il ne répond pas aux demandes de rendez-vous des uns ou des autres.
Comme souvent les uns sont partisans de la manière forte (grève ou manifestation), les autres de la négociation qui suppose de créer un collectif représentatif, de demander des rendez-vous, de faire des courriers. Comme souvent, ce sont ces derniers qui l'emportent. Rendez-vous est donc pris dans un mois.

14 décembre
Pétage de plomb
J'arrive juste à temps car les 3°A appliquent la méthode corse dans l'escalier (monter le plus lentement possible pour créer un énorme embouteillage).
- Je vous préviens, ça va être pénible, me prévient d'emblée madame Rouquin. Les 3ème D, c'est toujours pénible.
C'était pourtant pas si mal parti. En 5 minutes, elle avait réussi à caser une engueulade (beaucoup étaient absents la veille alors qu'ils l'avaient fait venir exprès à 8h), une information (elle mettra une note d'oral au 2ème trimestre), le

renvoi au bureau de la vie scolaire d'une élève en retard et très nonchalante et le rendu express d'une petite interro sur 5. Globalement, très bien réussie. Et pour cause : toutes les réponses étaient sur la feuille.
Question n°1 : où a été prise cette photo ? Et en face de la question la photo avec une légende : photo prise à Bergen Belsen en 1945, à la libération.
Question n°2 : Quand a été prise cette photo ?
Déjà 2 points sur 5…
Puis la prof avait annoncé un programme ambitieux (les élèves sont en stage la semaine suivante et elle doit finir la seconde guerre mondiale aujourd'hui) : « on corrige l'interro, on parle du pianiste (film qu'ils ont vu la veille), je vous passe une vidéo sur les procès de Nuremberg. Et je vous laisse une trace écrite qui sera votre cours. »
Elle corrige l'interro en 10 minutes et termine en projetant une photo de l'entrée d'Auschwitz et de son célèbre fronton : Arbeit macht frei (le travail rend libre).
- Qu'en pensez-vous ?
- Il faut travailler pour être libre.
- C'était pour les attirer.
- On leur donne un espoir.
Elle commence à les orienter sur le cynisme de cette maxime, cherche un synonyme pour cynisme de peur de perdre la moitié de l'auditoire quand la principale adjointe et sa secrétaire entrent dans la classe. Elles doivent distribuer un papier très officiel pour que chaque élève confirme son inscription au brevet. 20 minutes de complexité administrative : il faut corriger ce qui est faux en rouge, mais ne pas toucher au texte dans la case en bas à droite même s'il est faux. Les demoiselles s'appellent maintenant Mesdames, il ne faut pas corriger, ce n'est pas une faute.
La prof s'approche de moi. Elle fulmine :
- Mon cours est foutu !
Encore un mot sur le stage que Thomas n'a pas trouvé. Il le fera donc au collège en cuisine. Et c'est une fleur qu'on lui fait ce dont il n'a pas l'air persuadé.
Revenir à l'exercice où il faut relier le mot Nagasaki et la photo d'un champignon nucléaire (avec une légende : explosion nucléaire à Nagasaki le 9 août 1945) est difficile. Elle accélère.
- Tant pis, c'est vous deviez le faire, mais on aura jamais le temps.
Elle corrige à toute vitesse. Dans son dos, les tubes de colle commencent à voler, le brouhaha s'intensifie, les élèves gigotent, papotent. Elle se retourne et hurle pour demander le silence. Lance la video des procès de Nuremberg sans

autre forme d'explication : Goering, Von Ribbentrop, Wilhelm Frick, Martin Bormann, condamnation par contumace. C'est le mot de trop en plus des images en noir et blanc d'une salle de procès. La génération zapping décroche. Les conversations reprennent. Elle arrête le film.
- J'arrête, tant pis. Ca servira à une autre classe. Vous, vous ne comprenez rien. C'est compliqué avec vous. Prenez vos cahiers de texte. Pour la rentrée, revoyez les repères de 6ème, 5ème et 4ème page 386 à 389.
Un élève se lève, met son manteau, range ses affaires et se rassoit, dos à la prof.
- Revoyez la carte de France p 393.
Et là, elle se lâche :
- Je suis très en colère. Moi, je passe des heures à préparer des cours pour vous et quand je viens en classe, je ne viens pas les mains dans les poches ! J'ai été volontaire pour prendre cette classe. Je ne le referai pas l'année prochaine. Vous êtes des touristes, ça ne fonctionne pas ! Je suis déçue par vous. Allez, sortez ! Du balai.
Ils ne se le font pas dire 2 fois et se ruent vers la porte.
Elle s'assied à côté de moi :
- Je n'en peux plus. Je viens ici la peur au ventre à cause d'eux. J'ai passé 10 ans dans un petit collège tranquille avec des 3ème européenne. Facile. La routine. Mon mari travaille en ZEP. Avant, le soir, quand il me racontait sa journée, je me disais toujours : « Il exagère ». J'ai demandé à changer d'établissement et à avoir cette classe. Aider des élèves en difficulté, j'étais super-partante. Mais là c'est trop. Encore 5 mois avec eux, ça va être difficile. Pour 3 ou 4 qui progressent, les autres sont complètement asociaux. Moi, je ne suis pas payée pour gérer ça, les insultes et les conflits de personnalités. D'autant moins qu'on vous les colle en vous disant : demerde-toi ! Et quand on interroge, les collègues, eux, bien sûr, ils n'ont aucun souci avec cette classe, te faisant bien comprendre que c'est toi qui n'es pas à la hauteur. Aucune entraide alors que tout le monde le sait qu'on a des difficultés avec eux. Une collègue m'a dit : « quand on a les 3èmeD, on a l'impression de n'avoir qu'eux ».
Je la comprends et je compatis.

Un seul refrain cette semaine quand un prof annonce les devoirs : pas la peine, vendredi c'est la fin du monde !

17 décembre
Flemme

Azzedine n'a visiblement pas vraiment envie de faire cours. Il papote en distribuant des photocopies sur la citoyenneté. Comment devient-on Français ? Il existe le droit du sang, le droit du sol, la naturalisation. Sans un commentaire sur son histoire personnelle. Mais avec une allusion au mariage gay :
- Si votre père français est marié à une femme, ou à un homme d'ailleurs, …
Quelques ricanements dans l'assemblée.
- Eh oui, il va falloir s'y habituer, c'est l'affaire de quelques mois …
Nouvelle éruption de l'actualité quelques minutes plus tard quand il déclare qu'il faudrait retirer la nationalité française à Gérard Depardieu car payer ses impôts est un devoir.

19 décembre
Bientôt Noël
Azzedine a passé cette dernière semaine à faire réviser le dernier chapitre en vue de l'évaluation d'après les vacances. Ambiance décontractée, il a rempli sa part du contrat et bouclé le programme. Aux 6ème, il a même donné exactement les questions qu'il allait poser à la rentrée. Aucun n'a pensé à noter les réponses. Avec les 3ème, il lance un débat sur la question : « Faut-il donner le droit de vote aux étrangers aux élections locales. » Cela ne passionne pas les foules. Deux interventions, l'une pour dire que s'ils votent ce seraient bien qu'ils fassent une demande pour obtenir la nationalité française, un autre pense que du moment que l'on travaille et qu'on paie des impôts, on peut voter. Bien évidemment, Azzedine ne donne pas son avis. Mais il faudrait être sourd pour ne pas l'entendre !

Monsieur G a décidé, lui, de les faire travailler jusqu'au bout. Eux ont décidé de ne pas se laisser faire.
- Qu'est-ce que voulez pour Noël ? hurle Fabien dès qu'il l'aperçoit au bout du couloir.
- Des enfants ? lui demande Taïwena en riant.
Il n'a guère envie de plaisanter aujourd'hui. Il leur rend plusieurs devoirs dont celui sur *La Bible*.
- Je suis très déçu. On y a pourtant passé beaucoup de temps.
A 4 points la faute, les notes font mal. Même Taïwena récolte son premier zéro, suivi d'un second un quart d'heure plus tard. Elle fait la gueule. Petit contrôle oral de conjugaison, histoire de bien prouver que les notes sont justifiées :
- Tu aurais pris, c'est quel temps ?

- Tu eus pris ? C'est quel temps ? … Le passé antérieur ! Pourquoi ?
- Parce qu'il se conjugue pas comme les autres ? ose Océane.
- Tu peux être plus précise ?
- Non, je ne peux pas expliquer.
- Alors tu ne le sais pas.
- Mais, monsieur, rétorque Fabien, on peut savoir quelque chose sans parvenir à l'expliquer.
M.G clôt la discussion.
- Dans « Alex est venu », où est l'auxiliaire ?
- A ?
- Il a mangé, c'est quel temps ?
- Participe passé ?
Sa démonstration est limpide.

21 décembre
La fin du monde !
- Bonjour Monsieur ! Bonne fin du monde !
La blague multipliée par 30 élèves différents toutes les heures d'une journée finit par être lourde …
Aujourd'hui, on ne sort pas les cahiers mais les boites de bonbons et de pop-corn. On joue au pendu (mais avec les mots du cours), on regarde des films ou des vidéos.
Ce n'est pas la fin du monde, mais rien ne va plus chez les 3^{ème}A ! Ça commence par le coup de fil que tous les parents redoutent, celui de la CPE :
- Bonjour, c'est Mme Nicaise, je voulais vous parler d'un petit incident qui met en cause votre fille …
Première question, elle va bien ? Oui. Deuxième question : on lui a fait du mal ? Non. C'est elle. Et la CPE d'expliquer : Mat et Alice ont « martyrisé » une petite élève de 6ème. En lui faisant d'abord une réflexion parce qu'elle empruntait leur pichet à la cantine puis, dans la cour, en la faisant suivre par tous les garçons de la classe et en finissant par lui piquer (dans son sac) ses chocolats de Noël.
Premier réflexe de parent : ça ne ressemble pas à ma petite fille qui est si parfaite et si gentille, ça doit être sa copine qui l'a entrainée dans ce mauvais coup. Bien obligée pourtant de me rendre à l'évidence et de répondre à Mme Nicaise qui me demande ce que j'en pense que je ne trouve pas ça brillant du tout et que je condamne fermement. Les deux filles sont passibles d'une sanction et pas d'une punition puisqu'il y a eu vol. Mme Nicaise avoue qu'elle

doit prendre le temps d'y réfléchir, hésitant entre l'exclusion ou la colle. Je plaide pour un travail d'intérêt général qui me paraît pédagogiquement plus intéressant, mais qui, me dit-elle, demande un encadrement dont elle ne dispose pas.
Elle a dû se faire engueuler la Mathilde ! Son frère confirme mes craintes en se rappelant une histoire similaire qui lui est arrivée en 4ème dans ce même collège (ils étaient 3 pour en taper un) :
- Monsieur Germain m'a convoqué dans son bureau et m'a dit : « tu es un animal, et un animal, on le met en cage ou on le dresse. » Il m'a humilié, de toute façon, les CPE ne savent qu'aboyer, poursuit-il en filant la métaphore animale. Mais ils se font tout sucre, tout miel quand ils parlent aux parents.
Il est 20h quand je retrouve Mat à la maison. Pas très fière. Elle essaie d'argumenter sans conviction : voler des chocolats, ce n'est pas vraiment un vol et elle comptait évidemment les rendre quand les garçons s'en sont mêlés et se sont battus avec les paquets de chocolats. Elle sait pourtant parfaitement ce que je pense de son acte et que le fait que la victime soit une élève de 6ème est pour moi une circonstance aggravante. Elle dit aussi que c'est la faute à pas de chance et que personne n'a rien vu quand Océane et Aude ont vidé tout le contenu d'un cartable dans une poubelle. Elle mange toute seule et va se coucher sans bisou. Elle a quand même eu le temps de me dire qu'Olivia a fait un malaise en classe, que Pierre a appelé le Samu, qu'Océane et Aude sont arrivées bourrées en classe (depuis quelques jours, Aude apporte de l'alcool à l'école et boit à la récré. Elle commence aussi à fumer) et que tout le monde a fini par pleurer. Le prof a du reporter le contrôle prévu. Ils ont un peu la grosse tête les 3èmeA cette année. Les garçons ont depuis longtemps dépassé le stade alcool/clope. Ils passent maintenant les bornes du respect élémentaire. Gaël m'a demandé tranquillement l'autre jour s'il pouvait m'appeler « la vieille » …

On craque, on reste quand même ou on s'en va
Je croise madame Carmat en béquilles dans le couloir. Double fracture, explique-t-elle, accident de ramassage de linge le week-end dernier. Elle est là quand même, elle ne peut pas conduire, elle s'est faite accompagnée et repart par le train. Mais, elle vient soutenir Amandine sa collègue stagiaire qui a craqué …
- Si elle pleure avec une classe de 6ème, c'est pas gagné …
Cette semaine, une prof de SVT a quitté sa classe en hurlant qu'elle laissait là ses élèves et qu'ils se débrouillent tous seuls. Ils en sont restés sans voix pour le

reste de l'heure. Mais ils ont fait passer le message : ils avaient réussi à faire craquer un prof.
Ce n'est pas la première fois que j'entends dire que l'un ou l'autre craque. Souvent des jeunes femmes. L'année dernière, j'ai rencontré une des collègues d'Azzedine au forum de l'emploi. Contradiction dans les termes. Elle accompagne une copine ? Non. Elle vient chercher un job. Incrédulité. Elle en a déjà un. Un de ceux qui l'on ne quitte pas. Un poste dans la fonction publique, dans l'Education Nationale que dis-je ! Elle l'énonce pourtant très facilement : elle n'en peut plus. Elle ne supporte plus d'être face à 30 élèves, heure après heure, année après année. Angoisse profonde, stress permanent, boule au ventre, insomnies. Rassurant quand on a comme moi une fille dans sa classe depuis 2 ans… Mais elle ne semble même pas y penser. Faire autre chose. Elle ne sait pas. Dans le social ? Dans le tourisme durable ? Chambres d'hôtes ? Son compagnon vient de franchir le pas et a monté une association. Peut-on vivre entre une assoc et des chambres d'hôtes ? Et deux enfants.

Nicolas, le prof qui a démissionné

Ils ne sont surement pas nombreux, ceux qui sautent le pas (impossible de trouver un chiffre …Idem pour le taux de suicide et de dépression …). Mais Nicolas lui est parti après 10 ans d'enseignement en Segpa. Il a démissionné, abandonnant un métier d'enseignant qu'il avait pourtant choisi par conviction, mais aussi, il le reconnaît pour la qualité de la vie. Même la Segpa était un choix assumé.
Son esprit critique l'alerte dès son entrée à l'IUFM : un système hiérarchique complexe et peu réactif, une institution qui lui semble lourde. Et puis le décalage entre la théorie et la pratique :
- Aucun cours sur la prise en main ou la gestion d'une classe, pas de cours sur la psychologie de l'adolescent. Enfin, si, une heure pour les profs de Segpa … En revanche des heures de cours sur comment saucissonner le programme pour le diviser en séquences de 55 minutes.

La Segpa et les foutaises de l'égalité :
- Ok évidemment sur l'égalité entre les êtres humains mais à condition qu'elle accepte les différences : tous égaux mais pas tous pareils ! Depuis 10 ans, les lois et décrets vont dans le sens du collège unique, le même pour tous. Officiellement, le programme est le même pour toutes les classes de 3ème, Segpa compris. Mais peut-on aborder les théorèmes de Thalès ou de Pythagore quand

on ne sait pas compter jusqu'à 100 ? Sans parler des 3h d'anglais par semaine … La tendance est aussi à confier les élèves aux profs du collège "normal" autant que faire se peut : EPS, arts plastiques, SVT, techno, … des profs "normaux" qui n'ont aucune formation ni expérience de ce public et qui, en plus, n'ont pas envie de s'y intéresser.

Il a monté beaucoup de projets, culturels surtout autour du théâtre, de l'écriture, de la lecture. Jusqu'au jour où obtenir un financement a commencé à relever du parcours du combattant.
- Ça a commencé quand j'ai voulu montrer à mes élèves ce qu'était 1 km en leur faisant parcourir 1 km. Il m'a fallu 3 autorisations !
Pourtant, il était heureux dans sa classe. Il apportait une petite lampe ou une gravure, des objets personnels pour humaniser les lieux. Il a même passé le concours pour devenir directeur de Segpa. Il a été reçu 1er, mais le poste vacant dans le secteur a été attribué à quelqu'un qui bénéficiait d'un passe-droit…
Comme chez Azzedine, c'est l'épisode de la chaise qui a fait électrochoc.
- Je ne connaissais pas l'enseignante agressée mais je n'ai pas supporté l'étalage de faux-semblants après l'agression. Le principal qui demande de faire attention aux déclarations à la presse, le nouveau prof de maths qui explique donc aux journalistes que personne n'aurait pu prévoir, l'agresseur qui rentre tranquillement chez lui après sa journée, le recteur qui débarque 3 semaines plus tard nous expliquer que nous sommes désormais des éducateurs … Mais c'était tout sauf un accident ! Nous sommes face à une génération plus violente et plus passive. Aujourd'hui, nous avons peur de gamins de 12 ans ! Je me souviens d'une convocation chez le directeur parce que j'avais emmené à la vie scolaire un gamin qui m'insultait. Je pensais que le directeur voulait savoir comment j'allais. Pas du tout, il voulait que je m'écrase pour éviter que les parents ne portent plainte parce que j'avais, moi aussi, en retour, insulté leur fils. J'ai dû menacer de ne pas reprendre les cours pour avoir des excuses. Le gamin lui a juste eu un mot dans son carnet. Quant à la salle des profs, c'est devenu le bureau de l'aide sociale : « tu as vu le petit Kevin, le pauvre … ». Quand est-ce qu'on prend le temps de réfléchir à nos pratiques et de parler de nos difficultés ?
Et pendant ces années, Nicolas est aussi devenu papa.
- Connaissant bien le système, je me suis sérieusement posé la question de déscolariser mon fils.
Et comme Azzedine, il a finalement choisi de le mettre dans une école privée...

- On exige des élèves qu'ils soient bien polis tout le temps, respectueux de tout, capables d'avaler 8 heures de cours sans broncher en copiant et en retenant tout. Sans avoir aucune solution pour celui qui est en échec. On vend aux Segpa que le CAP réservé est fait pour eux. Et leurs rêves de gosse ? Les enfants savent ce qu'ils veulent faire à 6 ans. A 15, on leur a barré tellement de portes qu'ils ne savent plus. Humainement, ce serait peut-être supportable si l'école était encore un ascenseur social. Mais ce n'est plus le cas. Je ne pouvais plus collaborer.
Sa solution ? Elle ne va pas plaire à ses collègues qui n'ont pas démissionné …
- Des profs présents dans les établissements de 8h à 17h, prêts à innover dans leurs pratiques en mélangeant les niveaux, en assistant aux autres cours. Des profs qui disposeraient de bureaux, de documentation, de temps pour travailler en équipe. Il y a beaucoup de passion et d'envie d'initiatives chez les profs, il faudrait leur donner les moyens de mettre en œuvre leur créativité pédagogique. Une hiérarchie bienveillante, qui soutient, encourage, serait évidemment la bienvenue … Mais là, le chemin est immense …
Démissionner, c'est difficile ?
- Beaucoup de collègues m'ont félicité, même certains qui ne m'avaient jamais adressé la parole. Mais quand je suis parti, le Principal n'est pas venu me dire au-revoir. Et le dernier inspecteur que j'ai vu m'a juste demandé si j'étais bien conscient que j'allais perdre mes droits à la MGEN… C'était un peu triste.
A sa sortie de l'institution, avec deux ans de salaire, Nicolas pensait monter un salon de massage. Après les mots, il avait besoin des gestes. Il avait même entrepris une formation. Mais professeur il était, professeur il redevenu. A sa façon : à la fac, quand il anime des ateliers d'écriture, en cours particuliers (tel Robin des Bois, il facture plus aux riches pour faire 5€ aux pauvres). Et même quand il écrit une pièce de théâtre, celle-ci est consacrée aux profs.

5 janvier
Trêve des confiseurs
La grande question de cette fin de vacances : Alice a couché ou pas ? Les garçons disent que oui, surtout le principal intéressé, les filles colportent la rumeur et ne savent pas trop quoi penser. Ça leur paraît énorme en tout cas. Inconcevable. Alice, elle est comme elles, elle est encore petite. Violette est furieuse de l'avoir appris par d'autres. Si Alice est sa meilleure amie, elle aurait dû lui en parler en premier.

7 janvier
Indulgence
Il fait froid. Pas envie de reprendre le collier, pas motivée, je sèche le premier jour d'école. Et profite de celui de Mat, toute contente d'avoir eu 17 en éducation civique.
- La conseillère d'orientation est venue nous voir pendant l'heure de vie de classe. Elle nous a dit des trucs intéressants. J'ai appris qu'il existe des bacs techniques et un en design et arts appliqués. Il a un nom barbare : STD2A. J'ai aussi coché HOT, hôtellerie, restauration, tourisme, parce que ça m'intéresse. On a aussi parlé des vœux. Là, j'ai pas tout compris. Je compte sur toi.
Elle m'apprend que la prof de français n'était pas là. Ni celle de sport et que la prof de latin qui est tombée dans les escaliers n'est toujours pas revenue. Ne voyant pas le sujet débouler dans la conversation, je lui demande si elle a des nouvelles de sa punition. Oui, justement.
- On a croisé Madame Nicaise et elle nous a emmenées dans son bureau. On est exclues 6 semaines.
Je n'y crois pas.
- Ok, c'est pas vrai. On a rien eu.
- Rien ?
- Enfin, on doit juste nettoyer le self pendant une semaine. C'est le moins qu'on pouvait avoir. C'est cool.
Elle garde le meilleur pour la fin :
- Alice et Violette se sont disputées, mais maintenant ça va mieux. Alice dit qu'on n'a qu'à pas croire les garçons. En fait, on saura jamais ce qui s'est passé. Alice, elle est en train de virer racaille. Samedi elle était soi-disant chez Linda pour réviser la musique et elle est allée avec Aude au supermarché. Elles ont volé des Kinder. Enfin, elles avaient tellement peur des caméras qu'elles les ont mangés dans le magasin. C'est du vol quand même !
Vu sa tête choquée, elle trouve visiblement plus grave de voler des chocolats au supermarché que dans le sac d'une petite de 6ème…

12 janvier
La refondation de l'école ?
Entre une guerre surprise au Mali, une prise d'otages en Algérie et les manifs pour ou contre le mariage homosexuel, le retour à la semaine de 4,5 jours est au cœur de l'actualité. Ce que j'en vois sur le papier va plutôt dans le bon sens : une vraie formation, un nombre de cours réduit les deux 1ères années, de

nouveaux moyens humains avec la création de 60 000 postes. On voit même des pubs dans la rue pour devenir prof.

Le projet du gouvernement :
Parce que la qualité d'un système éducatif tient d'abord à la qualité de ses enseignants et qu'enseigner est un métier exigeant qui s'apprend, la loi crée les écoles supérieures du professorat et de l'éducation. Ces écoles, dédiées à la formation initiale et continue, ouvriront leurs portes dès la rentrée 2013. Elles articuleront formation disciplinaire, pédagogique et pratique. 27 000 postes y seront consacrés. L'équilibre est rétabli au profit de l'école primaire, qui souffre aujourd'hui d'un sous-investissement important. 14 000 postes seront destinés au développement, dès la rentrée 2013, de l'accueil des enfants de moins de trois ans et au dispositif "plus de maîtres que de classes" qui permettront, dans les secteurs les plus fragiles, d'accompagner des organisations pédagogiques innovantes et de résorber les difficultés qui se construisent au plus jeune âge. Le second degré bénéficiera quant à lui de 7 000 postes, en priorité consacrés à la mise en place, dans le cadre d'un collège unique consolidé et exempt de filières de relégation, de dispositifs pédagogiques adaptés à l'hétérogénéité des publics et de trajectoires scolaires favorisant la réussite de tous les élèves.

Ces moyens humains sont au service d'une véritable refondation pédagogique. En créant un Conseil supérieur des programmes, la loi met le contenu des enseignements et la progressivité des apprentissages au cœur de la refondation et ouvre la voie à une refonte du socle commun de connaissances, de compétences et de culture. Tous les élèves bénéficieront d'ici la fin du quinquennat d'enseignements rénovés, articulant socle et programmes de la maternelle au lycée, enrichis d'un parcours d'éducation artistique et culturel, d'un enseignement moral et civique, d'une découverte des métiers et du monde professionnel, d'un parcours individuel permettant de construire une orientation choisie, de l'enseignement d'une langue vivante dès le CP.

C'est beau. Mais quand on pense au temps du changement… 6 mois que les politiques sont bloqués sur la semaine des 4,5 jours. Comme c'était quand j'étais petite et que j'allais à l'école le samedi matin. La Révolution, revenir 30 ans en arrière ? Et les mairies de hurler qu'on va les saigner (le temps du gardiennage d'enfant est coûteux), et les familles de hurler parce qu'elles devront s'organiser autrement. Et les pères divorcés, comment ils vont faire pour voir leur enfant dès le vendredi soir ? Quelle que soit la loi, elle fera autant de contents que de mécontents. Et tout le monde s'y fera finalement en râlant contre la suivante. Mais quand arrivera-t-on au cœur des problèmes ? Et au temps de tester de nouvelles expériences pédagogiques, de raccourcir les vacances d'été ? Le temps d'un mandat ? Impossible à moins d'avoir un gouvernement qui impose un cap, qui prenne des décisions et qui s'y tienne. Mais visiblement, le temps des hussards de la République n'est plus celui de nos hommes politiques. Ni à droite, ni à gauche.

Je trouve un écho rigolo sur un blog dans Les cahiers pédagogiques :

La refondation c'est comme une pizza : on décide de faire une pizza pour tous.

Si le précédent gouvernement avait été reconduit, il aurait décrété que la pizza serait plus petite, que les parts de certains seraient plus petites et que le parfum, c'est anchois-mozzarella et basta, que c'est piment pour tout le monde et que ceux qui veulent du supplément paient. Les mécontents sont virés du restau.

L'actuel gouvernement a choisi de faire plaisir à tout le monde : il garde la même taille de pizza, essaie de faire la même part pour tout le monde, mais enlève tous les ingrédients qui fâchent... au bout du compte, on se retrouve avec une pâte mal cuite et un peu de tomate...

Je ne veux pas avoir à choisir entre une méthode et l'autre..

Je veux un ministre qui ait les couilles de son ambition. Qui ait le courage d'une école mosaïque, expérimentale, audacieuse et émancipatrice.

14 janvier

Segpa au boulot

13h45, les 6°A me happent dans la cour.

- Vous venez avec nous Madame ? Allez, s'il vous plaît, Monsieur G. est toujours plus gentil quand vous êtes là.

- Désolée, les petits loups, je vais en 3ème Segpa.

- Ça fait peur ? me demande Taiwena.

Sans commentaire. Cours de français chez les Segpa, donc. En attendant la prof, les 3ème E me confient qu'ils commencent à flipper. Demain, ils passent l'oral blanc du CFG, leur brevet à eux.

- Il faut se présenter, savoir ce que veulent dire les initiales Segpa, parler de notre stage, de ce qu'on a fait. C'était super dur le rapport de stage…

Ils entrent en classe dans le calme, s'assoient et commencent à travailler. Ils préparent une dictée et bossent sur l'accord entre le nom et l'adjectif. La prof écrit une phrase au tableau, ils doivent souligner les noms, indiquer leur déterminant, le genre, le nombre, identifier les adjectifs et accorder tout ça. Laura a le bras cassé, je copie la phrase sur son cahier :

Beaucoup de jeunes soldats meurent lors des batailles de Verdun et de la Marne.

Pas un bruit dans la classe. Beaucoup soulignent jeune comme un nom parce qu'on peut dire un jeune ou une jeune. Brice passe au tableau pour corriger. Il trouve le nom bataille et met une croix.
- Je t'ai demandé de souligner.
- Ça me gonfle.
- Je sais, mais c'est comme ça.
Il souligne.
Elle rend un travail commencé il y a 15 jours sur les lettres.
- Je ne dis rien. Vous savez ce que vous avez à faire.
Globalement, ils savent et commencent à remplir un tableau.
- Au CFG, ils travailleront sur la lettre d'un Poilu, m'explique la prof. Et l'objectif concret est de rédiger une lettre de motivation pour le second stage. Ils ont donc 9 lettres à lire et doivent répondre à des questions : qui écrit à qui, où, quand, pourquoi ?
Le niveau sonore augmente derrière elle.
- Vous baissez le ton.
Le silence revient. Si les profs d'anglais ou de SVT qui les ont au collège général les voyaient, ils n'en croiraient pas leurs oreilles.
Elle interroge Jonas :
- C'est gavé chiant, lui répond-il.
- Tu vas dans le couloir. Quand tu seras redevenu un élève, tu reviendras.
Il sort.
Après le cours, elle m'explique que la classe a commencé l'année avec un stage d'intégration sur une base de loisirs dans la forêt des Landes.
- On a vécu ensemble pendant quelques jours et nous avons vu les uns et les autres sous leur vrai jour. Quand l'un ou l'autre pète un plomb comme l'écart de langage de Jonas aujourd'hui, les autres ne sont pas dupes, ni impressionnés. On sait qu'il vaut mieux que ça parce qu'on l'a vu.

15h50, vie de classe avec les 6°B autour d'une question délicate : que s'est-il passé pour qu'Azzedine interrompe Selim et Quentin en pleine bagarre au moment de monter en cours. Les mots ont du mal à sortir. Il faut 350 questions aux deux parties pour comprendre que Selim a traité Quentin de « pauvre » et que quand il s'est énervé, il a ajouté « tu fais ta belle ? » déclenchant le premier coup de Quentin.
- Traiter les gens de pauvre, c'est la nouvelle insulte à la mode ? interroge Azzedine. J'en connaissais d'autres et des pires, mais pas celle-là.

Au fond de l'histoire, une sordide affaire de portable et de savoir qui a le plus beau. Verdict : ils ont tous les deux tort, le premier pour avoir insulté l'autre, le second pour l'avoir tapé. Impatients de rentrer dans la discussion, les témoins demandent la parole :
- Selim dit toujours des choses blessantes à Quentin, il le traite de gros par exemple.
- Une fois, ils ont même dit « fils de pute », se délecte Raphaël.
- Moi j'ai essayé de les séparer, intervient Jordan dans l'hilarité générale parce qu'il mesure 1, 12m.
- Nous on s'est dit : les garçons y sont bêtes ! concluent les filles.
Koran a encore cassé ses lunettes.

15 janvier
Sport d'hiver
Il fait 4°, le vent est glacial mais un beau soleil brille. Direction le stade pour une séance que la prof d'EPS annonce comme pénible. Les 3°B prennent doucement position pour produire un effort intense, mais acceptable et calculé selon le potentiel de chacun.
- Je ne vise pas la performance physique, m'explique Madame Carmat en chemin. L'objectif ici, c'est l'autonomie : en 8 séances, chacun doit construire un projet individuel de course selon ses sensations. Mais aussi selon son état de santé (2 jeunes filles obèses ont une dispense de leur médecin pour des efforts pénibles, un parce qu'il est asthmatique).
En EPS, le corps prend toute sa place. En les regardant s'échauffer, la prof me fait une présentation générale de l'état de ses troupes :
- Regardez bien toutes les stratégies pour éviter l'effort : ceux qui ne veulent pas, ceux qui n'aiment pas, ceux dont les lacets sont défaits, une pointe, une crampe, une envie de vomir, la tête qui tourne et la douleur subite, à la cheville, au genou, au ventre. Les règles pour les filles. Et Grégoire là, qui a fait une tentative de suicide récemment, ça dépend des jours. Aujourd'hui, je vais le laisser faire comme il le sent.
Alors, le corps, elle en parle et invite chacun au fur et à mesure des exercices à faire part de ce qu'il ressent. A se réconcilier avec son corps. C'est l'une des seuls profs que j'ai vus qui touche ses élèves. Pour étirer un muscle, pour prendre un pouls, mais aussi pour faire une tape d'encouragement dans le dos, voire un gros câlin quand les adolescentes fondent soudainement en larmes.

Elle sourit, elle écoute, elle court avec quand la motivation se relâche. Sans perdre de but son objectif :

- Vous la voyez celle-là ? demande t-elle en me montrant Camille. Depuis tout à l'heure, elle court avec sa copine qui n'a pas le même projet qu'elle. Elle a complètement oublié son projet. Pour moi, elle ne fait pas son métier d'élève. Elle ne travaille pas. Elle discute en courant.

Sa méthode : elle les renvoie régulièrement à eux-mêmes :

- Débrouille-toi ! Tu as tous les éléments pour répondre à tes questions, réfléchis tout seul !

Adepte de Breut, elle travaille sur l'acquisition de compétences, sur le plaisir, sur la cohérence entre les matières, sur la collaboration entre collègues. Son outil favori : le projet.

- Quand j'étais en ZEP, nous n'avions pas le choix ! Soit nous étions très soudés et très bons, soit nous étions débordés. Nous avons monté nombre de projets EPS/musique sur le bruit, le silence et le rythme, entre EPS, Espagnol, SVT et ODP lors d'un voyage à la frontière espagnole.

Je l'ai vue à l'œuvre, l'an dernier quand, enceinte de plusieurs mois, elle a porté à bout de bras la création d'une comédie musicale sur le thème de Roméo et Juliette avec ses collègues de français, d'anglais et de musique. Une expérience extrêmement touchante de travail, de communion, de concentration et d'exigence entre une prof et des élèves. Naturellement à la mode « projet » de maintenant : en plus des heures de cours, le soir, sans budget pour aller répéter sur la scène ou penser à des costumes. Mais avec tellement de respect, d'amour et de bienveillance.

Sport toujours : Mat et Gaël dénoncent le sexisme !

Ils ont tous les deux lancé leur javelot à 15m. Mat a eu 16. Gaël a eu 9 ! Tous les deux crient au scandale pour discrimination sexuelle. Ils réclament les mêmes javelots et les mêmes barèmes. Une revendication d'autant plus légitime que Gaël a 10 cm et 10 kilos de moins que Mat !

16 janvier

Stress

En français avec Monsieur G qui commence par ramasser les punitions.

- Fabien, ta punition ?
- Mais M'sieur …
- Tu l'as ou tu l'as pas ?

- Non.
- Alors c'est pas 50 lignes, c'est 100.
Heureusement pour eux, les 5 autres l'ont fait.
- Bon on termine notre leçon de grammaire. Sur quel sujet ? Sadia, quel est le sujet de la leçon sur laquelle nous venons de passer 15 jours ?
Elle ne sait pas.
- C'est sur le verbe, lui souffle Gaétan.
Monsieur G. rappelle le classement en 3 catégories (active, passive et pronominale) et repose quelques questions sur les modes (indicatif, subjonctif, conditionnel, impératif). Application avec un texte de *La Bible*. Les petits ont tous retenu le mot décalogue mais ont eu bien du mal à classer les verbes qui expriment un ordre. Un a mis tous ceux qui se terminent par "as" ensemble. Un autre a mis d'un côté les paroles de Moïse et de l'autre celles de Yahvé.
- Les caractéristiques de l'impératif ? Eva ?
C'est la 10ème question qu'il lui pose et à laquelle elle ne peut pas répondre, elle commence à être en panique. Océane vient à son secours. Mais Monsieur G. lui met un mot dans son carnet : « Les leçons ne sont pas sues. »
- Vous n'apprenez pas vos leçons, vous ne vous rappelez plus ce qu'on a vu hier ou la semaine dernière ! Comment voulez-vous qu'on avance ? Sans s'ennuyer en plus ! Prenez vos cahiers de texte : pour lundi, les impératif des verbes devoir, pouvoir, vouloir, veiller, faire, cueillir, moudre savoir, avoir et être.

17h20
- Plus de peur que de mal, résume Mat à chaud au sortir du premier brevet blanc. Pas de grosse surprise. maths et français, RAS. Un niveau de difficulté acceptable, pas de piège. Idem avec la géographie (le sujet que je lui avais donné pour réviser pendant les vacances) et l'éducation civique (des questions sur ce qu'est être français). Seul bémol, l'histoire. Sur les totalitarismes. « Des questions fourbes » me dit Mathilde. Même sentiment chez Alice. Elles jurent toutes les deux n'avoir jamais entendu parler des procès de Moscou. Mat est contente parce que le prof de maths lui a dit de ne pas stresser et qu'elle allait y arriver.

17 janvier

Brevet blanc, extraits

Question : expliquez en une réponse structurée quelles sont les conséquences de la périurbanisation en France à l'aide des études de cas vues en classe ? (5 points)

Réponse :
Les conséquences de la périurbanisation en France sont nombreuses.

Autre réponse :
La périurbanisation en France est de moins en moins actif car beaucoup de personnes, surtout les jeunes n'habitent pas à la campagne car c'est plus pratique pour aller chercher le pain. Tout simplement les personnes n'aiment peut-être pas vivre à la campagne car c'est trop calme ou qu'ils n'aiment pas la boue.

Question : rédigez un texte structuré pour présenter les fondements du totalitarisme (5 points)
Réponse : Les fondements totalitaire sont des fondement pris en charge par la République française pour agrandir les poles urbain et autres frastructures.

Donnez deux exemples de formes de propagande ?
Réponse : L'affaire Staline et l'affaire Hitler.

Quel l'événement a lieu le 14 juillet 1789 ? (1 point)
Réponse : L'événement qui a lieu le 14 juillet 1789 et la fin de la 1ère guerre mondiale.
Ou, au choix : La crise de la bastide !

Affichée en salle des profs, la perle du brevet blanc. Quand l'ignorance devient poésie : le bouquet-misère (pour le bouc-émissaire). Monsieur Gallart y croit encore :
- Si ça se trouve c'est voulu. Au moins 4 élèves dans le collège en sont capables.

18 janvier

La neige !

La neige est annoncée pour cette nuit. Et qui dit neige, dit pas de transport scolaire, donc pas d'école. Pour les 3ème, un jeudi soir après 2 jours de brevet

blanc, ça sonne comme une juste récompense. Pour les 6ème qui papotent sur facebook, le flambeau est transmis. Il n'y aura personne demain au collège. Azzedine est cloué chez lui par un lumbago et à 23h, Mat en profite pour tenir conversation textotique avec Siméon :
- On parle de nos problèmes. Il n'arrive pas à oublier Alice. Et comme moi je suis dans la même situation, on joue le club des cœurs brisés.
2 jours plus tard, Louis demande à Mat de sortir avec lui pour oublier Alice. Ça ne la tente pas trop comme proposition. Ce n'est pas vraiment valorisant.
- Pourtant, me dit-elle, il est riche. Il a un lampadaire dans son jardin.

Je commence moi aussi à appliquer la méthode Breut : débrouille-toi !
- Maman, tu peux regarder sur Internet quelle ligne de tram il faut prendre pour aller rue Sainte-Catherine ?
- Tu as un plan ? Débrouille-toi !
- Maman, j'achète laquelle de ces deux vestes de concours ?
- Je ne suis pas toi. Débrouille-toi !
Je gagne du temps ! Et je perds des soucis qui ne sont pas les miens. Le bonheur ! Les enfants ? Ils se débrouillent !

21 janvier
Papotage au goûter
- En allemand, on a parlé de l'actualité, de la guerre au Mali et des otages, me raconte Mat. Y a une fille qui a demandé si on avait le droit de parler de ça. Elle a dit que c'était de la politique. La prof lui a répondu qu'elle restait objective et qu'elle ne disait pas des trucs comme : « c'est trop bien le terrorisme. » Et j'ai rencontré Sybille à la vie scolaire. Elle est sympa finalement. Au début elle me faisait peur, mais là elle m'a demandé si t'étais ma mère et elle a dit que t'étais trop sympa et que j'avais gavé de la chance de t'avoir. En français, on a parlé du bonheur et des biens matériels. Elle a dit que les gens s'aiment tant qu'ils ne se connaissent pas. Après ils se disputent et ils cherchent un nouvel amour. « Si vous êtes dépressif, faut pas venir me voir, » elle a précisé.

22 janvier
2ème réunion du collectif pour la construction d'un nouveau collège
Un nouveau collège a rejoint le mouvement. Ordre du jour : statuer sur le courrier à envoyer au Conseil Général pour demander une audience et adopter une position commune pour quand on aura une audience. C'est chiant. Deux

profs animent le débat. On chipote sur le fait de savoir s'il faut faire apparaître les logos des syndicats…

23 janvier

Monsieur G fait son coming-out

En réponse à ma question, Monsieur G accepte que je le cite sous son vrai nom. « Si cela n'implique que moi, précise-t-il. J'assume tous mes propos. » Il devient donc Monsieur Gallart. Il m'informe au passage qu'il a envoyé un mail au ministre de l'Education Nationale pour lui rappeler, au cas bien improbable où il ne le saurait pas, que les grilles de salaires des fonctionnaires n'avancent pas toutes à la même vitesse. Toujours en quête d'égalité de traitement !

24 janvier

3°E le matin

Une a fait un malaise et est rentrée chez elle. Une autre est à l'infirmerie parce qu'elle a pris une balle dans le nez. Ils sont 9 en tout. Un 3ème veut faire l'appel. Mme Dubreuil laisse faire. Zoé arrive des toilettes, Laura voudrait bien y aller aussi. Elle sort.

- Reprenez votre fiche sur la valeur nutritionnelle des aliments.
- Madame, j'ai oublié ma fiche !
- J'avais pourtant dit de la coller dans le cahier.
- Oui, mais j'avais pas mon cahier …
- Alors on fait comment pour travailler ?

Deux autres n'ont pas leur cahier. Une prend la peine d'expliquer :

- Ca fait longtemps que je ne suis pas venue en cours. J'avais oublié qu'on avait SVT …

La prof sort vérifier ce que fait Laura aux toilettes. Elle lui parle à travers la porte. Dans la classe, les commentaires vont bon train :

- Elle est en zone rouge, informe Brice. Elle a eu ses règles ce matin, elle m'a envoyé un texto.

Laura revient et la prof reprend le cours de son cours.

Protéines, glucides, lipides comme dans le Nutella :

- J'ai une amie raconte la prof qui travaille chez Ferrero. Elle m'a dit que les champs qui produisent la noisette utilisée pour la fabrication du Nutella sont gardés par des gardiens armés dans des miradors.
- Madame, ça donne faim ! Vous imaginez des champs de Ferrero !

Ils parlent tous ensemble, entre eux, avec la prof.

- Je suis à moitié dans le cours, m'explique une jeune fille. La moitié de mon cerveau est ailleurs.
Ils se taisent religieusement en revanche quand la prof aborde la question ô combien cruciale à leur âge des apports et dépenses de calories…
Un élève se lève.
- Bon, maintenant, c'est fini ! On se verra la semaine prochaine !
Il range ses affaires, met son bonnet, enfile ses gants et sort. Sans combattre, la prof libère les autres.

28 janvier

Conseil de classe des 3°E

Les Segpa n'ont que deux conseils de classe dans l'année. D'habitude, il n'y a jamais de parents délégués. Du collège d'en face, il n'y a qu'une prof, Mme Dubreuil. Les profs indiquent qu'ils avancent doucement avec cette classe, que le niveau est hétérogène, que les élèves zappent, sont fatigués, incapables de se concentrer. Mme Dubreuil est à la cool :
- J'enseigne toujours une matière non-importante, mais j'ai changé de comportement et d'exigence. Je fais cours 10 minutes, je capte leur sujet de conversation et on papote pendant quelques minutes. Puis je reviens au cours pendant une dizaine de minutes et ainsi de suite. C'est donnant-donnant. Ils me sont gré de les laisser parler et me laisse parler à mon tour. Avant je voulais toujours faire le programme, j'étais verrouillée sur cette idée. Aujourd'hui, je m'en fous. On fera ce qu'on fera. Et quand il y a une évaluation, je les préviens du contrôle. Ils n'apprennent pas. Le jour du contrôle, on révise ensemble quelques minutes. Quand un contrôle est trop mauvais, je le corrige et le redonne. Je ne sais pas ce que l'Inspection en penserait, mais bon. Cette année, l'ambiance est agréable, cela faisait longtemps que je n'avais pas ri avec une classe de Segpa.
Une prof remarque qu'il y a un souci avec Mme Deluz, la prof d'anglais, trop fantasque, trop permissive. Elle cédait tout, puis plus rien, les élèves sont perdus et en rajoutent. La relation est foutue. Je souligne qu'effectivement, elle aurait bien besoin d'aide, vu le bordel monstre pendant son cours, mais aux regards effarés des profs, je comprends qu'on ne peut pas dire ça :
- On ne parle pas comme ça, on ne dénonce pas les collègues, me rabroue visiblement gêné M.Thévenin.
Je ne suis pas une collègue, mais je pensais bien faire et aborder un sujet d'équipe…

Au cas par cas, de l'élève illettré qui commence juste à déchiffrer les lettres à celle qui rêve d'ouvrir une boulangerie et qui vient de faire un excellent stage dans le domaine, l'éventail est large. Le choix réduit : CAP ou lycée pro. Le CAP est plus accessible mais il faut trouver un patron et savoir le garder. Ce n'est pas à la portée de tous. Scolairement, mais aussi comportementalement parlant. Je remarque avec surprise, qu'ici les élèves sont évalués sur leurs notes mais aussi sur leur compétence, leur motivation, la cohérence de leur projet, leur attitude, leur autonomie. Une évaluation globale qui permet une série de portraits moins accablants, plus nuancés qu'en face.

30 janvier
Foule sentimentale

Mme Pignon m'a accordé la permission de venir en cours avec les 3èmeA, la classe de Mat. Je saute sur l'occasion. Thème du jour : l'étude de la chanson de Souchon, *Foule sentimentale*, et un message : A bas la société de consommation !

Je vois enfin pourquoi les profs se battent pour avoir cette classe. Concentration, tous sont au travail, les propositions fusent. Jeu de questions/réponses pour identifier les champs lexicaux, celui de la société de consommation et celui des sentiments, pour débusquer les verbes qui vont faire comprendre que la publicité est mensongère, qu'elle nous aliène et nous manipule, que la chanson porte sur le rapport de force entre l'être et l'avoir.

Entre questions de fond :

- Mais Madame, on ne peut pas avoir des désirs qui nous affligent ?
- Mais si, tu verras plus tard, on peut avoir des désirs qui nous font très mal.

Et questions de style avec la définition de la paronomase (similitude ses sons), de l'allitération (répétition d'une consonne) et l'assonance (répétition d'une voyelle).

Madame Pignon enchaine avec les 3èmeD. Même rigueur, même exigence de sa part. Elle décortique les mots de vocabulaire, identifie les radicaux, les préfixes latin. Mais s'adapte à son public. Elle donne une liste de 5 mots (hanté, désespoir, graver, effroi, indélébile) à utiliser dans une ou plusieurs phrases. Et prévient : vous avez 5 minutes.

3 ou 4 écrivent. 5 ou 6 ne font rien ou leurs nattes pour les filles ou du mâchage de chewing-gum pour les garçons.

- Je trouve rien, râle Ambre.

- Je ramasse dans 2 minutes, ceux qui n'ont rien fait, je ramasse aussi vos carnets.
Tout le monde attrape son stylo. Et commence à réfléchir à la question :
- Madame, on peut changer le temps des mots ?
???
- Madame, on peut dire qu'une maison est hantée de désespoir ?
- C'est marrant comme l'imagination vous vient quand je sors le fouet, souligne la prof.
Chacun est invité à lire son texte. Celui de Sybille est parfaitement construit et raconte une vraie histoire, celui de Celia sur la mort d'une sœur qu'elle n'oubliera jamais est suivi d'un long silence. Thomas ne peut pas s'en empêcher :
- C'est pas vrai ? Tu as une sœur ?
- J'avais une sœur.
- Stop, intervient Madame Pignon, on n'est pas là pour juger. On fait un exercice pour vérifier l'emploi des mots.
Il n'insiste pas.
- Sortez vos cahiers de texte.
- Le mien, il a pas servi depuis décembre, commente Ludovic.
Elle distribue des conjugaisons à apprendre et un sujet de rédaction pour la semaine suivante :
« La sœur de Moscovici (l'auteur qu'ils viennent d'étudier) raconte à son tour ce qu'elle a vécu au camp de Drancy. Elle exprime sa peur, son incompréhension, avec son regard d'enfant.
Chouette sujet : se mettre dans la peau d'une petite-fille de 5 ans envoyée dans un camp de concentration … C'est pas tellement pire que la lettre de suicide …
- Pensez à utiliser les comparaisons et les métaphores, précise imperturbable la prof. Et utilisez les mots de vocabulaire que l'on a appris comme insalubre ou dénutrition et le vocabulaire du souvenir. Servez-vous de votre cours, sinon je ne sers à rien.

Dans les couloirs, les profs se tâtent : grève ou pas grève ? Les 3°A supplient : allez, Monsieur, faites grève ! « Non ! Pour les 3ème, un jour de cours c'est important, je viendrai pour vous », leur répond le prof d'histoire. Azzedine aussi a tranché : « le jour de la grève, j'ai 2 heures de cours. Je ne vais pas perdre 100€ pour 2 heures de cours. J'irai manifester après. » Je quitte le collège avec Mat et Alice qui sanglote parce qu'elle a raté son contrôle d'anglais.

20h : Mat descend en pleurs après avoir été faire un tour sur Pronote. Elle a eu 12,25 à son brevet blanc de math, « la 3ème note la plus pourrie de la classe » commente-t-elle. Elle va se plaindre parce qu'elle n'a eu qu'1 point sur 4 en présentation. Je vérifie. Effectivement, son devoir est propre, clair, bien présenté. Le mystère des notes …

Le collectif pour la construction d'un nouveau collège a obtenu une audience au conseil général pour le 14 février.

1er février

Harceler n'est pas jouer

Dans le cadre de la campagne nationale contre le harcèlement qui annonce qu'un enfant sur 10 est harcelé, Azzedine a réussi à décrocher quelques heures pour une intervenante théâtre. Finalité du projet : une proposition de scénettes sur le harcèlement au collège.

Magalie, l'intervenante théâtre est parfaitement crédible : piercing, pieds nus, les cheveux rouges et ébouriffés, les dents jaunies par les cigarettes roulées. Elle commence par un petit tour de table : harceler c'est quoi ?

- Quand on suit quelqu'un dans la rue et qu'on lui dit qu'il est mal habillé.
- Des propos racistes.
- Le sexisme, l'antisémitisme.
- Ca peut être aussi avec une lettre de menaces et si la femme porte plainte, il va la violer car il sait où elle habite.
- Ou les rumeurs sur Facebook. Il y a un mec qui s'est tué à cause de Facebook. Une fille avait demandé une rançon pour qu'elle ne publie pas sur Internet.
- Et ici à l'école ?
- Le racket.
- Les croches-pattes ou quand on te crache dessus.
- C'est quand on nous met la honte.

Par groupe de 4 ou 5, les élèves sont invités à préparer une mini-scène de harcèlement. 3 sur 4 mettent en scène un groupe qui pique le portable d'un tout-seul. Dans le dernier groupe, composé de filles, c'est un cartable qui est dépouillé.

- C'est bien, commente un garçon, mais on n'imagine pas des filles faire des trucs comme ça …

En écho, aux infos :

Les parents d'un adolescent de 13 ans qui s'est suicidé vendredi en Savoie ont porté plainte pour "homicide involontaire" et "non-assistance à personne en danger", alors qu'ils avaient déjà porté plainte pour des brimades subies de la part d'autres élèves au collège, a-t-on appris jeudi de source judiciaire. Les parents du jeune adolescent, qui était en classe de 4e au collège Saint Exupéry à Bourg-Saint-Maurice, avaient déjà porté plainte en 2011 contre deux jeunes de l'établissement qui avaient agressé leur fils dans la cour de récréation, alors qu'il était en 6e.

Amateur de rap, Jonas, 13 ans pendu dans sa chambre, avait posté une vidéo sur internet dans lequel il exprimait son mal-être. "Il y a aussi la discrimination, oui je le crie fort, j'en ai beaucoup souffert, mais il n'y a pas que moi. La vie est une lutte, il faut résister", peut-on entendre. Le collégien, dont "on avait repéré les difficultés relationnelles avec ses camarades dès son arrivée au collège, avait fait l'objet d'un accompagnement par l'intermédiaire du conseiller principal d'éducation avec qui il avait noué une relation de confiance", a expliqué le directeur de cabinet du rectorat, François Charlon.

La 5e et le début de 4e s'étaient "bien passés", selon le rectorat, jusqu'à ce qu'il y a une quinzaine de jours le jeune garçon reçoive un coup de poing. "Cet événement serait passé inaperçu dans d'autres circonstances", a relevé le rectorat. "Le père avait pris rendez-vous avec le directeur du collège et une sanction avait été infligée à l'auteur du coup", a poursuivi M. Charlon.

En France 10% des collégiens sont harcelés et 6% subissent un harcèlement que l'on peut qualifier de sévère à très sévère, d'après des chiffres du ministère de l'Education nationale. Le harcèlement peut aller du vol de goûter ou des moqueries aux insultes, brimades ou menaces, jusqu'aux coups, au racket ou aux violences sexuelles.

Ses copains d'école expliquent qu'il était roux et que son nom de rappeur était ridicule.

Un psychiatre explique que les enfants d'aujourd'hui sont plus sensibles qu'avant sur la question de leur image et que quand ils sont harcelés, certains ados se replient sur eux. D'autres tendent la joue pour se faire battre. C'est le cas justement des enfants battus qui cherchent les coups pour avoir le sentiment d'exister.

4 février

Mat est révoltée

- C'est la nouvelle mode maintenant, les profs nous donnent les réponses avant une éval ! Ou même pendant ! En allemand, elle passe dans les rangs et dit : « ah, non, là tu t'es trompé, il faut employer l'auxiliaire … En techno, quand on rend sa copie, il dit : « Il y a une erreur ici, tu as oublié la tension, retourne à ta place et corrige. » C'est n'importe quoi ! A quoi ça sert qu'on apprenne ?

Le conseil de classe approche … Il faut sauver les soldats en perdition, rattraper les notes du brevet blanc… Les profs culpabilisent. Cette semaine, Azzedine qui avait juré qu'on ne l'y prendrait plus a quand même redonné aux 3ème l'interro qu'ils avaient ratée. Les notes étaient vraiment trop basses, « Je ne peux pas les plomber … » D'autres proposent aussi de faire les évaluations avec livres et cahiers …

- En français, reprend Mat, on a parlé de Banksy, du graf avec un bonhomme qui a un caddy et un cochon qui tombe dedans qu'il a mis dans un musée et que personne n'a vu pendant 3 jours, ni les touristes, ni le personnel du musée. La prof a demandé ce que cela représente. Antoine a dit : « C'est la société de consommation, on veut toujours avoir le dernier truc a la mode pour aller travailler, on achète une voiture trop belle. La prof lui a répondu : « Tu vois sur le parking, la voiture la plus pourrie, c'est la mienne ! On peut même pas parler dedans ! J'essaie de protéger mes enfants de la pub… la pub est un monstre qui donne toujours une fausse image. Vous ne vous rendez pas compte, avant, pour avoir un truc, il fallait attendre des mois, maintenant on clique sur 3 boutons et Internet fait le reste. C'est un truc de fou. » Mais elle a dit qu'on est obligé d'être dans la société sinon on est un ermite ! Et c'est la 1ère à avoir un Iphone !

6 février

Dur, dur…

A la moitié de l'année, Azzedine constate qu'il n'a fait que 30% du programme de 3ème :

- Le nouveau programme est énorme. Partout, les profs se plaignent et font remonter l'info. On va le faire comme d'habitude parce qu'il y a le brevet, mais à l'arrache. Il y a quelques années, les inspecteurs avaient déjà calculé le nombre d'heures et le nombre de séquences à faire : le programme ne tenait pas dans l'année… Pas facile quand l'objectif affiché est d'améliorer les résultats au brevet ! Il y a aura certainement des ajustements l'an prochain.

Il est aussi un peu effaré des réponses de certains élèves au brevet blanc :

- 1789, la fin de la 1ère guerre mondiale, l'épée et la couronne comme symboles de la République … Pas une copie qui fait allusion à la collectivisation dans les questions sur le Stalinisme dans les campagnes … Une élève a même écrit que la périurbanisation c'était quand les campagnes grignotaient les villes.

Il rend leur copie d'éducation civique à ses élèves de 6ème, de 18,5 à 5,5 :

- Non, ce n'est pas Jules Verne qui a fait voter les lois de 1882 … Loïc, tu avais un plâtre ? Tu écris comme un cochon ! Et je suis un peu déçu que vous rameniez les droits à l'éducation à : « Il faut travailler à l'école pour gagner de l'argent plus tard ». Vous rendez-vous compte que certains enfants ne disposent pas de ce droit ?

Les 6ème enchainent avec Monsieur Gallart qui leur a proposé de participer à un concours de lecture. A la clé, 50€ de bons pour acheter des livres.
- Si on n'achète pas de livres, on peut garder l'argent ? s'informe Fabien.
Tim n'a pas pu trouver les livres car il n'a pas de voiture pour aller jusqu'à une librairie. Taïwena rend sa punition. Monsieur Gallart rend les devoirs :
- Baptiste, c'est mieux !
Il a zéro quand même …
Gaëtan a oublié les alinéas et doit refaire le devoir.
Fabien a oublié le devoir à rendre aujourd'hui sur un animal.
- Je l'ai fait mais je ne le trouve plus.
- Eh bien, donne-moi ton carnet mon grand.
Il n'a pas son carnet non plus.
Noa passe au tableau pour expliquer les dénominations qu'il a trouvées pour l'ornithorynque.
- C'est quoi un ornithorynque ? demande Léa.
Monsieur Gallart lui tend le dictionnaire. Elle est bien avancée : mammifère amphibie ovipare à bec corné.
- Ovipare ça veut dire quoi ?
- Qui pond des œufs.
- Oui, donnez-moi un autre exemple d'ovipare.
- Le guépard ? suggère Fabien.

Monsieur Gallart continue avec les 3èmeB.
- Vous allez voir, ils sont très mous, commente-il en m'invitant à le suivre.
Il commence par ramasser les fiches de liaison avec les parents. Et distribue un mode d'emploi pour remplir ces fiches. Personne ne s'étonne.
- Siméon, j'aimerais voir tes parents assez vite. Tu comptes faire une seconde ?
- Je sais pas.
Ils avaient 15 lignes à rendre sur l'enfance de Jésus.
- Alors qui peut me dire quand il est né ?
Silence total.
- C'était quand ? Emma ? Marion ?

- Vous aviez 15 lignes à faire sur l'enfance de Jésus ! Rien ne vous choque ? D'autant que sa date de naissance est quand même un repère chronologique fondamental.
Il faut leur tirer les mots de la bouche pour avoir un aperçu de l'histoire : l'archange, l'étable, l'âne et le bœuf, les rois mages. Il abandonne.
- J'en ai marre ! Je vais vous faire écouter une chanson. Il clique sur Youtube et Johnny Haliday chante : « Si j'étais un charpentier … » Il cherche les paroles.
- Monsieur, vous pouvez agrandir ?
- Pas sûr …
L'expertise change de camp :
- Mais si, vous sélectionnez l'icône zoom à droite et vous cliquez 2 ou 3 fois.
- Lilian, alors cette chanson, elle t'évoque quelque chose ?
- Ben, non, rien.
- Marion ?
- Ah, ben, il parle comme s'il était Joseph.
- Bon, pour lundi, épisode 2 : Jésus l'adulte ! 15 lignes.
Ils sont tellement amorphes qu'ils ne bougent même pas quand ça sonne.

8 février
Pause déjeuner avec Azzedine
Il est plutôt satisfait des résultats de ses 3ème au brevet blanc. 17 sur 30 ont la moyenne. Il est content pour eux.
- J'ai une véritable affection pour eux. Pour certains plus que pour d'autres certainement. Toute l'année, ce sont Mes élèves à moi. Je me réjouis de leur succès et veille dans la mesure du possible à ce qu'il ne leur arrive rien de mal même en dehors de ma matière. Je n'ai pas réussi à mettre des heures de colle cette année. Je n'y arrive pas, je m'arrête le plus souvent au seuil de la vie scolaire et redonne une 2nde, chance, puis une 3ème et une 4ème …
Je me dis aussi que leurs bons résultats le rassurent sur la qualité de son travail à lui qui est d'une certaine façon évalué par ses collègues à travers les copies.

Coup de fil de Mat :
- Tu peux aller voir tout de suite sur Pronote, le prof d'histoire a mis les notes du brevet blanc.
- Je déjeune ma chérie, j'irai voir après.
Elle est tellement outrée que je ne laisse pas tout en plan pour aller sur Pronote, qu'elle me raccroche quasiment au nez.

Azzedine est extrêmement dubitatif sur la refondation de l'école.
- Il est vraisemblable qu'au final, je ferai 22h au lieu de 18h aujourd'hui. Et on veut de la performance scolaire ? Je ne serai pas plus performant, je serai juste plus fatigué. C'est physiquement fatiguant de faire une cours de cours. Ca demande beaucoup d'énergie.
Je confirme. Je suis assez d'accord que d'augmenter le nombre d'heures de cours serait juste adopter une logique financière qui n'a pas grand-chose à voir avec le bien-être des élèves ou des profs. Mais une ou deux heures pour intervenir en doublon d'un jeune collègue qui démarre ? Une heure ou deux pour monter des projets, travailler à plusieurs, recevoir les élèves ? Ça ça générerait certainement de la performance et du bien-être pour tout le monde.

Texto de Mat :
- Alors, tu peux aller voir ???

Azzedine est aussi sceptique sur la réelle volonté de ses collègues de faire bouger les choses :
- Je ne vais plus aux réunions syndicales, ni dans la salle des profs. Certains passent leur temps à râler, à dénoncer, à hurler que c'est un scandale, à menacer de renverser les tables tellement ils sont furieux. Et quand on demande qui veut être représentant au conseil d'administration ? Qui vient manifester ? Qui demande un rendez-vous au recteur ? Personne. Les grandes gueules rentrent chez elles à 17h pétantes.

Après le déjeuner, je file sur Pronote et rappelle Mat : 31,50 sur 40 ! Félicitations ma doudou chérie ! Je suis contente pour elle. Est-ce que moi aussi, je ne suis pas aussi contente pour moi. Si elle a de bonnes notes, c'est que je suis une bonne mère ?

12 février

Manifestation !

Les professeurs des écoles sont dans la rue et reprochent au Ministre une réforme mal-ficelée, inadaptée, voire contre-productive. Ils ne réclament même pas d'argent ! Ils veulent des RASED (réseau d'aides spécialisés aux élèves en difficulté) et un rythme de vie épanouissant pour leurs élèves. Bien sûr, ils râlent aussi parce qu'il faudra travailler le mercredi ou le samedi matin. La

concertation était pourtant le maître mot de cette réforme. Or soit elle a été virtuelle et trop courte, pas assez personnalisée, soit elle ne sert qu'à légitimer l'action politique. Un alibi en somme. Ou les enseignants râlent par principe, parce que c'est dans leur nature ? Quoi qu'il en soit, presque un an après les présidentielles, le Ministre qui a des ambitions pour toute l'Ecole, de la maternelle à l'université, bute sur la 1ère marche : amputer les heures d'apprentissage de 45 minutes en maternelle et en primaire !
Remarquez que chez les professeurs des collèges et des lycées qui sont forcément concernés parce que les prochains sur la liste, aucune solidarité. Pas un ne bouge ou ne commente. Cela ne leur vient même pas à l'esprit. Parce que culturellement, ces deux corporations ne se mélangent pas. Il sera toujours temps d'aller au front quand leur tour viendra. S'il vient.

En écho, un prof des écoles sur un blog :
Ce n'est pas parce que le gouvernement est de gauche qu'il faut accepter n'importe quoi.
Pourquoi cette réforme est très mauvaise :
1) On n'a pas allégé les programmes et on va même les alourdir pour les plus jeunes (Anglais obligatoire au CP, une aberration quand on connait les conditions d'apprentissages des langues en élémentaire !!!)
2) On n'a pas allongé l'année scolaire (36 semaines)
3) On ne diminue pas le temps de présence des enfants dans l'école (en collectivité), on va même parfois l'augmenter
4) la réforme n'est pas uniforme et va dépendre de la richesse des collectivités
5) On ne tient pas compte du rythme des enfants.

A titre personnel (bien que partagé par un certain nombre) si M. Peillon avait présenté :
1) Allégement des programmes
2) Passage de 36 semaines d'école à 38 ou 39 semaines
3) Un samedi travaillé sur 2 (20 dans l'année soit 172 jours d'école) imposé à tous (cela coûte très peu aux mairies)
4) réduire à 2 voire 1 zone pour les petites vacances
5) passer à 5h30 par jour au lieu de 6h

Là, les arguments des enseignants tombaient ainsi que ceux des mairies.

J'ajouterai que ce qui se passe actuellement au niveau hiérarchique est tout bonnement honteux et que si un gouvernement de droite avait procédé ainsi, tout le monde, serait scandalisé. Notre DASEN (grand chef du département pour les non initiés) nous invite tout simplement à faire pression sur les collègues et sur les parents d'élèves (en conseil d'école) afin de mettre en avant cette réforme et à la défendre. Je ne suis pas le porte parole du gouvernement !

Je suis aussi très déçu du peu de solidarité des collègues du second degré qui sont parfois un peu (pour ne pas dire beaucoup) méprisants vis-à-vis de leurs collègues du premier degré. Je suis persuadé que la grande majorité des enseignants du primaire pensent en priorité à leurs élèves (nous les avons 864 h par an) pas à eux.

13 février
Colère

Mécontent aussi et au cas où je n'aurais pas compris, Monsieur Gallart fait repasser le message par un mail, en citant, cette fois, le Nouvel Observateur :

"Ces salaires positionnent les enseignants français du primaire et du secondaire dans la partie supérieure des classes moyennes. Ils dépassent les infirmières et les techniciens, mais se trouvent largement distancés par les cadres supérieurs, y compris ceux de la fonction publique. À titre de comparaison, un commissaire de police, recruté lui aussi à bac + 5, débute à 2 900 euros net, achève sa carrière à 4 000 euros, et un commissaire divisionnaire gagne de 4 200 à 6 200 euros (j'ajoute sans les primes qui égalent 75 pour cent du salaire.)
Dans l'enseignement supérieur, un maître de conférences, recruté à bac + 8, débute à 1 776 euros et finit sa carrière entre 3 206 et 3760 euros.
Un professeur des universités selon qu'il est de deuxième classe, de première classe ou de classe exceptionnelle débute à 2 569 euros, 3 206 euros ou 4 545 euros et finit à 3 760 euros, 4 545 euros ou 5 154 euros. En plus du traitement, tous les enseignants-chercheurs percevaient une prime de recherche et d'enseignement supérieur d'un montant brut de 1 244,98 euros pour l'année universitaire 2011-2012."

Et un 2è mail en suivant :
" Alors qu'il avait nettement progressé, de près de 40 % entre 1960 et 1980, le salaire réel de toutes les catégories d'enseignants a baissé d'environ 20 % de 1980 à 2004.
Parallèlement, le pouvoir d'achat du salaire net moyen français a augmenté de 16 %, et celui du smic de 24 %.
Rapporté à l'évolution du salaire net moyen, le salaire relatif des professeurs a donc baissé de quasiment 30 % depuis 1981 et de 40 % depuis 1960. Partout ailleurs les enseignants ont gagné en niveau de vie, en général autour de 20 %."

Que lui répondre à Monsieur Gallart ? Que « la partie supérieure des classes moyennes » ce n'est déjà pas si mal ? Que même si tous les deux sont fonctionnaires, il y a un monde entre le métier de prof et celui de policier ? Mais aussi qu'il a certainement raison : le salaire de l'enseignant reflète la considération que lui voue la société.

14 février

Et si on parlait d'amour ?

Ils sont nombreux à s'embrasser à pleine bouche, de la 6ème à la 3ème. A se tenir par la main, à sortir ensemble. Mais pour sortir ensemble, pas besoin de s'embrasser, il suffit apparemment d'un SMS ou d'une invitation Facebook. Une fois n'est pas coutume, c'est moi qui raconte :

- Mon premier amour était un prof.

Bien sûr, j'hésite devant ce que je dois dire aussi.

-J'étais en CM2, j'avais 9 ans. Et lui 24.

J'en ai 44 aujourd'hui et mesure ce que ces chiffres laissent planer comme doutes et comme questions.

- C'était mon prof de gym à l'école primaire. Il était blond, il avait les yeux verts, il était parfaitement beau.

C'est la seule année où j'ai été 1ère en gym. 18/20. « Pour encourager ses progrès à la corde lisse » (que j'avais à peine gravie d'un quart de sa longueur) s'était-il justifié devant celui qui était monté les jambes en équerre et qui ne devait pas trouver l'échelle de notation bien juste.

Bonheur intense quand, à la piscine (j'y allais tous les mardis avec l'école, il s'était proposé comme accompagnateur), j'étais tombée dans les pommes le jour du brevet de natation. J'avais retrouvé mes esprits, la tête posée sur ses genoux, ses beaux yeux inquiets au dessus des miens, sa main me caressant les cheveux. Rougeur intense quand cette histoire sans mot d'amour s'était inscrite en images. Après une sortie à Fontainebleau pour une journée escalade, il avait projeté pour toute l'école le film de la journée tourné avec la caméra que venait de lui offrir son père. Grand silence à la fin de la projection, rompu par une exclamation spontanée d'un gamin de l'assistance :

- Mais on ne voit que Laurence sur le film !

Effectivement.

Quand je suis entrée en 6ème, il avait décrété que les journées loisirs de l'école primaire resteraient ouvertes aux anciens élèves. Piscine, de nouveau, escalade encore. L'été suivant, il me propose d'aller à la piscine. Je redoute le tête à tête, pressent qu'il pourrait y avoir situation embarrassante ou danger. Je raconte que ma mère a dit OK (j'ai dit à ma mère que j'allais à la piscine avec une copine) mais à condition que j'emmène ma petite sœur. Il nous emmène donc toutes les deux à la piscine. Aujourd'hui, je me demande ce qu'il a pu penser de cette après-midi avec une enfant de 12 et une enfant de 10 ans... Je passai un nouvel été à attendre ses lettres. C'est un copain du même âge qui fit le lien : il habitait près de chez lui et y dormait parfois. Quand nous avons eu 14 ans, le prof nous invita tous les deux à dormir. Il n'y avait qu'un grand lit et un canapé dans le salon. On a tiré au sort qui dormirait avec qui. J'ai été désignée pour le grand lit où allongé près de moi, il m'a embrassée et m'a caressé le dos. Je suis restée tétanisée par la gêne, mais dois préciser qu'il ne s'est finalement livré à aucun geste explicitement sexuel. Ni même déplacé excepté le fait que la situation elle-même était peut-être déplacée ... Je suis retournée chez lui, seule, la semaine suivante. Très embarrassée, j'ai même tenté d'alimenter la conversation en lui demandant si il était pour ou contre la peine de mort ... Il m'a prise dans ses bras et m'a roulé ma 1ère pelle. Et s'est endormi. Je suis partie de chez lui le laissant assoupi sur son canapé. J'ai gardé son odeur sur sa chemise le plus longtemps possible. Je ne l'ai jamais revu. Pas envie.

Fin de la confidence. Et ici ?

- Une histoire qui n'existe pas au collège, me répond tout de suite Azzedine. Au lycée, oui, pas au collège. Entre élèves oui, bien sûr, entre profs aussi, la moitié des profs ici sont mariés à un prof, certains avec un prof du collège. Mais pas beaucoup d'histoires de sexe. Et surtout pas avec les élèves.

Pourtant le cas s'est présenté, il y a 3 ou 4 ans. Ma fille aînée rentrait le soir en expliquant que le prof de musique était encore resté enfermé avec Anaïs pendant toute l'heure de la cantine et qu'ils faisaient l'amour sur le piano.

- C'est vrai, reconnaît Azzedine, mais j'en ai parlé à ma femme, lui, c'était un pervers.

Des profs se sont émus plusieurs fois auprès de l'administration qui a interdit aux tourtereaux de s'enfermer. Il a alors passé ses récréations dans la cour sur un banc assis à coté d'elle. Les parents étaient d'accord et il était même le parrain de leur bébé. Quand la petite a quitté le collège, il a démissionné pour la suivre dans ses études...

Azzedine reconnaît en revanche que le prof peut souffrir de la passion de certaines jeunes filles. Surtout quand il est plutôt séduisant comme lui.

- Un jour, j'ai dû demander à une élève d'arrêter de me déshabiller du regard, que cela devenait gênant. Je n'aurai pas du dire ça. Mais je n'en pouvais plus. De manière générale, je laisse toujours la porte ouverte quand je suis seul avec un élève. Hors de question aussi de les toucher.

La crainte des accusations de pédophilie a fait son chemin dans les têtes des profs.

Mat est toute excitée. Aucun rapport avec la Saint-Valentin. En allemand, ils ont téléphoné en Allemagne avec le portable de la prof :
- On devait vérifier qu'un monsieur avait bien reçu un mail. Gaël, il a appelé, il a fait toute sa phrase et l'autre lui répond : « je suis français. » Il a raccroché.

15 février
Un jour ordinaire
8h20. Il fait enfin jour quand on part à l'école. Mon esprit n'est pas pour autant vraiment réveillé. La première heure a comme un goût de plomb sur mes paupières. Ca me rappelle des souvenirs d'étudiante. Heureusement, je n'ai guère besoin de concentration puisque j'assiste au 2nd épisode de Harceler n'est pas jouer. Placement dans l'espace, jeux de rôle, travail sur le cri, bagarres au ralenti, les élèves suivent le mouvement sans temps mort. Même la principale adjointe venue leur rendre visite est surprise :
- Ils sont tout décomplexés. C'est bien.
Elle est là aussi pour annoncer que le budget donc le nombre d'heures consacré au projet a changé. L'intervenante était partie sur 13 heures, Azzedine sur 9. La communauté de communes s'est désistée. Ils ont, en fait, 4 heures et tablent sur 6, espérant trouver 100€ ici ou là.
Magalie, l'intervenante n'est pas contente.
- J'y allais doucement, moi. Là, ça veut dire qu'on accélère tout. Plus d'expérimentation, plus d'essai. On est efficace. J'impose des scènes, dès la prochaine fois et je veux des personnages. Ils auront à peine deux heures pour les travailler. C'est bâclé.

Je croise le prof de maths de Mat :
- Alors cette audience au Conseil Général ?
- Comme prévu. Un interlocuteur sympathique, qui se dit bien conscient des problèmes et qui brosse dans le sens du poil. Si un jour, il y a un nouveau collège, ce sera par chez nous. Mais, pour l'instant, il n'y a pas d'argent. Fin de la discussion. Et de la possibilité d'y participer car seul le Principal sera invité à la concertation. Il faudra faire pression quand ce monsieur sera en campagne électorale.

Vie de classe chez les 6èmeB. Le Conseil de classe a lieu dans 3 jours. L'heure est au bilan du 2ème trimestre. Mais avant, Azzedine doit ramasser les fiches de liaison, devenues depuis le projet de refondation de l'école, les fiches de dialogue. Les parents y indiquent leur souhait pour l'an prochain (redoublement, passage en 5ème, latin), les profs donneront leur avis, favorable ou défavorable, pendant le Conseil de classe. Azzedine doit aussi fixer les rendez-vous pour la réunion parents-profs du 26 février pendant laquelle il remettra les bulletins aux parents. Il indique qu'il sera là jusqu'à 22h et qu'il sera en retard comme d'habitude.

Les formalités administratives accomplies, il ouvre la discussion :

- Alors, comment ça va dans la 6èmeB ?
- On a eu moins de devoirs ce trimestre. Surtout le lundi.

Loïc lève la main.

- Tu as quelque chose à dire ?
- Sur quoi ?

Quant à savoir s'il y a plus ou moins d'embrouilles, les avis sont partagés. Les délégués proposent de recevoir les élèves s'ils ont quelque chose à dire que les autres ne doivent pas entendre. Azzedine les envoient dans le couloir ouvrir leur consultation privée. Les autres continuent à faire part de leurs impressions.

- On a beaucoup d'heures de cours. Les autres classes sortent plus tôt.

Ils ont effectivement deux heures de plus à cause de la bilangue. Les délégués réapparaissent à la porte. Un peu seuls dans le couloir, ils demandent à convoquer certains élèves. Permission accordée.

- Loïc, tu viens ?

Dans la classe, les filles entrent dans la discussion.

- Moi j'adore la classe.
- Moi, je préfère les profs cette année à ceux de l'année dernière, dit Maurine.

A voix basse, Madeline menace Léa :

- Si tu le dis, je te parle plus !

Alexis, Quentin et Jenny sont convoqués dans le couloir pendant qu'Azzedine prépare la boîte pour recueillir les 1ères questions :

- Est-ce qu'on peut dire : « Qui tu aimes dans la classe ? » comme question, s'informe Maurine.

Il annonce aussi la suite du programme :

- La leçon sur Rome, c'est vous qui allez la faire. On va aller au CDI apprendre à préparer un exposé.

Et prévient :

- Lundi, on ne fait pas vie de classe, car on vient d'y consacrer toute l'heure.
- Alors, on fait histoire ou géo ?
- On ne fait rien. C'est une heure de vie de classe que je ne fais pas, donc je ne vous prends pas.

Et l'heure d'histoire ou de géo qu'il vient de perdre, il ne la remplace pas ? Sans sourciller, il prend une heure en somme.

Ça sonne, je rejoins les délégués dans le couloir.
- Pourquoi vous avez choisi certains élèves ?
- Parce qu'ils ont de gros problèmes.
- Et pourquoi Jenny ?
- Parce qu'elle est pas bien intégrée. Elle nous a annoncé qu'elle était très perturbée parce qu'elle ne connaissait pas son père. Et c'est le souffre-douleur de beaucoup. On l'appelait aglou-glou à cause de la piscine. Maintenant on l'appelle top-poubelle !
- Et vous ne pouvez pas l'aider un peu ?
- Nous, on a pas le temps de s'occuper d'elle.

Personne n'a vraiment le temps de s'occuper d'elle. Et Azzedine n'a toujours pas de retour sur le signalement qu'il a fait au principal.

Alexis, le ventriloque dyslexique

Il me raconte qu'il a beaucoup déménagé, qu'il a beaucoup changé d'école et qu'il se souvient bien de la maternelle : « 4 ans de coloriage, au bout d'un moment, ça saoule. » Plutôt bien adapté au collège :
- J'ai l'habitude de changer de classe avec tous mes changements d'école ! Non, ce qui m'a le plus barbé, c'est l'école le mercredi. Avant le mercredi, je restais chez moi et je m'ennuyais. Maintenant, c'est moi qui réveille maman, elle est serveuse à Mérignac et elle travaille jusqu'à 16h. Mon père, il habite à Gujan-Mestras.

Je l'interroge sur son problème avec les lettres :
- Dyslexique et dysorthographique, m'explique-t-il. Je me trompe sur les lettres quand je lis. Et c'est encore pire avec le stress quand il faut lire tout haut, par exemple ou pendant les éval. Quand je stresse, j'ai envie de vomir. Et des fois, je vomis. En plus, je ne mémorise pas l'orthographe des mots. C'est mon instit de CM1 qui a découvert le problème. J'ai commencé à passer 3 ans avec une orthophoniste avec qui je ne faisais que des jeux. Ca n'a servi à rien. Depuis la rentrée, je vais chez une nouvelle. On lit, écrit, on fait pleins de choses, mais le problème va m'embêter longtemps. Les autres se foutent de moi. Je leur

réponds : « Mettez-vous un peu à ma place, c'est pas marrant ! » Maman me dit qu'ils sont jaloux.
Sa mère a demandé à ce qu'il redouble l'an prochain. Une idée qui ne lui plaît pas du tout :
- Madame a décidé que je redoublerai, que j'arrivais pas à gérer la 6ème, que je n'avais pas le déclic pour m'avancer dans mes devoirs. Elle ose dire ça alors que ce week-end, je me suis avancé pour toute la semaine ! Tous les ans, elle veut que je redouble et elle change d'avis quand elle découvre que je m'en sors. Pour l'instant, j'ai 10,5 de moyenne.
Et 7,5 en maths.
- Je ne comprends pas les leçons. J'ai trop de devoirs. Ça devient difficile. Mais la prof aussi elle m'en a dégouté. Mais sinon, je me situe dans le milieu de la classe.
Mais derrière lui, il ne peut citer que Jenny.
- Si je ne me mets pas au boulot, Maman a dit que c'était l'internat. Faut que je me décide.
Ce qu'il veut faire plus tard ?
- DJ le week-end, ça c'est sûr. Le reste du temps, dessinateur ou ventriloque.
Les premiers spectacles qu'il a joués depuis l'âge de 3 ans devant sa famille ont remporté un grand succès.

Azzedine me demande à quoi tient l'autorité d'un prof…

18 février
En conseil
Les 3°D inaugurent le bal des conseils. Les élèves sont en stage cette semaine ce qui fait exulter leur prof principale :
- Une semaine sans eux c'est plus agréable qu'une thalasso !
Le bilan du trimestre est mauvais. Pas d'intérêt, pas d'implication, pas de travail personnel. Même pas d'envie d'essayer. Moyenne au brevet blanc : 4 en maths, 5 en histoire, 7 en français. Mais, dans cette classe, le problème ce ne sont même plus les notes, ni le travail, ni les compétences scolaires. Trop de pathologies individuelles. Mme Kleber annonce néanmoins que les sanctions seront inflexibles pour sauver ceux qui peuvent l'être encore. Et ils sont peu nombreux : Azra ne comprend pas tout ce qu'on lui dit, quant à écrire …, Charlie a été exclue 5 fois ce trimestre et a -17,5 en respect du règlement intérieur, mais Mme Pignon précise qu'elle ne l'a pas virée de son cours ce

trimestre et que même s'il n'y a rien à en attendre du côté travail, c'est mieux. Pas d'avertissement alors qui ne ferait que casser ce timide mieux. Thomas n'a jamais ses affaires, il ne justifie pas ses absences, sa mère est peu présente, il ne fait même pas semblant et n'a qu'une hâte : quitter le collège pour aller en plomberie. Diama veut faire cuisine, mais sa mère l'humilie en public, Youssouf veut repartir en Martinique, Kevin voulait être camionneur, mais il est démotivé. Il n'avait pas de feuille pour la dernière évaluation de SVT et a répondu à la prof qui s'en offusquait :

- Ben quoi, j'vais pas en chier une !

Il a pété un câble ce trimestre suite à une sombre affaire dans laquelle il a été accusé d'avoir lancé des menaces de mort sur Facebook et qui l'a mené jusqu'à la gendarmerie. Ludovic ?

- Une paire de claques et un coup de pied au cul, résume Mme Pignon. Le collège n'est pas une garderie.

Il ne va pas bien : son père redivorce et touche le fond, sa mère est partie, il est élevé par sa sœur chauffeur-livreur. Et il veut maintenant être web-designer. Sybille n'est plus autorisée à sortir quand elle veut pour calmer ses montées d'angoisse. Elle en a trop abusé. Elle continue pourtant à avoir des crises de plus en plus fortes alors que sa mère pourrait être déchue de ses droits sur elle faute de soins maternels suffisants. La jeune fille est sur une liste pour être internée à l'hôpital. Mais la liste est tellement longue qu'il n'y a aucune chance qu'elle reçoive un jour des soins.

Pierre est parti dans un établissement médical en dépression. Thomas est sabordé par ses parents qui pensent que le redoublement est une erreur, il fume du cannabis et ne dort pas la nuit. Sa mère est dépassée, son père s'en fout.

Une seule raison de se réjouir : Célia qui vivait dans la rue l'année dernière, a retrouvé le sourire et commence à faire des progrès.

Un conseil de classe ? Un bureau de l'aide sociale à l'enfance.

19 février

Violence ?

Mat rentre de l'école en trombe :

- Tu sais pas ce qu'il a fait Monsieur Braque ? Il a plaqué un petit au mur très violemment parce qu'il avait dit : « Tiens, voilà Braque. » « On dit Monsieur Braque » a gueulé le prof. On a eu "gavé" peur.

20 février

Monsieur Gallart est en pétard

Il n'aimerait pas l'expression, mais on le sent parfois au bord de l'explosion. Abasourdi quand il entend ses collègues commenter leur système d'évaluation et de notation :

- Ma collègue de sciences met 4 quand elle doit mettre 0, ma collègue d'anglais met 10 ! En expliquant qu'on est pas là pour les couler ces pauvres petits. Mais cela a-t-il un sens d'abaisser notre niveau d'exigence ? N'est-ce pas au contraire rendre service à nos élèves que d'être exigeant ? N'est-ce pas notre travail de faire travailler et progresser leurs esprits ?

Il sait qu'il n'est pas populaire, que certains lui reprochent le nombre trop élevé de punitions qu'il donne, le nombre de lignes qu'il fait recopier :

- Au début, je me battais contre les élèves, puis contre les élèves et les parents. Aujourd'hui, c'est contre les élèves, les parents et certains profs. Dans la salle des profs, je sais qu'on dit de moi que je suis un vieux con réac.

Il n'empêche, il ne désarme pas :

- Si un élève écrit « le triangle et rectangle », je lui mets 0 en lui expliquant que sa phrase n'a pas de sens. Si je laisse passer la faute sous prétexte que son raisonnement est juste, pourquoi fera-t-il l'effort de faire des phrases ? C'est ça que mes élèves ne savent plus faire : l'effort. A qui la faute ? Aussi à nous, corps enseignant.

Lu sur un blog baptisé : pédagogisme

Quand on dit éducation, on pense « contraintes », « brutalité », « manipulation », « fascisme », « totalitarisme ». Quand on dit autorité avec ses enfants, on pense « violence », on pense « autoritarisme ». Quand on dit « limites », on pense à des principes moraux - symbole de l'ultime horreur sociale - voire religieux. On pense endoctrinement. De là vient la culpabilité des parents d'infliger une éducation à l'enfant. L'éducation est devenue synonyme de « contrainte » pour l'enfant, de « mauvais traitement ». Même l'Education Nationale doit prendre garde à ne pas traumatiser l'enfant en lui donnant de « trop mauvaises notes ».

Alors que j'assistais, l'année dernière au lycée, à une réunion entre un parent et un prof au sujet d'un élève visiblement geek (2 heures de sommeil la nuit, 22h dans un jeu de rôle le jour, des résultats scolaires en conséquence), une maman répondait à la prof qui tirait la sonnette d'alarme :

- Mais, je ne peux quand même pas éteindre l'ordinateur !

Si, madame, vous pouvez.

21 février

Education sexuelle

Avec 40 de fièvre, Mat me raconte la séance d'éducation sexuelle qu'elle a suivie au collège. Par respect pour elle et ses copains, je n'ai pas demandé à y assister. Je ne suis pas sûre que la présence d'un parent facilite la discussion…

- On s'est mis en groupe pour répondre à des questions du genre : qu'est-ce qu'il faut dans une relation ? Quand est-on prêt à faire l'amour ? Quelles sont les conséquences ? Chacun a donné des réponses. Puis la dame a parlé de la 1ère fois. Elle a beaucoup insisté sur le fait qu'il fallait savoir dire non, en parler avec l'autre et qu'il fallait respecter ses horaires et soi-même. Je ne vois pas bien ce que les horaires viennent faire là-dedans, mais bon. On a parlé que si ça se passe pas bien la 1ère fois, c'est pas grave, il y en aura pleins d'autres. J'avais jamais réfléchi à la 1ère fois … Elle nous a donné des papiers et des préservatifs et a dit qu'il fallait toujours en avoir sur soi à cause du sida. Pour Olivia qui est allergique au latex, les préservatifs seront plus chers. Charles a demandé si on peut attraper le sida avec la paille pour sniffer la coke. C'est les filles qui ont parlé le plus et on ne s'est pas moqués. On était tous intéressés. Mais au final, ça m'a inquiétée. Ils ont parlé de pleins de trucs qui font peur, les maladies, les dangers, les précautions. C'est mieux dans les films, tu t'embrasses et puis hop.

Je file au collège pour le conseil des 6°A. Taïwena et Harry restent dehors le temps pour le prof principal de livrer quelques informations aux adultes. Ces pré-conseils virent au cauchemar. La petite Gwenaëlle (et sa leucémie annoncée au 1er trimestre ?) vient d'être signalée pour violence physique et psychologique :

- Non seulement, elle est battue chez elle, mais elle est rackettée au collège par un élève d'une autre 6ème. Il y a marqué victime sur son front.

Fabien, outre le fait que lui aussi rackette Gwenaëlle (demande de bonbons sous peine de représailles) a dû faire rajouter des pages dans son carnet de correspondance pour loger toutes ses retenues. La sœur de Sinbad, 15 ans, fait un procès à leur mère pour la faire déchoir de ses droits parentaux. La mère est soit seule, soit battue, le petit s'élève tout seul. Graine de délinquant. Il a aussi interdiction de s'approcher d'un ordinateur car il ne sait plus décrocher. Son problème de paralysie du bras n'était finalement pas un AVC, probablement une manifestation psychosomatique. Quant à Alban, lui et sa sœur viennent d'être placés en cellule de veille. Leur père pourrait aller en prison d'ici 15 jours. Il boit. Les enfants sont livrés à eux-mêmes et peut-être à des jeux avec des adultes... Personne n'entre plus avant dans les détails. Les enfants ne veulent pas parler. Le problème va être traité rapidement, annonce Mme Kleber. Rapidement ? Monsieur Gallart a des doutes. Monsieur Braque s'étonne publiquement :

- C'est la 1ère fois que j'apprends autant de choses sur la vie des élèves à un conseil ! On ne vous a pas dit qu'on n'avait pas le droit de dire tout ça ? ajoute-t-il en rigolant.

Taïwena et Harry peuvent rentrer. Ont-ils quelque chose à dire ? Taïwena se lance :

- 20 élèves sur 28 trouvent que quelqu'un les gêne dans la classe.

Elle ne prononce pas le nom de Fabien.

- Il y a toujours des élèves isolés et de la violence dans la classe. De la part de Tim, par exemple, et surtout avec les filles. Mais c'est parce qu'on l'insulte des fois avec son frère tétraplégique.

En présence des enfants, on parle notes et résultats. Pas brillants du tout. 8,88 de moyenne pour la classe, pas beaucoup de travail, un niveau faible pour des 6ème. « Des jeunes de notre époque … pas intéressés », se lamente Monsieur Braque. Au cas par cas, on ne sort pas des cas. Eva a un comportement de plus en plus étrange. Elle fait des bruits avec sa bouche, elle parle toute seule, elle se tord les doigts. Dans la cour, elle tourne en rond. Aujourd'hui, elle est tombée de sa chaise. Comme ça, sans raison. Le passage en 5ème n'est pas assuré. Le petit Jordan a du mal à suivre le cours. Il est suivi par le centre médico-psychologique. Ses parents n'acceptent pas bien la difficulté de leur fils. En tout cas, ils ne sont pas d'accord quant à ses compétences scolaires : sur la fiche de renseignement, l'un a demandé le redoublement, l'autre le passage en 5ème, option latin. Ca doit être facile pour grandir … Redoublement aussi pour Sadia dont l'écrit n'est même pas de l'oral ! C'est une coquine qui cache ses bulletins à sa maman qui fait semblant de chercher un orthophoniste pour l'aider. Fabien passera finalement en commission éducative, l'antichambre du conseil de discipline.

22 février

Violence parentale

Je retourne exprès au collège pour voir les 6èmeA. Je les regarde autrement. Alban, tout menu, des yeux qui lui mangent le visage, un sourire égayé par des dents bien en avant, une tignasse dont personne ne s'occupe. Fabien qui est bien éteint aujourd'hui. Il lève quand même 2 fois la main pour ne rien dire et une

fois pour demander si la ville de Troie est en France. Gwenaëlle, toute douce, des yeux bleus délavés dans un visage grave et qui m'offre gentiment un petit gâteau dans le rang. Elle le sort d'une boite qui contient encore deux bonbons. Les a-t-elle amenés en prévision d'un racket en règle ? Sinbad, le petit beur avec ses nattes qui volent sur la tête, lève gentiment la main.
Vendredi, au soleil de l'après-midi qui chauffe les vitres, une heure tranquille en histoire, toujours sur Alexandre le Grand. Personne n'a vraiment envie de travailler. Ni le prof, ni les élèves. Taiwena est autorisée à dormir sur une table parce qu'elle a mal à la tête. Azzedine, assis sur une table, retrace l'épopée du conquérant. Les enfants écoutent, sourient, commentent ou papotent paisiblement entre eux. J'écoute l'histoire, je leur fais des sourires, des clins d'œil. Ils me disent à vos souhaits quand j'éternue. Azzedine sourit pendant qu'ils sortent : « je leur ai vendu du vent aujourd'hui. » Paisible.
En sortant, Tim s'adresse à Azzedine :
- Monsieur, tout à l'heure dans la cour, des grands voulaient savoir comment mon frère avait eu son accident. Et après ils se sont mis à m'insulter en me traitant d'handicapé.
- Ce n'est pas bien. Il faut le signaler à la vie scolaire.
Je tombe sur la principale adjointe en sortant. Depuis hier, la question me brûle les lèvres : je veux savoir comment on aide tous ces enfants maltraités. Car, quand je compte, à raison de 4 ou 5 élèves par classe (sans compter les Segpa, sans compter les 3°D), cela fait quand même beaucoup d'enfants en danger dans l'établissement. C'est énorme et le chiffre augmente, soupire-t-elle. Elle m'invite dans son bureau.
Elle m'explique la procédure :
S'il s'agit d'une suspicion de danger immédiat (l'enfant qui refuse de rentrer chez lui et qui montre sur sa peau les traces de coup) ou d'une agression sexuelle, c'est la police directement où un adulte de l'établissement accompagne l'enfant.
- En général, c'est un vendredi soir, juste avant le week-end. J'appelle d'urgence la psychologue ou le médecin qui réécoute l'enfant. Représentant l'autorité responsable de l'enfant, nous l'accompagnons au commissariat où, pour la 3ème fois il doit raconter son histoire. A ce stade, il regrette déjà. Il n'a plus envie de parler. Il se ferme comme une huître.
Mais, si les faits sont avérés, c'est le départ pour le foyer dans la foulée.
Et pour les autres ? Que fait-on pour Jenny, Gwenaëlle, pour Alban, pour Sinbad ? Pour Gwenaëlle, le signalement devrait déclencher une enquête menée

par les services de la protection de l'enfance du Conseil Général et éventuellement des mesures : aides à la famille, à la parentalité comme on dit aujourd'hui, visites régulières d'une assistante sociale. En attendant une éventuelle décision de justice qui peut aller jusqu'à envoyer le beau-père en prison et/ou retirer l'enfant à sa famille.
- Est-ce que ça va assez vite ?
- Non, bien sûr que non. Et pourtant sur le papier, nous avons un système très protecteur des enfants. Ce qu'il manque, c'est du personnel. Médecins, psychologues scolaires, assistantes sociales, des structures d'accueil, sans parler de personnel de justice et de suivi. Car quand un beau-père violent incarcéré sort de prison, il rentre chez lui. Le plus souvent l'enfant s'est attiré les foudres de sa mère qui a perdu son compagnon, souvent une partie de ses revenus et qui dit : « C'était pareil pour moi quand j'étais petite et j'en fais pas toute une histoire. » L'enfant n'est pas prêt de se confier une seconde fois. On l'a perdu, on ne saura plus rien.
Non assistance efficace à enfance en danger. Cela la met hors d'elle. Tous les jours, Gwenaëlle a des traces de coups partout sur le corps. Tous les soirs, Alban est livré à un père alcoolique. Moi aussi, j'en ai les larmes aux yeux.
Ils sont tous là quand je sors, en grappe sur le parking à attendre le bus et surtout une baston entre deux grands. Taïwena et Sadia sont surexcitées :
- J'espère qu'ils vont se défoncer la tête ! Baston ! Baston !
Elles gloussent pendant que Sinbad commente :
- Moi ce que j'aime c'est quand le mec est par terre et qu'on lui donne des coups de pieds.
Alban est là sautillant d'un pied sur l'autre. A faire le dur avec son copain. La tête farcie de l'envers de leur médaille, je demande innocemment :
- Et vous, personne ne vous embête ? Vous n'avez pas de souci avec les grands ?
- Non, non, ça va, pas de problème.
Ils balancent en revanche plus facilement sur les absents :
- Moi, Fabien je suis dans sa classe depuis le CP, aujourd'hui j'ai envie de le tuer ! En plus, il agresse tout le monde. Il frappe, il a poussé Taiwena et a voulu se battre avec Dahiana. Il dit qu'il des problèmes chez lui et il fait son intéressant pour qu'on s'occupe de lui.
- Moi, dit Sinbad, le jeudi, j'ai pas techno parce que depuis le CM1, je vais chez un psy. J'ai des problèmes de violence.

La baston attendue est annulée car la victime n'est pas venue au collège aujourd'hui (à cause de la menace ?). Les petits s'envolent vers le bus qui les ramène dans leur famille.

23 février

Collège sur le mode com

Samedi matin, un joli buffet est servi dans le grand hall. Toute l'équipe est sur le pont pour accueillir la prochaine fournée de petits élèves. Une génération chasse l'autre. Mme Kleber continue de se projeter dans l'avenir :
- L'an prochain, c'est un projet par classe. C'est prouvé, les classes à projet fonctionnent mieux que les autres pas directement en termes de performance scolaire mais en termes de plaisir et de trouver sa place dans une classe. Ce qui peut permettre d'être de nouveau réceptif aux enseignements.
Parmi les projets : éco-école, lutte contre les addictions, contre le harcèlement bis, classe scientifique, …

16h, je farfouille dans les rayons de la bibliothèque municipale quand j'entends une petite voix derrière moi :
- Bonjour Madame
Je me retourne, c'est Jenny
- Bonjour Jenny, tu vas bien ? Tu viens chercher des livres ? (question idiote dans une bibliothèque) ? Tu es toute seule ?
- Non, je suis avec ma maman, répond-elle en me désignant une jolie brune qui pianote derrière un ordinateur. Maquillée, bien habillée, mince, petite, un visage doux et aimant. Je les observe. Comme Mat et moi, elles se font des bisous toutes les 10 phrases et sortent de la bibliothèque, la maman le bras sur les épaules de sa fille qu'elle serre contre elle. Comment supporte-t-elle que l'on fasse du mal à Jenny ? Je me souviens alors de ce que me disait Mme Kleber hier.
- Les enfants voudraient que les coups s'arrêtent mais ils aiment leur famille. C'est leur monde, leur norme, leur référence. Le pire mal que l'on puisse leur faire, c'est aussi de les séparer de leurs parents.
Jenny… Sa maman se raconte assez facilement. La vie conjugale qui tourne au cauchemar : marié à un homme violent qui est le père de sa seconde fille (et le père de Jenny ? Parti avant la naissance), lacérée au couteau, attachée, séquestrée, arrosée d'essence. Autant que faire se peut, elle a essayé de mettre les enfants à l'abri dans leur chambre. Mais les petites enfermées, mises sous

des douches glacées, surveillées à la sortie de l'école sans compter la hantise du kidnapping … Un échange de coup de feu entre le mari et un amant … Un condensé d'horreur. Aujourd'hui, elle a divorcé mais vit dans la terreur de menaces quotidiennes. Quelle place reste-t-il pour l'école dans la tête de Jenny ?

25 février

On les avait prévenus : il ne faut pas rêver

C'est la catastrophe ! Les 3ème B se sont complètement dégonflés. Ils ne travaillent plus, ne font que s'amuser, pensent à autre chose. 30 ados, gentils certes, mais qui vivent leur crise d'adolescence en même temps. Pas de travail, pas de participation, pas le niveau en langues, pas la moyenne au brevet blanc, c'est très alarmant, insiste Mme Carmat.

Ce diagnostic étant partagé par la docte assemblée, Mme Kleber n'est pas contente. Elle se tourne vers Camille et Louis, les élèves délégués :

- Un commentaire ?
- Non, toujours à s'amuser, vous avez bien résumé, se lance maladroitement Louis.
- Vous vous rendez compte qu'on arrive au 3è trimestre ?
- Ne vous inquiétez pas, on va comprendre avant qu'il ne soit trop tard.
- C'est déjà trop tard !

Le ton n'est plus du tout à la plaisanterie. Mme Nicaise précise l'enjeu :

- Les 4ème sont très nombreux cette année, il y aura très peu de places pour des redoublants. N'étant pas prioritaires, vous risquez de vous trouver sans établissement l'année prochaine. Ce n'est pas une menace, c'est la réalité.

L'étude du cas particulier de chaque élève contribue à approfondir la démonstration : Astrid qui redouble, un dossier minable, à peine 11 de moyenne, elle va passer. Elle veut être kiné ? Ah, non, là ça ne va pas passer. Camille ?

- La 2nde générale me fait peur.

Mais elle veut être médecin. Pas compatible.

- Ce que vous écrivez est illisible, avoue son prof de français. Vous savez que l'an prochain, vous aurez des dissertations à rendre ?

Axel qui bavarde trop. Avertissement au travail. Il veut aller en seconde pro, mais il n'a pas de projet pro. Louis, adorable mais fainéant. Ne fait rien, gâche tout son potentiel.

- Avec un bulletin pareil, vous voulez aller en seconde générale ? s'étonne Mme Kleber.

- Non, c'est ma mère qui a coché la case. Moi je veux aller en pro. Pour passer le BAFA…
- Le BAFA n'est pas une formation proposée au lycée pro ! Et vous avez marqué commerce et vente sur la fiche.
Louis ne sait pas trop.
Elodie a des crises d'angoisse de plus en plus répétées à mesure que les oraux se multiplient. Mathilde qui n'écrit rien parce qu'elle a peur d'écrire quelque chose de faux et qui veut être infirmière. Pas possible non plus. Léo a des ennuis de santé, on en saura plus après les examens de sang … Il veut être électricien.
Grégoire :
- Dont toutes les absences tombent le jour d'une interro, commente Mme Duboste.
- Il a une prise en charge médicale lourde, tempère Mme Nicaise qui sait que sa mère, l'autre parent-déléguée, est assise autour de la table.
- A chaque interro ? insiste Mme Duboste.
- Bon, il veut être gendarme coupe Mme Kleber qui elle aussi sait, mais il ne fait rien. Notre avis quant à son passage est réservé.
Au final, dans cette classe plutôt normale, l'avis sur le passage en seconde est réservé pour près de la moitié de la classe ! Seuls 5 ou 6 peuvent briguer une seconde générale. Les autres seront orientés en pro. Sans projet professionnel pour les ¾. Le bilan n'est pas réjouissant.
On les bassine depuis le début de l'année avec l'orientation, le palier auquel on peut être arrêté, les voies alternatives que l'on peut prendre. Nous y sommes, prélude au 3ème trimestre, c'est le conseil de classe qui va décider de l'orientation. Pas l'élève, pas sa famille.

En 3ème, 33% des élèves ont entre 8 et 10 de moyenne. Quasiment un sur deux n'ira pas au lycée général. Je repose la question : comment parvient-on à 85% de réussite au brevet ?
C'est simple, m'explique-t-on, maintenant que je fais partie du décor :
- Au moment où nous corrigeons les copies du brevet, quand, sur un panel constitué des 100 premières copies corrigées, trop d'élèves se sont trompés, il nous est suggéré d'adapter la notation voire de ne pas tenir compte des réponses. Par mail ou par téléphone, les consignes de l'Inspection s'affinent en temps réel : « sur l'item 25, compter le point quelle que soit la réponse et rattraper tous les dossiers au dessus de 8,5 de moyenne. »

Evidemment, ça finit par jouer sur les statistiques… Le système va peut-être plus loin :
- Au moment de valider les notes du brevet, m'explique un professeur qui restera, pour son bien, anonyme, l'Inspection regarde quel est le pourcentage de succès à 10 de moyenne. 60 ou 65 % ? C'est trop peu. Le curseur passe à 9 de moyenne. Ils sont 70 à 75%. Trop peu. Entre 8 et 8,5, on atteint les 82%. En quelques clics, les notes de tous les élèves sont remontées de 1,5 points. 82% de réussite, c'est officiel !

Micheline, la dinosaure

Interview nostalgie … Elle a commencé sa carrière au temps où les écoles n'étaient pas mixtes. D'élève studieuse, elle est devenue élève-professeur studieuse puis professeur sans vraiment sans apercevoir.
- Moi je voulais être esthéticienne, se souvient-elle, mais mes parents n'ont pas trouvé de patron dans leur cercle d'intellectuels. Ils m'ont inscrite en fac de lettres. Histoire, géographie, épigraphie latine, archéologie, grec, tout ce que j'aimais. J'ai eu mon Capes et puis, trop occupée avec mes premières classes, je n'ai pas passé l'agreg.
Veuve à 27 ans, elle se spécialise en histoire ancienne et prend ses premières classes de collège. Jusqu'à la retraite. Quel regard porte-t-elle sur ses jeunes collègues ?
- Dans toute ma carrière, je n'ai jamais vu un seul fumiste. Enfin, si, un seul. Les profs sont formidables de dévouement. Je suis juste très choquée par leur manque de culture générale. Les dernières années, je ne pouvais même plus parler d'un livre avec un collègue, plus personne ne lisait. Et on reproche aux élèves d'être analphabètes ? Les élèves ne savent plus lire, mais ils ne savent plus non plus se concentrer. Ma grand-mère était institutrice. A la rentrée, elle avait 50 enfants qui ne parlaient que patois. En 3 mois, ils savaient presque tous lire grâce à la méthode alphabétique. Et ceux qui étaient repérés pouvaient aller jusqu'à Polytechnique. L'école n'est plus un ascenseur social. On a supprimé le par-cœur, la dictée, « la science des imbéciles » qu'ils ont dit, on a voulu ouvrir l'école, faire des activités artistiques, éveiller les jeunes. Que de prétention ! On a surtout perdu les bases, les fondamentaux au nom de nouvelles ambitions. Et là où les jeunes ont besoin de cadre, nous sommes devenus de plus en plus laxistes. A une époque, nous étions tout-puissants. Aujourd'hui, un parent peut refuser que son enfant fasse une punition.
Certes, elle le reconnait : tous les élèves n'entraient pas en 6ème.

- Tous ne sont pas fait pour, il ne faut pas se voiler la face. Mais en cassant l'enseignement pro, on a perdu une filière qui à partir de la 5ème menait à l'apprentissage, à un métier et à une place dans la société.
Elle a connu mai 68 et la suite : l'introduction des élèves et des parents au conseil de classe, la suppression des notes, le tutoiement.
- On mettait de A à E, j'étais ravie. Cela évitait le classement, la rivalité, l'impression d'être une nullité, la barre fatidique de la moyenne. L'ambiance était meilleure en classe. Certains profs acceptaient qu'on les tutoie, ils invitaient même les élèves chez eux. Ce sont les parents qui ont demandé un retour en arrière. Dans mon collège, c'est un prof dont le fils élève était brillant qui a demandé la réintroduction des notes et des prix. Je m'y suis opposée, mais le principal a accepté. Nous sommes revenus à des pratiques plus traditionnelles, mais, pendant ce temps, nous avons perdu le respect.

27 février
Hors les murs
J'ai Violette en stage de 3ème pendant une semaine. Apprentie journaliste, elle capte bien. Elle aime écrire, elle pose absolument toutes les questions qui lui passent par la tête. Elle est légère, toujours de bonne humeur, toujours prête à rire. Je prends plaisir à partager avec elle les petits épisodes de mes journées. Au bout de 2 jours, elle répond à ma place quand on me demande si je suis libre à telle ou telle heure. Je lui parle de mon métier, de ses avantages, de ses inconvénients, de ses plaisirs. De l'absence de routine et d'horaire, de la nécessaire ouverture d'esprit, de la curiosité, de l'écoute, de l'absence de jugement. Une liberté qui lui plaît bien. Je l'invite à prendre un peu de recul sur sa vie de collégienne. A m'offrir un texte en mode introspection. La consigne : toi déléguée de ta classe, raconte-moi ton conseil de classe.

J'attends, personne. Décidemment, ces profs ne sont jamais à l'heure. L'autre déléguée, l'une de mes meilleures amies, Olivia, arrive ; on discute, elle a l'air fatiguée, je m'inquiète beaucoup pour elle mais je tente de ne pas lui montrer. Enfin, mon professeur d'histoire se présente et s'étonne que le conseil de classe précédent ne soit pas terminé. Il n'y pas de quoi, c'est une classe difficile la 3°B d'après ce que j'ai entendu ; "Oui, il va falloir vous ressaisir !" avait insisté Mme Carmat, leur prof principale. Cela avait attiré mon attention, notre classe de 3°A a pour habitude de recevoir des éloges, enfin si on peut appeler ça comme ça. Je suis intriguée de voir mes profs sous un angle différent et autrement qu'en cours. Ils semblent tous très bien se connaitre. Pendant que nous discutons de nos stages, j'observe tour à tour chacun de mes professeurs. D'abord, M,Dautricourt, le prof d'histoire, un grand bonhomme plutôt sympathique qui gère beaucoup de choses avec un calme et un humour qui parfois me sidère. Ensuite, le très charismatique M.Darce, un professeur qui ne se prend pas vraiment la tête, il me fait penser à un comédien avec ses cheveux bouclés attachés en chignon. Puis, M. Nibas, le prof de maths avec son air à la fois détendu et sérieux, qui tente de s'intéresser aux commérages de ces collègues, En revanche, l'originale Mme Pignon de nature plutôt sauvage semble totalement absorbée dans son livre. Mme Dubreuil me supplie du regard car personne ne l'écoute alors j'acquiesce pour lui faire plaisir. Enfin, l'autre conseil se termine. Même si j'y ai déjà assisté, je crois que je suis un peu impressionnée ... Le conseil commence et l'ambiance de la classe est encore une fois critiquée : « Les bavardages sont trop fréquent, cela dégrade l'ambiance et le travail des uns et des autres... » Toujours le même couplet ! Je tente d'expliquer que c'est un mouvement de groupe et que tant que personne n'y mettra vraiment du sien les choses resteront telles quelles. Les noms défilent assez rapidement, la question la plus répandue est celle de la participation : est-ce qu'il faut oui ou non pénaliser un élève pour sa participation sachant qu'il est en européenne ? Mme Kleber défend les élèves timides et semble dire qu'il ne faut pas juger un élève sur un trait de caractère. Je suis assez d'accord avec elle mais je pense qu'il est obligatoire de le surmonter pour vivre dans la "jungle" comme le dit si bien M.Darce. Puis vient le cas d'une de mes meilleures amies, Océane. Elle a une moyenne faible et je me prépare à intervenir pour expliquer cette moyenne si basse. Les profs sont extrêmement indulgents et je suis très surprise. Ils savent : " Elle a des problèmes, c'est une période difficile" mais je ne suis pas sûre qu'ils savent vraiment. Sa vie n'est pas facile et même s' ils savent, je doute qu'ils puissent y faire quelque chose, Son problème c'est qu'elle est amoureuse et ça, ça ne se contrôle pas. Cet amour à sens unique pour un garçon l'empêche irrévocablement de porter un intérêt aux cours. Mon nom arrive, tous les profs sont d'accord sur le sujet : j'ai fait un très bon trimestre. Est-ce suffisant après les efforts que j'ai fournis ? Mais cette fierté doit rester personnelle, Vient ensuite le cas d'Alice. Elle disait avoir une bonne moyenne et bien ce n'est pas le cas. Je sais que si je n'assistais pas au conseil de classe, jamais elle ne me l'aurait dit. Une question de fierté ? Peut- être, mais si on est fier avec ses amis maintenant... Sa moyenne de maths est très faible alors le prof concerné m'interroge, je tente d'expliquer et je finis par hausser les épaules. Je n'étais même pas au courant de ses notes. À certains moments, j'aimerais intervenir pour donner mon avis sur les récompenses attribuées mais Olivia me dit "Tant que personne ne te donne la parole, tu n'es pas autorisée à parler !" Et depuis quand on doit demander la permission pour donner son avis ?? C'est ensuite au tour des germanistes, premier cas, Aude : des notes en chute libre et un point sur lequel tous les profs sont d'accord, il y a quelque chose qui ne va pas. Mme Kleber nous demande enfin notre avis. Olivia explique la situation « Elle a déménagé, avec sa mère c'est difficile, elle a plusieurs copains... » En vérité, Aude et moi ne sommes pas amies et on ne s'aime pas vraiment mais le rôle de délégué n'intègre pas les relations amicales donc je me dois d'être neutre. De plus, Olivia comme moi savons qu'elle fume et boit dans les toilettes du collège mais c'est inconcevable de répéter cela pendant le conseil. Cas suivant, Bertrand, grandes difficultés pour lui aussi et surtout un problème d'intégration. Ils nous interrogent tous mais je ne suis pas à l'aise car que je participe à son manque d'intégration, je fais aussi partie de la classe. Je dis seulement que la classe l'exclue mais lui aussi et je souligne que depuis qu'il s'est trouvé Dylan, un garçon fan d'informatique et qui ne se conforme pas au rôle de collégien lambda avec qui j'ai dû parler 4 fois depuis la 6e, Bertrand est beaucoup moins seul. Toutefois, les profs restent sceptiques et lui collent un avertissement de travail comme à Aude. Les autres défilent et je suis souvent impressionnée des progrès de chacun. Certains commentaires me font sourire comme « Oui, Isabelle, c'est très bien mais il faut la rassurer, elle s'inquiète ! », il faut dire que son père lui met une pression monstre pour ses études. C'est le cas d'Olivia, les profs la complimentent. Elle devient toute rouge ce qui me fait rire. Ella a beaucoup de mérite et tous le savent. Ensuite, Victor qui pose beaucoup de problèmes. Ils s'accordent tous à dire qu'il a des lacunes. « Il pense et dit directement sa phrase sans penser aux règles de grammaire mais un anglais ne comprendrait pas, » explique le prof d'anglais. Je suis d'accord, pour moi, Victor est à coté de la plaque et je vois qu'il est à l'écart, un peu différent des autres garçons car il est en quelque sorte le « bouffon » de la bande. « Ses parents ont du mal à l'admettre » dit Madame Motel, sa professeur d'allemand. On ne dit rien et je n'ai pas grand-chose à ajouter. Enfin, vient le tour de Mat, les profs sont contents, elle a fait beaucoup de progrès. Malgré cela, elle n'obtient pas les félicitations à cause du prof de math qui la trouve trop faible en sa matière et puis il y aussi une histoire à propos de laquelle personne n'a l'air vraiment au courant. Pourtant, elle n'est pas impliquée seule dans cette histoire mais elle n'a pas été racontée pour Alice. L'évoquer aurait pu la pénaliser. Toutefois, elle s'en sort bien et le conseil se termine. Tout le monde sort avec bien en tête la confidentialité de ce conseil. Je sais que ma mère veut prendre rendez-vous avec Mme Kleber alors je vais la voir. Je suis impressionnée, c'est une personne importante alors j'essaye de parler correctement et poliment, elle se montre très agréable et me félicite.

Le lendemain, j'emmène Violette au collège où nous prenons place dans la classe des 6°B. Azzedine menace Jenny, Maurine et Madeline d'une retenue car elles ont oublié leur polycope. Et leur donne quand même un sursis jusqu'à vendredi. Pour le reste, un cours tout aussi paisible que le dernier. On repasse une vidéo sur la vie d'Alexandre le grand, on en regarde une autre sur l'empire romain et on répond à pleins de questions.

Violette se tourne vers moi avec de grands sourires à chaque remarque enfantine. Elle est toute émue en sortant du cours :

- Tu as vu comme ils sont mignons ! Ils sont tout petits ! Et celui qui a dit : « Je suis y allé », trop chou. Ils me regardaient comme une star. Il avait une bouille d'ange, mon petit voisin avec ses grands yeux verts.

On dirait qu'elle sort d'un magasin de peluches … Pourtant, cela fait 6 mois qu'elle les croise et les bouscule tous les jours dans la cour… Elle a simplement changé de point de vue.

Mat aussi a fait ce qu'elle appelle « ses premiers pas dans la vie d'adulte ». En stage toute la journée, dans la petite boutique d'arts et d'histoire de Marlène, elle a découvert les fonctionnalités d'une palette graphique, installé un logiciel à sa patronne, accueilli des clients, distribué des colis et fait une séance de soutien à des grandes sections (5 ans …) :
- Ils étaient 3. Ils devaient réviser l'alphabet. Le mien, il le connaissait à moitié. Et il bavait. Il savait compter jusqu'à 8. On a travaillé sur la lettre D. Et après on a fait des lapins tous ensemble. On a bien rigolé.
Elle a passé une bonne journée, mobilisé d'autres compétences que scolaires, s'est intégré dans un groupe (Marlène a 3 stagiaires de 3ème), a renseigné des adultes, adopté un niveau de vocabulaire et de comportement adapté. Bien !

1er mars
Les 6°B finissent en beauté
Pas de goûter avait prévenu Azzedine. Mais au menu, un conflit à arbitrer.
- Monsieur, déclare Maurine à peine assise, à midi, j'ai reçu un texto de Selim qui disait : « T'es une pute, va te faire enculer. » Je sais que c'est pas Selim parce qu'il était en sport.
Il s'avère rapidement que les auteurs, l'un a écrit la 1ère phrase, l'autre la seconde, sont Loïc et Alexis qui fond en larmes à peine découvert.
- Vous vous envoyez des insultes en utilisant frauduleusement un portable, c'est brillant ! les sermonne Azzedine. Vous savez que Selim pourrait demander le remboursement du texto ?
- Il a un forfait illimité Monsieur, rigole Marc.
- J'étais là, intervient Jordan.
- Et alors, tu voulais écrire une 3ème phrase et tu n'as pas eu le temps ? C'est quoi le problème : vous ne vous entendez pas ? C'est une histoire d'amour ?
Protestations indignées de tous les intéressés.
- Violette, tu en penses quoi ?
- Vous êtes un peu petits pour vous parler comme ça.
Sur l'envoi clandestin de texto, elle aurait du mal à faire un commentaire puisque c'est une pratique courante dans sa classe.
Quentin s'inquiète :
- On est les pires élèves que vous avez eus ?
- Non, non rassurez-vous, en 2006, j'avais une 4ème où les élèves s'insultaient en live dans la classe.

Alexis essaie bien de raconter que des 4ème l'ont fait tournoyer dans la cour et qu'il s'est arraché la peau, Azzedine embraie sur le programme de la rentrée et sur les exposés.
- Il faut avoir un bac pour être footballeur ? s'informe subitement Koran.
- Vu comme ils parlent à la télé, je ne pense pas.
- Et il faut faire des études pour devenir DJ, demande Alexis.
- Tu ne veux plus être ventriloque ?
- Non, maman, elle dit que je suis nul et que c'est un très mauvais métier.
- Commencez par bien réussir le collège, rien ne se décide vraiment avant la 3ème.
- En 3ème, c'est vous qui décidez ?
- Pour certains, on dit non au passage en 2nde générale en fin de 3ème.
- Et on fait quoi alors ?
- Lycée professionnel, CAP, apprentissage. Il faut être réaliste et arrêter de rêver.

On les aura prévenus eux aussi ! Bonnes vacances les petits !

Les vacances

Et la question que nous avions laissée à la fin des vacances de Noël revient : Alice a-t-elle couché ? Elle revient avec une réponse : Alice a couché avec Charles. Elle le dit elle-même en se lançant dans une campagne de confession par textos effrénés pour expliquer à ses copines à quel point elle se sent mal, à quel point elle a peur de perdre leur confiance. C'est fait visiblement :
- Moi, je peux plus rien croire de ce qu'elle dit ! déclare Mat à Violette.
Elles s'échangent leurs portables pour suivre les conversations des unes et des autres. Ça permet de comparer les versions, de savoir qui a le privilège des révélations. Mat et Violette sont profondément blessés qu'Alice ait choisi Linda pour 1ère confidente. Et elles sont un peu choquées mais pas trop en évoquant l'acte :
- Moi j'aurai pleins de questions à lui poser à Alice, avoue Mat avant de s'apercevoir que je suis sa mère. Mais coucher avec un mec dont on dit qu'on ne l'aime pas et que c'est un sale con, c'est nul.
Quant à savoir, débat annexe entre les mères, si la mère d'Alice a bien fait de lui acheter des préservatifs à son âge, moi je trouve qu'elle a bien fait puisque sa fille en avait visiblement besoin. En revanche, impossible de savoir si elle en a utilisé un … De ce que j'en sais, Alice est la 2ème fille dans la classe à avoir eu

une relation sexuelle. Mais Océane, me dit Mat, « elle assume, elle en parle sans problème et, en plus, c'était avec un mec qu'elle aimait. Mais lui, il ne l'aimait pas. »

16 mars

Voyage, voyage

Rendez-vous à 10h30 à l'aéroport, les 3ème bilangues partent 5 jours rejoindre leurs correspondants en Suisse. Voyage en avion, une auberge de jeunesse dans les montagnes, des garçons, des filles, des chambres mixtes (franco-allemandes, pas filles/garçons !), des veillées, une œuvre d'art à construire et des visites en France, en Allemagne et en Suisse. C'est aussi ça le collège ! Mat est du voyage. Elle fait consciencieusement sa valise, stresse à l'idée d'arriver en retard. Elle râle un peu : « je les aime pas les 3°F qui sont en allemand avec nous. » Elle aura peut-être changé d'avis quand elle rentrera. 3 profs, 3 femmes, et le papa d'Olivia qui traverse la France en voiture pour amener sa fille qui ne peut pas prendre l'avion donnent 5 jours de leur temps. 24h/24h, année après année depuis 10 ans pour la prof d'allemand. Chapeau bas, mesdames ! Il faut avoir une belle dose d'énergie pour se taper les négociations avec les voyagistes, les déclarations d'assurance, les 2 ou 3 réunions avec les parents, les heures à pointer les 16 papiers signés demandés aux uns et aux autres. Merci à vous d'ouvrir les yeux, le cœur et l'esprit de nos enfants.

3è trimestre

20 mars : première "dernière ligne droite".

Les premiers bourgeons pointent sur le grand cerisier de la cour des profs dans l'indifférence générale. Le message passe en boucle : attention ! Attention ! Dernier trimestre ! C'est maintenant qu'il faut tout donner !

Je prends la place d'Océane qui n'est pas là et qui me donne, pour une fois vue sur la classe à bordel. Une nouvelle arrive en 6°B, elle vient de déménager sur la commune.

- Elle est sûre de passer en 5ème, me chuchote Madeline.
- Ah, bon pourquoi ?
- Quand on change d'école, on est sûr de passer.

Je reste sceptique mais ne peux pas pousser plus loin la discussion. On est en cours. Azzedine redonne les consignes pour les exposés et recommande de s'entraîner en mangeant. Ca va faire genre à la cantine !

Pour l'instant, le silence règne en face. La prof crie régulièrement mais comme une prof.
Koran informe l'assemblée que ses lunettes sont encore cassées. Jenny lève bien haut la main pour répondre à la 1ère question d'Azzedine sur Rome :
- Où va-t-on être fier de parler de l'origine divine de Rome ?
- Au musée !
Non, à l'école. On apprend comment est née la ville de Rome, sur des collines pour se défendre et au bord d'un fleuve pour y puiser de l'eau.
- Mais elle est pas trop salée l'eau pour la boire ? s'étonne Alexis.
Azzedine explique que les fleuves coulent vers la mer quand 1 puis 2, 3 et 4 élèves sortent de la classe d'en face. Une cinquième encore assise commente en hurlant :
- Mais madame ça se fait trop pas de quitter la classe comme ça !
Ça sonne. Les petits filent en techno, trop contents parce qu'ils construisent une voiture. Je chope les élèves d'en face :
- Pourquoi ils sont sortis les 4 élèves ?
- Parce que y en a une, un autre lui a coupé les cheveux en cours et elle a pas supporté. Les autres, c'est pour la soutenir. On a beaucoup de problème avec cette prof depuis le début de l'année.
Je croise Violette et Alice bras-dessus, bras-dessous. Elles se sont réconciliées !

Je me dépêche de réintégrer la classe d'Azzedine et m'assieds devant à la place de Natacha qui n'est pas là parce que, selon ses camarades, elle s'est déboitée le genou. Elle se déboite souvent quelque chose, Natacha.
Difficile pour Azzedine de passionner les 3ème aujourd'hui. Il a beau leur vanter les mérites des conseils de quartier, les inviter à s'investir dans la vie locale, l'auditoire est passif. Encore pire quand il aborde le chapitre d'éducation civique suivant : les institutions de la Ve République.
- Qu'est-ce qu'une constitution ?
Devant l'apathie générale, il désespère :
- Je vous l'ai dit 50 fois ! C'est une sorte de mode d'emploi qui explique comment fonctionne un pays. Pensez I-Phone, tablette, mode d'emploi. C'est facile pourtant. Je me dis toujours que vous allez le retenir et seulement 2 mains levées ! Quand vous entendez "souveraineté nationale", vous pensez ?
Pas grand-chose apparemment.
- Démocratie ! Demos cratos !
Il se cache le visage dans les mains :

- Il faut être solide ...
- Ca va passer Monsieur, tente de le consoler Louis.
Pas sûr dans la mesure où Azzedine les invite ensuite à regarder la chaîne parlementaire cet après-midi (le ministre du budget vient de démissionner et les députés de l'opposition vont faire voter une motion de censure au gouvernement).
- Vous plaisantez, Monsieur !
- C'est mon boulot de vous le dire, en tout cas ...
Résigné, et après que personne n'ait pu attribuer à Montesquieu, l'invention du concept, il termine tout seul sur la séparation des pouvoirs, l'élection des députés, des sénateurs et le rôle du conseil constitutionnel.
Je passe devant la gare en rentrant chez moi et y croise Natacha, scotchée à son portable, son genou visiblement remboîté.

21 mars
Les armes ?
Un gamin de 17 ans vient de poignarder l'un de ses camarades de 15 ans dans le lycée professionnel voisin. En plein cours, en plein cou. Il est mort. Les commentaires sont toujours les mêmes : beaucoup d'émotion, l'incompréhension, l'assassin « était très réservé mais il pouvait aussi péter les plombs » et encore une fois, la victime avait les cheveux roux. Pas grand-chose qui explique. Et une question indignée posée à la Une du journal de 13h :
- Comment peut-on emmener des armes à l'école ?
C'est assez simple en fait. Il suffit de les mettre dans sa poche ou dans son cartable. L'an dernier, en 1ère au lycée, mon fils était assis à côté d'un garçon qui avait un couteau dans sa trousse. Un peu inquiet et n'osant pas le dénoncer sous peine de représailles, il a veillé à ne pas lui chercher des poux dans la tête. On ne sait jamais ...

22 mars
Fin du suspense
Mat rentre crevée de son voyage en Allemagne. Elle a eu une gastro et sa prof l'a emmenée aux urgences de l'hôpital. Mais sinon, ravie. Ils ont fait accrobranche, du vélo sous la pluie, regardé des films avec les garçons et papoté jusqu'à 2h du matin.
- On faisait ce qu'on voulait, quand on voulait, c'était trop cool. On était tout le temps entre jeunes. Au moment du départ des Allemands, tout le monde a

pleuré, le chauffeur a remercié le père d'Olivia d'être un père exemplaire, les profs ont dit que ça avait été une super expérience. Bref, on a tous pleuré.

Au moment où Azzedine reçoit enfin la confirmation de son congé formation (un an payé ¾ de son salaire brut pour passer l'agrégation), il a le dos coincé. Un mal qui l'a accompagné pendant toutes les vacances. Il m'envoie un texto à 7h30 : je reste chez moi me reposer aujourd'hui.
Bon, ben moi aussi !
C'est Mat qui me remet dans le bain en rentrant avec Alice, son frère et sa sœur. Lui est en CM2, elle en 5è et ils sont tous les deux scolarisés à l'école privée de la commune. Pourquoi ? Le petit garçon parce qu'il était trop doué et qu'il s'ennuyait en classe où il faisait le bordel.
- Maintenant, je travaille. A Sainte-Marie, c'est cadré. Au moindre mot de travers, tu prends une colle, même en primaire.
Sa sœur est là par commodité puisque son collège de secteur, depuis qu'ils ont changé les secteurs, est maintenant à plus de 20 kms. C'est plus pratique pour les parents de les poser là tous les deux. Le garçon veut aller au lycée à Bordeaux parce que tous ses copains vont à Bordeaux, la fille veut aller au lycée public voisin parce que toutes ses copines vont au lycée public voisin.
Mat, la bouche pleine :
- A cause du meurtre, on ne peut pas aller au forum des formations à Blaye. C'est dégueulasse, pour une fois qu'on allait manquer les cours !
En revanche, elle exulte, elle a eu 8/10 en calcul mental. Elle a rattrapé ses cours, on lui a rendu son brevet blanc :
- Il est magnifique commente-t-elle.
Seuls 3 des germanistes sont retournés à l'école ce matin. Mat était du lot :
- Le prof de maths, il a dit que c'était normal qu'on soit là, mais que c'était bien. Mais que c'était normal. En Anglais, c'est super, on fait le Titanic. Et en latin, Antoine s'est fait prendre en train de tricher. Il avait des feuilles roses dans sa trousse. Résultat : une observ et sa note divisée par deux.
Quand Alice et sa clique sont parties, elle répond à une question en suspens : Alice et Charles ont mis un préservatif. C'est Charles qui le dit et qui commente : « pendant que Alice attendait sur le lit. »

23 mars

A la grande école

Portes ouvertes au lycée. J'y emmène Mat pour se faire une idée avant la seconde. Un peu impressionnée la fillette. Elle qui est la grande au collège se trouve toute petite ici. Nous faisons le tour des classes, nous nous présentons aux professeurs, prenons des informations. Je lui montre le réfectoire tout neuf, le foyer, la salle des conseils de classe.

- Tu sais me dit-elle, avant je croyais que le conseil de classe, c'était dans une pièce toute noire avec juste une lumière autour d'une table où les gens chuchotaient.

Elle ne se sent pas vraiment à la hauteur. Elle a peur de ne pas y arriver, elle pense que ça va être dur. Pourtant comme ses copines, elle est prête. Un peu lasse du collège, besoin que ça bouge, d'être plus libre, de monter une marche. La 3ème est longue et elles ont toutes la nostalgie de la 4ème et de leur projet comédie musicale qui les avaient "gavé" soudées.

Samedi après-midi, elle fait son rapport de stage. Un travail personnel, mené de manière autonome, qu'elle peut agrémenter de photos, d'extraits d'articles. Elle s'éclate, les phrases lui viennent toutes seules. Motivée et donc meilleure que la semaine dernière sur sa dissert de français : la société de consommation fait-elle le bonheur ? Une question dont elle se fout, me dit-elle. Pas envie de creuser. C'est moi qui ai quasiment construit son devoir, en culpabilisant et me reprochant de faire à sa place. Me disant aussi que en faisant devant elle, avec elle, elle intégrerait en douceur la méthode pour rédiger une dissertation. Difficile de trouver le juste équilibre dans le soutien scolaire !

25 mars

Scarification

J'ai à peine franchi la porte du collège que Sadia et Taiwena se jettent sur moi :

- On a dit qu'on le dirait pas, dit l'une.
- Mais Madame Pérou elle est journaliste, elle dira rien à personne ! argumente l'autre.

Visiblement, elles n'ont pas bien compris ce qu'était un journaliste et tout aussi visiblement, elles n'en peuvent plus de garder leur secret. Nous chassons Fabien qui est collé à nos basques et nous isolons dans un petit coin du hall :

- Et ben, vous savez pas quoi ?
- Non…
- Lucie, elle veut se scarifier !

Je suis un peu prise au dépourvu. Je cherche à en savoir plus :
- Et pourquoi ?
- Elle a un problème personnel, répond vaguement Taïwena.
- Avec un garçon, complète Sadia.
- Et vous avez essayé de lui dire que c'était pas la peine qu'elle se fasse mal, qu'il y a d'autres façons de s'exprimer quand on a un problème ?
- Oui, oui, mais elle veut le faire quand même.
- Bon, on se voit tout à l'heure, je vais voir ce que je peux faire.
Elles filent avertir Lucie qu'elles m'ont tout dit. Je me dirige vers une surveillante et lui demande comment joindre la psychologue scolaire.
- Elle est là tous les mardis, il suffit de prendre rendez-vous à la vie scolaire.
- Et ça peut aller vite ?
- Ça dépend de l'urgence, mais oui, si c'est urgent, on peut la voir vite.

Je suis presque en retard chez les 3ème. Azzedine fait l'appel et n'y va pas par 4 chemins :
- Tiens, Natacha, tu es là ? Ça va ton genou ? Il avait l'air d'aller pas si mal mercredi quand je t'ai croisée.
La pauvre, tout le monde l'a vue, décidément. De toute façon, Azzedine n'est pas d'humeur indulgente aujourd'hui. Il rend les devoirs maison faits pendant les vacances et n'est pas content du tout. La moitié des élèves se sont trompés dans les consignes. Certains ont fait un exercice sur les deux, les autres ont fait une question sur les 4. Certains aussi se sont trompés de page. Tout était sur Pronote, mais ils sont encore nombreux à affirmer ne pas pouvoir y accéder. Et ils ne pensent pas à demander à ceux qui peuvent. Au final, c'est l'hécatombe :
- Pour beaucoup ici, vous ne faites pas grand-chose, vous êtes en vacances …
Pour le lendemain, il leur redonne à faire les devoirs que 8 seulement ont fait pour aujourd'hui. Un peu désabusé le prof.

Les 6ème sont moins mous. Alexis est absent, il s'est cassé une dent pendant la récré parce que quelqu'un l'a poussé contre un poteau. Madeline veut aller à l'infirmerie parce qu'elle a pris un coup de pied dans la gorge. Maurine a la tête qui tourne quand elle bouge. Selim lève la main de manière frénétique :
- Monsieur, monsieur, Quentin il voulait se scarifier tout à l'heure. Il voulait se planter son compas dans a langue.
Décidément, c'est la journée.
- C'est vrai ça Quentin ? demande Azzedine.

- Oui.
- Pourquoi ?
- Parce que j'en ai marre que tout le monde me traite de gros porc.

Azzedine s'emporte brutalement :

- Loïc, j'en ai ras le bol de toi ! Tout le monde en a marre ! Tu la fermes !
- Il vaut mieux, répond Loïc avec la voix qui tremble.
- Et si tu n'es pas content, tu sais ce qu'il te reste à faire !
- Oui, m'en aller le plus vite possible loin d'ici !

Ses mots deviennent sanglots.

- Donne-moi ton carnet, je vais convoquer ta mère. J'espère qu'on va en reparler de l'internat. Et en plus, tu as encore embêté Jenny ?

Dans un silence de mort, il prend le temps de rédiger un mot dans le carnet de Loïc. Et commence enfin le cours. Pas de chance, ils sont à peine 3 à avoir relu la leçon.

- Vous pensez qu'il n'y a que 2 trimestres au collège ? A partir de maintenant, je vous interrogerai par surprise de temps en temps. Méfiez-vous. Bon, retour à Rome, la carrière des honneurs, c'est quoi ? C'est quoi une carrière ?

Loïc n'est pas rancunier :

- C'est là où on trouve les pierres ?

Azzedine coupe court à d'autres âneries et distribue un polycope. Puis s'aperçoit qu'il s'est trompé de polycope pendant qu'Etienne sert une longue tirade sur la pêche qu'il n'écoute pas. Il sort la tête de l'armoire :

- Je vous ai rendu vos éval ?
- Non
- Bon … Il recommence à remuer ses papiers.
- Je les ai oubliées. Bon, tant pis, il reste 5 minutes. Qui peut me résumer la République romaine ?

26 mars
Les parents que l'on entendait plus

Bonjour
Je suis ravie que nous ayons été reçus par le Conseil Général. J'ai bien compris que la décision de la création d'un nouveau collège serait prise en décembre lors du prochain PPI et qu'il faudrait se « manifester » à nouveau à ce moment là....

Mais pour la rentrée 2013 ? On ne fait rien ? On ne demande rien ?

On continue de regarder les élèves s'entasser, avoir des résultats scolaires insatisfaisants, être « mal dans leur collège » et en conséquence multiplier les commissions de vie scolaire ou de discipline ?
On reste passifs face au calcul plus économique que cohérent de l'Inspection d'académie sur les prévisions d'effectifs ce qui entraîne à 2 élèves près la non ouverture d'une section de 3ème avec pour conséquence : des classes à plus de 30 élèves et l'impossibilité de poursuivre le travail fait par l'équipe éducative avec la classe de 3ème pour les élèves en grandes difficulté ?
Moi, j'ai un peu de mal à rester pépère et à voir venir.
Alors, si vous êtes d'accord pour une action (à réfléchir ensemble) dites le moi.
J'attends vos réponses,
A bientôt
Nadine

27 mars
Retour de vacances
Je retrouve Monsieur Gallart pas en très grande forme après les vacances de Pâques. Taiwena et Sadia ont la jambe immobilisée par une attelle et deux béquilles de toutes les couleurs. Une entorse chacune après le cours de rugby d'hier ! Monsieur Gallart ramasse les punitions de ceux qui ont oublié de sauter une ligne au dernier devoir et ouvre son cours :
- Après la mythologie judéo-chrétienne, nous allons maintenant parler de la mythologie grecque. C'est important, on ne peut pas comprendre le théâtre classique si on ne connaît pas la mythologie grecque. Avant, les enfants de votre âge apprenaient par cœur l'Iliade et l'Odyssée…
On sent un regret dans sa voix. Cap sur l'Iliade.
- Pourquoi y a-t-il eu une guerre à Troie ?
Même moi, je peux répondre, on a fait ça en histoire, il y a 15 jours …
Visiblement, je suis la seule. Mais ils sont la moitié à se souvenir du cheval de Troie quand Monsieur Gallart a fini de raconter comment Hélène avait été enlevée par Paris et que son mari avait appelé ses copains rois pour une guerre qui avait duré 10 ans.
Il leur distribue un texte sur la mort de Patrocle, l'ami (moi j'ai dans l'idée que c'était son amant, mais on ne doit pas trop en parler de ça à l'école ?) d'Achille.
- L'Iliade commence avec un héros qui pleure, reprend Monsieur Gallart. Ca ne se fait plus depuis 45 à cause des westerns américains, mais dans la Grèce antique, les héros pleuraient.
L'heure se passe à relever les mots qui relèvent de la tristesse et ceux qui relèvent de la violence.

- Et si c'était un devoir, qu'est-ce qu'on ferait quand on aurait relevé tous ces mots ?
- Un texte, répondent-ils en chœur.
En vous rappelant que je ne connais pas …
- L'histoire !
- Et quand vous citez les textes ?
- On met les guillemets !
Comme un seul homme, la petite troupe. La lecture du texte et le surlignage des mots s'achèvent.
- Bon, pour vendredi, vous étudierez le texte et vous montrerez qu'il est rempli de tristesse et de violence.
Ils notent consciencieusement avant de se ruer dehors.
- Vous avez vu, commente Monsieur Gallart, ils ne se sont même pas rendus compte qu'on venait juste de le faire !

18h, Mat s'entraîne à son ASSR sur Internet et en alternance, répond aux questions que son prof d'anglais a envoyées par mail sur les dialogues de Titanic qu'elle écoute sur Youtube. Démonstration de l'utilisation des nouvelles technologies. Elle s'interrompt :
- Maman, tu me diras oui si je te demande quelque chose ?
- Bien sûr, ma chérie.
- Tu peux signer ce contrôle les yeux fermés ?
Ca ne doit pas être brillant. Je signe les yeux ouverts : 7 en latin. Moyenne de la classe : 9, 5.

29 mars
Bon anniversaire Mathilde !
J'avais prévu d'assister au cours de Mme Rouquin avec les 3°D, elle m'interpelle dans la salle des profs.
- Ca s'est mal passé hier. Visiblement il y a eu un gros clash avec leur nouvelle prof de maths qui en a viré 2. Je crois qu'elle arrive tout juste d'Acadomia ! La pauvre, elle n'a pas dû comprendre son malheur ! Enfin, bref, ça a débordé sur mon cours, impossible de travailler, je les ai laissés partir 10 minutes avant la fin. J'ai besoin de les recadrer aujourd'hui. Et de leur faire passer la décolonisation et Gorbatchev. T'imagines ? J'avais préparé un cours avec des exercices rigolos du type « qui suis-je ? » Mais je suis sûre qu'ils n'auront pas leur livre et qu'on ne pourra pas bosser. Et puis, hier soir, j'ai changé mon fusil

d'épaule. Je vais dire deux mots de la décolonisation, deux mots sur Gorbatchev et je vais leur passer un film, il leur faut des images, que ça bouge. Tu verrais la trace écrite de mon cours, c'est minimaliste. J'aimerais mieux être à ta place qu'à la mienne …

Elle appréhende de les retrouver. Et me fait comprendre qu'elle n'est pas à l'aise et qu'une tierce personne dans la classe ne ferait que l'embarrasser davantage.

- Ne le prends pas mal, j'ai juste pas envie d'y aller…

Je ne le prends pas mal.

D'ailleurs, j'ai rendez-vous avec le prof de maths de Mat. Il l'impressionne énormément. Moi aussi. Il est très sérieux, il a une voix grave, il parle bien et veille surtout à encourager ma fille. Ses difficultés sont passagères, il faut le temps de murir pour mieux maîtriser sa discipline, elle fait des progrès. Il sait qu'elle travaille et qu'elle est motivée. Il lui conseille de faire quelques exercices par jour sur un site Internet et de poser des questions. Elle ressort toute pleine de bonne volonté.

- Il fait peur mais il est gentil quand même. A la fin de chaque éval, il me demande toujours à moi et à Carmen, les plus nulles de la classe, si ça va, si on n'a pas eu trop de mal.

3 avril

Bâtir

Les 3°D ont un nouveau projet dans le cadre de leur projet. Une collaboration avec les étudiants de l'école d'architecture pour rendre la cour du collège plus belle. 4 fois deux heures : 2h pour décrire la cour et dire ce qui lui manque, 2h pour faire des propositions, 2h pour faire des maquettes et 2h pour construire les éléments, bancs, tables, ou autres …

- C'est cool, commente Ambre qui profite du soleil en attendant Mme Pignon. Ca nous décompresse du travail, on s'amuse, on rigole.

- C'est pas comme en français, râle Charlie. On avait une poésie à faire. Mais la poésie sur la cour du collège, il est nul le sujet. Moi, je fais des slam et une copine les met en musique. Là, c'est moi qui décide.

Mme Pignon arrive. Elle est crevée, toute pâle, les yeux cernés. Mais toujours maître à bord.

- Qui n'a pas fait son travail ?

Ils sont au moins six dont Charlie.

- Mettez vos carnets sur mon bureau.

Le ton est calme, courtois. Ce dialogue est devenu habituel.

- Moi je l'ai fait, mais je ne l'ai pas là, argumente Ludovic.
- Mais tu sais bien que comme je ne peux pas vérifier …
Elle clôt la discussion et ouvre le chapitre « poésie et modernité », séquence 4, écrire un poème. Sur le thème : décrire la cour du collège (dans les classes à projets, on bosse en transversal).
- Je veux 4 strophes, une métaphore, des adjectifs pour caractériser les éléments décrits. Reprenez le vocabulaire de la leçon d'hier.
Ils étaient au moins 5 absents.
- Moi je comprends pas, on doit raconter quoi ?
- Tu décris et tu caractérises !
- Mais madame, on va tous dire la même chose, il y a des bancs, des tables, des arbres.
- Madame, je suis bloquée.
- Charlie, ça fait 2 fois, la prochaine fois tu sors.
Elle ne hausse pas le ton.
- N'hésitez pas à prendre un dictionnaire.
Ils discutent entre eux, c'est quoi une métaphore ? Quelle est la différence avec une comparaison ?
- Ben, tu vois, explique Ambre à son voisin, une métaphore c'est quand tu fais une comparaison mais sans l'outil de comparaison. Par exemple, tu dis : « Je suis comme un animal en cage et tu enlèves comme. »
La poésie leur réussit plutôt bien. Ils se laissent facilement emporter par leurs émotions. Mais leur cour ressemble à une prison :
« Dans mon collège, il y a une cour de béton où les problèmes coulent à foison. »
« Ils ont pris nos jeux car c'était mieux pour eux. »
Et une magnifique : « des bancs prêts à nous manger quand on s'assoit déçu. »
Grosso-modo, ils travaillent en autonomie, papotent un peu, s'apostrophent.
Mme Pignon veille :
- Ca roucoule, ça glousse, vous êtes une classe de pintades !
Et eux, ils rigolent.
Sybille me montre sa feuille où 20 lignes s'alignent :
- C'est pas un peu long à votre avis ? Quand il faut rédiger je suis au taquet.
- C'est vrai, reconnait Ambre admirative. Depuis ce matin, tu es à fond !
- Mme Kleber m'a convoquée et m'a dit que je m'étais mise au travail. Ca y est, j'ai compris ! Mieux vaut tard que jamais.
Ca sonne. Pour demain, ils doivent recopier leur poème.

- Ils sont épuisants, souffle Mme Pignon. Il faut être sans arrêt à côté d'eux. Ils ne font rien à la maison, tout se passe en classe. Chez eux, il n'y a personne. Je leur ai dit l'autre jour qu'ils n'étaient pas éduqués. Si je disais ça à une autre classe, j'aurais tous les parents sur le dos, mais là rien. L'école ne peut pas compenser tout ce qui manque ailleurs. Il faut savoir prendre de la distance. Faire la part des choses entre ce qu'on peut faire et ce qui ne peut pas se rattraper, l'éducation qu'ils auraient dû recevoir.
Elle ne postule pas pour reprendre une classe comme celle-ci l'an prochain :
- Si la question des effectifs ne résout pas d'elle-même le problème, à savoir que l'on ne nous autorisera plus une classe à moins de 20 élèves et que l'on remettra ces élèves dans la masse où personne ne les verra plus. On me demanderait aussi de travailler par compétences. En lettres, pour moi, cela n'a pas de sens. Il est hors de question que j'évalue de cette façon.

Je m'aperçois que l'évaluation par compétences est surtout pratiquée dans les classes où les élèves sont le plus en difficulté, en Segpa ou au lycée professionnel. Et que si elle a le mérite de penser l'enfant de manière globale, comme une personne et non plus comme seulement un élève, certains profs du collège y voient une menace et peut-être, une façon de camoufler la faiblesse des apprentissages scolaires par une mise en valeur de qualités humaines. Mais Madame Pignon ou Monsieur Gallart qui ont des exigences quant à leur matière ne sont pas prêts à faire l'impasse sur la grammaire, la conjugaison ou les figures de style. Sur le travail, en fait, le truc rébarbatif que les élèves ne veulent plus faire.
- Ce sont des ados, parfois je sais que je les gonfle avec un poème ou une analyse grammaticale. Je fais la morale, j'inculque des valeurs, je vois bien qu'ils s'en foutent. Et c'est bien normal, heureusement. Même moi, cela m'ennuie. Mais c'est aussi mon métier.
Elle est venue ce matin pour ces 3ème. Ses 6ème pointent le nez :
- Ah, non, les petits, aujourd'hui, je suis malade, je ne suis absolument pas en état de faire cours, j'ai de la fièvre je rentre me coucher. Mais je vous ai laissé du travail à la vie scolaire. Ils repartent gentiment en lui lançant des : « Soignez-vous bien madame ! »

5 avril
Tension

Mme Rouquin reboostée dans la salle des profs. Finalement le cours de la dernière fois s'est bien passé. J'aurais pu venir. On ne sait jamais avec les 3°D. Je lui remonte le moral encore plus en lui disant qu'ils m'ont dit que le film était génial.

- Ah, bon, moi ils ne me disent rien. Ça fait plaisir. A l'occasion du film, certains ont dit qu'ils avaient appris qu'il y avait eu une guerre en Algérie. Si au moins ils retiennent ça, j'aurais servi à quelque chose. Le FLN, j'essaie même pas, c'est trop compliqué.

Elle m'invite à la suivre. Pas de chance aujourd'hui, c'est un jour sans. L'ambiance est électrique. Il y a encore eu un gros clash en math avec la prof Acadomia. Ambre perchée sur des béquilles vient au tableau et se lance dans des excuses bruyantes et mystérieuses :

- Je m'excuse d'avoir été interrogée en maths.

Madame Rouquin tente de canaliser :

- Je sais que c'est difficile pour vous en maths, mais mettez-vous aussi à la place de ma collègue. Lui avez-vous donné une chance ? Ce n'est déjà pas facile de faire des remplacements, mais vous imaginez quand on arrive dans une classe comme la vôtre ! Allez, je ne vais pas non plus me laisser déborder par des problèmes d'un autre cours. On est en histoire, on reprend le fil de notre cours.

- Mais madame beugle Sybille. On n'a pas fini de s'excuser.

Ca tombe bien. Madame Nicaise entre dans la classe. Et exige des excuses des 3 fauteurs de trouble du cours de maths.

- Je l'ai déjà fait, glapit Ambre.

Sybille et Thomas s'exécutent tour à tour :

- Excusez-moi d'avoir perturbé le cours.

Madame Nicaise ressort et Madame Rouquin s'accroche à l'espoir de faire ce qu'elle avait prévu. Elle a revu ses ambitions à la baisse, madame Rouquin. Elle voulait les sauver. Elle fait ce qu'elle peut. Au programme du jour, interro sur la guerre froide. D'habitude, je ne viens pas aux interro parce que personne ne parle et tout le monde travaille. Mais là, c'est différent. La prof donne la règle :

- Je vous distribue un polycopié avec les questions. Vous essayez d'y répondre comme dans une 3ème normale. Si dans un ¼ d'heure, vous êtes bloqué, vous pourrez prendre votre livre. C'est la 1ère fois que je fais ça, mais je préfère que vous appreniez quelque chose plutôt que rien. On va lire les questions ensemble.

- Madame, je peux avoir un livre tout de suite ?

- Madame, vous avez corrigé nos contrôles ? s'informe Ambre.
Ils lisent les questions.
- Y a-t-il des mots que vous ne comprenez pas ?
- Madame, vous pouvez mettre les points cardinaux au tableau ?
C'est une interro sur la guerre froide, la crise de Berlin, de Cuba avec des documents (un discours de Kennedy de 62), une partie à rédiger (racontez et expliquez la guerre froide) et une carte du monde où il faut placer la Chine, l'Inde, les océans, les Tropiques.
Madame Rouquin s'assied à côté de Charlie qui n'a pas encore sorti une feuille.
- Madame, je peux avoir un livre ?
- Madame, s'informe Sybille si on ne prend pas le livre, vous noterez plus ? Je vous le marque en rouge sur la feuille que je prends pas le livre.
- Madame, est-ce qu'il y a un truc pour se rappeler lequel c'est Arctique et lequel c'est Antarctique ?
- Oui, je l'ai déjà expliqué, celui qui est très long à écrire, il pèse plus lourd, il est en bas.
Charlie n'a pas écrit une ligne. Le livre qu'elle a demandé est fermé devant elle. Elle ne trouve pas les réponses, Madame Rouquin ouvre les pages du livre, y souligne les réponses. 5 autres élèves demandent le livre.
Kevin abandonne :
- A quoi ça sert, de toute façon, on l'aura pas notre brevet.
Ambre prend une observation pour avoir hurlé : « il me pète les couilles celui-là à toujours me demander les réponses ! »
Le ton monte, le brouhaha s'installe. Ils parlent musique, se balancent des effaceurs. Madame Rouquin reprend les rênes.
- On reprend. Il y a eu deux crises pendant la guerre froide, la crise de Berlin et la crise de Cuba (elle met les dates au tableau). Qui s'opposent pendant cette crise ? Les deux blocs, l'Est et l'Ouest, Kroutchev et Kennedy. Essayez de faire quelques lignes avec ces éléments.
- Mais madame, la rédaction, je la fais jamais, proteste Sybille.
- Eh ben, tu essaies, c'est ce qui compte le plus au brevet.
- Madame, s'impatiente Ambre, vous avez corrigé nos contrôles ?
- Ambre encore 2 remarques et je t'exclue.
Elle repasse de l'un à l'autre soutenir le moral et la concentration de ses troupes :
- Quand tu te baignes ici, à Lacanau, par exemple, tu te baignes dans quel océan ?

- L'Atlantique ?
- Oui, c'est bien ! Tu vois que tu n'es pas si nul ! Tu sais des choses !
- Madame, vous avez corrigé nos contrôles ? c'est Ludovic, cette fois.
- Madame, Kennedy, il faisait quoi dans la vie ?
- Bonne question : on va ouvrir le livre et découvrir qui c'était.
Madame Rouquin se rassoit à côté de Charlie :
- Allez, on va le faire ensemble.
Elle a relâché l'attention, le bordel repart de chez les garçons.
- Vos gueules, hurle Ambre.
- Tu te tais, hurle à son tour la prof
- Mais je peux pas travailler !
- Ludovic, tu t'assois correctement !
Il ne bouge pas.
- Et toi aussi Kevin !
- De toute façon, je le fais pas.
- Madame, je comprends pas la question, interrompt Ludovic.
- C'est gavé facile, imbécile, lui répond Thomas.
Ils se mettent péniblement au travail. Ou pas. Ca papote, ça chipote.
- Oh, s'il vous plait les gens, implore Ambre.
Madame Kleber entre.
- S'il vous plait Madame Rouquin, je peux vous voir 30 secondes ?
- Là ? Maintenant ? J'ai déjà du mal à les mettre au travail. C'est pas facile aujourd'hui…
- Oui, là maintenant.
Elles sortent. Madame Rouquin revient aussitôt au moment même où Ambre balance son blanco a travers la classe.
- Là, Ambre, je considère que c'est trop. La prochaine fois, c'est une retenue.
- Madame, c'est sur 10 ?
Elle déplace Ludovic qui se laisse distraire par Kevin qui a fini. Enfin, pas commencé.
- Tu ne fais pas la rédaction ?
- Non.
- Madame, je vous pose une question mais vous ne m'enlevez pas de point, prévient Sybille. D'accord ?
Ludovic veut changer de place car sa table bouge.
Mes voisines sont à fond :
- En 62, c'est la crise de Berlin ou Cuba ? Et en 49 ?

C'est marqué au tableau mais l'autre ouvre son livre. Elle se concentre et répond :
- La première.
- Merci de ce petit cours d'histoire.
- Madame, j'ai fini ! déclare Ambre.
La prof reprend pour tous la notion de guerre froide.
- Madame, j'ai fini, s'impatiente Ambre.
- Attends, je l'ai appelée d'abord, râle Charlie.
- Thomas, tu me donnes ton carnet. Là, ça suffit. Il est 25, est-ce que tout le monde a fini ?
Arpentant sa classe dans tous les sens, elle a l'œil et l'oreille sur chacun, essayant d'éteindre l'incendie partout où il se déclare. Un stress et une attention permanente.
- Maintenant, je ramasse, annonce-t-elle.
- Oh, non Madame, on est pas Speedy Gonzales quand même, plaide Sammy qui sort une feuille et un stylo.
Vérifiant la copie de Sammy, la prof réexplique la notion de guerre froide.
- Maintenant, je ramasse vraiment, je vais noter par compétence, en fonction du travail fait en classe.
- Ah, toi ta gueule ! se manifeste soudainement Ludovic .
- Ca je ne tolère pas ! Donne-moi 5 synonymes de ce que tu viens de dire !
Il se renferme aussitôt et reprend ses gribouillages sur la table.
- Mais, Madame, s'indigne Ambre, moi, vous voulez me mettre une observ ! C'est dégueu !
- Oui, mais toi tu nous a pompé l'air pendant toute l'heure ! Tu préfères 1 000 lignes, peut-être ?
- Oh, oui, même 100 000 ! Au moins ma mère ne les voit pas.
Elle ramasse vraiment les copies.
- Je vais mettre dans le cahier que le cours s'est mal passé. J'avais prévu un peu de repérage, tant pis.
- Mais Madame, on a travaillé, proteste Ambre.

Elle reprend son souffle. Redit comme cette classe est difficile à gérer. Regrette que le principe même empêche la création d'une tête de classe qui pourrait entraîner les autres. Regrette aussi que cette classe abrite des élèves brillants qui vont tout droit dans le mur : Sybille, Thomas ou Ludovic qui ne rend plus aucun travail depuis plusieurs semaines. Trop doués, parfaitement inadaptés au

système. Mais les 3°D ont au moins une qualité que les autres n'ont pas : ils sont vivants, trop, mais vivants !
- Tout se passe en classe avec eux, constate-t-elle. Ils ne font rien à la maison. Ils ne prennent, ni n'apprennent les cours. Si l'interro et la note peuvent les motiver à retenir quelque chose, tant pis. Je préfère qu'ils apprennent quelque chose. Allez expliquez ça à un inspecteur qui vient une fois tous les 5 ans, qui n'a aucune conscience de ce qu'est cette classe ! Alors bien sûr, devant lui, on prépare le brevet. C'est toute l'hypocrisie de cette classe : le même objectif et le même programme que les autres, mais rien d'autre en commun.
Mme Kleber m'avait déjà dit que plusieurs des élèves de la 3°D sont probablement des enfants surdoués, précoces comme on dit maintenant. Mais que les parents n'ont pas suivi : la mère de Sybille, par exemple, est folle, il est impossible de parler avec elle. Elle hurle tout le temps et ne comprend rien. Les parents de Ludovic sont trop sévères. Il a laissé tomber.
Qu'avait donc Mme Kleber de si important à dire ? Que l'une des profs d'histoire a quitté son cours en pleurant et est rentrée chez elle. Madame Rouquin enchaîne avec son autre classe de 3ème. Deux fois plus nombreux, deux fois moins bruyant. Une classe normale. Et un cours normal.

Sybille, la rebelle

Une gamine attachante. Toute fine, de grands yeux, de longs cheveux blonds qui cachent un sourire franc. Vive, maline, toujours en éveil. Mais trop. Ingérable, inadaptée. Elle dit tout ce qu'elle pense. A voix haute et souvent sans filtre. Elle n'a pas de limite, ni aucun respect de l'autorité. Mais elle est parfaitement consciente qu'elle abuse.
- Je suis cash, explique-t-elle. Je sais que les profs n'aiment pas ma façon de dire les choses. Je suis crue mais polie. Ma mère est comme ça mais pire. Elle gueule tout le temps. Dès le matin. Quand j'arrive ici et que les pions, ils commencent à hurler aussi, j'en peux déjà plus. Dans ma famille je suis devenue un monstre, personne ne me reconnaît plus.
Elle fait aussi tout ce qu'elle pense :
- La semaine dernière, j'ai planté un stylo dans l'œil d'un petit. Il m'avait trop cherchée, rigole-t-elle. Là, j'attends l'exclusion. C'est comme avec mon petit frère, je l'ai pris par les pieds, j'ai mis sa tête à 10 cm du sol et j'ai lâché. Sa tête, elle a fait crac. J'essaie de ne plus me battre, mais parfois, je ne peux pas me retenir.

Elle aurait dû passer un test de QI en primaire mais « mes parents, pour eux, c'était pas possible. » Elle voit des psys depuis 2 ans parce qu'en 4ème, elle a fait « une grosse dépression » suite à son déménagement.
- Mes parents ne savent plus quoi faire. Ils ont été à la MDSI et maintenant toute la famille est suivie par une éducatrice. C'est du pipeau complet, elle me demande ce que j'ai fait dans la semaine. Je la balade, je lui raconte ce qu'elle veut entendre. J'ai aussi un psy à Garderose où je vais tous les mercredis. Avec elle c'est cool, je la fais marrer, je lui raconte des trucs sérieux et je balance une ou deux petites expressions à ma façon pour la faire rire. Je joue un peu. J'ai plusieurs personnalités.
Garderose, ce n'est pas rien quand même, c'est l'hôpital psychiatrique du secteur.
- Pourquoi Garderose ?
- A cause qu'un jour, en février, j'ai pris trop de médoc parce qu'ils avaient dit que j'étais bipolaire. Ma mère me prenait la tête et j'ai voulu déconnecter, juste pour la soirée. Mais voilà, le lendemain, je pouvais même plus marcher. Ils voulaient me faire enfermer pour me couper un peu du monde. Et maintenant, je suis interdite de médocs.
Son avenir ?
Elle le voit très clairement : un bac pro esthétique.
- J'ai toujours voulu faire ça, dit-elle avec ferveur. J'attends avec impatience de bosser pour un truc que j'aime. J'ai toujours bien travaillé jusqu'en 4ème. Je n'ai jamais redoublé. J'ai accepté d'être dans cette classe pour qu'on m'aide pour mon orientation. Et pour les stages. J'en ai fait 3, ça s'est super bien passé. Surtout chez Auchan au salon d'esthétique. Ils m'ont trouvé mature, ils m'ont même donné le code de la carte bleue ! Ils ont eu confiance. J'ai tout fait comme une vraie, j'ai tout essayé, j'ai senti tous les produits. J'ai eu un pourboire pour un massage ! Le prochain stage, c'est chez la fleuriste près de chez moi. Je veux pas être fleuriste, mais c'est plus facile pour y aller. Elle m'a demandé : « C'est le métier que tu veux faire plus tard ? ». J'ai dit : « Vous savez, je n'ai que 15 ans. Mais ça sent tellement bon dans votre boutique. Je l'ai embobinée. »
Je lui demande ce qu'elle pense de son travail et si elle sait qu'il lui faut de bonnes notes pour aller en 2nde pro esthétique. Elle avait 11,58 de moyenne au 1er trimestre, 9,61 au second. Elle a 0 en règlement intérieur.
- Ouais, ouais, là, j'suis obligée. Depuis qu'elle a vu mon bulletin, ma mère gueule pour que je bosse. Je vais réviser. Tout le monde dit que le brevet, c'est plus facile que le brevet blanc. J'ai même recopié ma poésie pour le français

demain. Y a qu'en histoire/géo, là je peux pas … toujours répondre à ses questions.
Elle dit qu'elle n'est pas à sa place dans cette classe, mais elle reconnaît que cette classe est une chance :
- On fait plus de sorties, on fait plus de stages, on fait plus de projets. C'est toujours ça qui coupe les cours. Le projet archi, c'est trop cool. C'est moi qui ai eu l'idée. Mon groupe est le plus calme et quand ce sera fini, on va convier les parents à venir voir.

8 avril
Gavage d'ados
Dans la cohue du grand hall-cathédrale que les élèves traversent pour regagner leurs cours, je croise Mat, furieuse :
- Tu sais pas quoi ? Alice est rentrée chez elle !
- Et alors ?
- Tout ça pour pas faire le contrôle de français ! Elle a dit à son père qu'elle se sentait mal et il est venu la chercher. Elle a eu une heure de colle ce matin, tu m'étonnes qu'elle se sentait mal ! Tu me laisserais jamais faire ça, hein, toi ?
- Ben, non, mais si tu me dis que tu te sens mal, je te croirais et je viendrais aussi, tu sais.
Ouais, bon, elle file à son contrôle de français.
Je file moi aussi rejoindre Azzedine et ses 3°B. Toujours éteints, ils suivent le déroulé de l'histoire de France entre les deux guerres. La scission du parti communiste, le 6 février 1934, le Front Populaire. 20 ans, 2 heures.
Les 3ème roupillent, les 6ème sont toujours réveillés. Surtout quand c'est vie de classe. J'adore ce petit déballage : Selim a poussé Madeline et a cassé son bracelet, Alexis a aussi retrouvé ses affaires cassées, Selim, encore lui, a tiré les cheveux d'Alexis et Alexis l'a traité de « bouclettes man ». Azzedine prête l'oreille plus attentivement :
- Bouclettes man ? Et pourquoi bouclettes man ?
- Ben, sous la colère, ça m'est venu tout seul.
Bon … Azzedine qui cherche si cette insulte pourrait avoir une connotation raciste lâche l'affaire. Alexis a encore pleins de choses à dire :
- Ce matin, Selim a dit à Koran que j'étais illettré. Cet après-midi, j'ai défendu Madeline parce que tout le monde l'embête. Je me suis mis un peu à sa place. Et Selim a dit Alexis + Madeline = amour.
Toute la classe rigole. Koran intervient :

- Je me suis pris une baffe par Ines. Des fois, c'est 2 par jour.
Il n'obtient pas justice car toutes les filles de la classe lui tombent dessus :
- Tu nous embêtes tout le temps !
Les jeux de mains et de langues étant épuisés, Azzedine interroge Alexis sur sa visite à l'Internat bordelais où sa mère l'a finalement inscrit l'année prochaine :
- C'était super, raconte le petit. Ils étaient tous très sympas, …
- C'est un peu normal, le jour des portes ouvertes, commente Azzedine.
- Le prof d'anglais m'a dit : « Hello ! »
Louise, elle, reprend son cheval de bataille :
- Moi, mon sac il est trop lourd.
Il reste un peu de temps, excellent sujet. Azzedine vide le cartable de Louise et celui de Lucas pour comparer : un grand cahier d'histoire, 2 grands cahiers d'allemand et un livre, 2 grands cahiers de maths, 1 classeur de SVT, 2 manuels et un grand cahier d'anglais, un agenda, une trousse, une chemise de feuille.

17h15, Mat rentre de l'école collée à son portable en grande conversation sur les suites de l'affaire Alice :
- Tu m'envoies copie des messages que tu lui enverras, conclue-t-elle avant se s'attabler pour goûter. La pauvre Alice ! Elle se tape une méga crise d'identité ! Elle a encore pleuré parce qu'elle a eu un 4 en maths. Normal, elle fout rien. Aujourd'hui, en éval, je la voyais en train de chercher un truc par terre, et je regarde mieux, elle était en train de regarder son cahier dans son sac ! Avant, elle copiait, maintenant elle triche sans gêne. Elle a pas de chance, il faut dire. Théo lui a fait un sale coup : il est sorti avec elle et avec une autre en même temps. Et il lui a dit : tu pues, je te largue ! Elle, elle est restée en mode blocage sur lui.
Pendant qu'elle se goinfre de Nutella, je feuillette ses cahiers à la page d'aujourd'hui. Ils sont nickels. Les titres en rouge soulignés, les sous-titres en vert soulignés aussi, les polycopes bien collés, les cartes coloriées, les légendes aussi. Des grands A, des grands B, des grands C. Je prends la mesure de la notion de culture générale à la française : une leçon de géographie sur l'organisation du territoire, le rôle des acteurs publics et privés, les pôles de compétitivité ; les fonctions et leurs représentation graphique en maths ; la dénotation et la connotation en français, incipit et excipit ; la construction européenne en histoire, le traité de Rome et le traité de Maastricht ; la centrale thermique à flamme, conduction électrique et structure de la matière en physique ; … Je passe la SVT, les langues, … On les gave comme des oies ! Un

jeune anglais de passage chez moi le week-end dernier était effaré de voir Mathilde réviser 4 contrôles pour le lundi matin. « Chez nous, on ne va pas si profond, concluait-il. Pas à cet âge-là. Ca vient plus tard, mais on choisit ses matières. »
La bouche vidée, Mat me demande de lui faire réviser sa leçon de géo. Ca commence avec 22 définitions à savoir : DATAR (délégation interministérielle à l'aménagement du territoire et à l'attractivité régionale), ZUS, ZIP, tertiarisation, technopole, macrocéphalie, PAC, ... Est-ce bien raisonnable ? Bien sûr, Mat est en 3°A. Avec une 3ème normale, Azzedine a choisi une fréquence accélérée : 1 chapitre, 2 heures. Il simplifie, brosse les grandes lignes, renvoie éventuellement au livre pour plus d'infos. Avec les 3°D, Madame Rouquin donne des repères de culture générale : il y a eu une guerre en Algérie, Kennedy était un président des Etats-Unis, les pays pauvres en ont marre d'être pauvres. Tous auront fait le programme. Tous leurs élèves passeront le même brevet. Mais ils n'auront pas eu la même formation.

9 avril

Carpe Diem

Je croise Madame Deluz dans le couloir. Elle est toute contente. Son cours avec les 3° Segpa s'est bien passé.
- Ils ont tous chanté en chœur. C'est la 1ère fois qu'ils travaillent ensemble. Ils connaissaient des chansons de Renaud, vous vous rendez compte !
Je m'étonne :
- Ils ont chanté Renaud en anglais ?
- Mais non ! En français. Le jeudi à cette heure-ci, c'est chanson. C'est eux qui choisissent laquelle.
Mat déboule suivie de Alice qui pleure parce qu'elle a raté son contrôle de maths.
- Didi, le hamster est mort. On a fait son autopsie virtuelle, sans son vrai corps, ni son vrai sang pour savoir de quoi est il est mort !
- Et alors ?
- Ben, on sait pas, on a tous trouvés des résultats différents.

12 avril

Répétitions

La journée commence avec les deux heures des 5ème qui jouent le harcèlement. Le rythme s'est considérablement accéléré. Magalie propose des sketches, ils

s'exécutent à toute allure. Efficace, mais superficiel. Tous les adultes sont maintenant prêts à travailler gratuitement : Azzedine donnera 100 euros de sa poche, Magalie viendra le mardi midi sans rétribution. « Sinon, ça fait chier ! J'ai l'impression de tout faire à l'arrache, » explique-t-elle.
Le reste de la journée passe en double. 2 classes de 5ème sur la comparaison de la situation sanitaire en France et au Burkina Faso. La même affiche africaine d'une campagne de prévention qui invite à mettre des préservatifs. Deux remarques pertinentes, une dans chaque classe :
- On peut voir monter son espérance de vie si on a du fric !
- Que peut-on dire de cette affiche ?
- Elle est moche !
A deux reprises, Azzedine s'amuse à leur faire expliquer comment on attrape le Sida. Il se délecte à l'avance parce qu'il sait qu'ils ne peuvent pas dire « faire l'amour » sans devenir écarlates. Les mêmes questions, les mêmes notions, les mêmes pierres d'achoppement. Et par deux fois, Azzedine annonce qu'il va rendre les évaluations et ne les rend pas parce qu'il se fait prendre par le temps. Deux 6ème, deux histoires romaines. Je craque à la 2ème séance et commence à papoter avec ma voisine. Octave me sort par les oreilles ! Azzedine me rappelle immédiatement à l'ordre ! Je sèche les deux classes de 3ème qui suivent. Les élèves changent mais pas le prof : comment il fait pour toujours dire la même chose d'une heure à l'autre, d'une année sur l'autre ???

L'enseignement ou le taylorisme, réflexion d'Azzedine

Deux 6ème, trois 5ème, une 3ème ; une 6ème, trois 5ème, deux 3ème... autant de combinaisons possibles qui rendent compte d'un service « normal » d'un enseignant en histoire géographie éducation civique. Pourtant, une autre réalité se dissimule sournoisement dans cette succession de classes : à même niveau, même programme ! Autrement dit, que devient le savoir à transmettre lorsqu'il doit l'être à répétition, à l'instar d'un six coups ou de l'aiguille d'une machine à coudre ? Pan pan pan ; clic clic clic ; bang bang bang...

C'est comme les « bonjour » ou « au revoir » : à chaque classe son déluge de bonnes politesses, et dans chaque classe...des élèves, par dizaines s'il vous plait !

Il faut « marquer le coup ». Chacun d'entre eux s'attend à un regard, une façon de répondre personnalisés : ils sont Une classe mais ils ne le savent pas ! C'est bien légitime de s'attendre à un sourire original du prof, il est seul l'élève lorsqu'il dit bonjour, enfin il croît l'être. Au pays de l'individualisme, l'enseignant est Roi (Lui, il se croit empereur...).

Donc, disions-nous, il s'agit de personnaliser. Le cours surtout. Les progressions sur niveau sont sensiblement les mêmes. Et quand bien même, un décalage s'opère, le programme reste le même !

Est-ce le cœur de la pratique enseignante ? C'en est au moins une artère principale, vitale pourrions-nous avancer.

Sur la semaine, rien n'est plus prégnant. Imaginez les classes qui défilent, niveau après niveau et qu'avez-vous à dire ? La même chose mon général. Rien à signaler ? Drôle de question : bien sûr que si ! Je vis et je revis chaque heure, chaque parcelle du programme. C'est peut-être plus facile de chercher un trèfle à quatre feuilles. Le champ est beaucoup plus vaste.

Enchaîner et enchaîner les leçons. A propos de chaîne, il y en a un qui y a pensé : c'est Taylor ? Gagné ! (je ne sais si un de mes élèves de 3ème aurait répondu...)

Le travail à la chaîne, vous avez goûté ? Moi oui. Ce n'est pas rigolo... pas rigolo du tout, croyez-moi. Bon, c'est vrai qu'il n'a pas à proprement parler inventé le travail à la chaîne...Il a quand même énoncé les bases fondamentales du travail rationalisé.

Alors taylorisons donc.

Une classe de 6ème arrive à 8h15 : cours sur les origines légendaires de Rome. Une deuxième classe de 6ème arrive à 9h15 : cours sur les origines légendaires de Rome. Une classe de 5ème arrive à 10h25 : cours les inégalités face à l'alphabétisation. Une classe de 5ème arrive à 11h20 : cours sur les inégalités face à l'alphabétisation. Qu'est ce que j'ai en dernière heure? ... ah ! J'ai fini la matinée. Pause. A l'école, on a une pause aussi.

Voyons à 13h45, j'ai une ... 3ème, ouf. On fait quoi ? Les débuts de la guerre froide. Et à 14h50 ? Une autre 3ème sur... les débuts de la guerre froide. Pffff. Et je termine avec une 5ème : devinez sur quoi ? rePffff.

Le côté « vital » se révèle ici : faire en sorte que tout est nouveau pour tout le monde. C'est d'une injustice. C'est nouveau pour eux, pas pour moi. Alors quoi ? Justement (cette fois-ci) elle est là notre pratique enseignante ! C'est nouveau pour moi aussi. Enfin je dois le faire croire. D'abord à moi-même, on n'est jamais mieux servi que par soi-même dit le dicton. Je dois me convaincre par un procédé tout à fait définitif que je commence une séquence flambant neuve, pas une égratignure, pas une poussière (les élèves, eux, en histoire, n'y voient pourtant qu'une matière poussiéreuse...). Et voilà le prof qui se lance dans un combat, pas tout à fait à mort tout de même, dont l'objet est la transmission d'un savoir encore empaqueté et qu'il dénoue sous l'attention bienveillante de l'autre partie. Moi, je me suis convaincu, c'est fait. Vais-je les convaincre ? Ca c'est une autre paire de manches.

Je déballe consciencieusement mon évangile historico-géographique, en mimant mon discours, et je finis par mimer...moi-même. « Etonnant non ? ». Parfois, on a même l'impression de se parodier. Et tout ça, ça marche ? It depends.

Et c'est là l'autre artère « vitale » de cette pratique enseignante. Celle-ci, elle est pour notre pomme. Et heureusement. Même niveau mais pas même classe, pas mêmes élèves... processus sans cesse renouvelé mais pas tout à fait le même. Les interactions sont sensiblement différentes d'une classe à l'autre, d'un élève à l'autre.

De mêmes questions initiales, on glisse vers d'autres horizons et le savoir prend des chemins parallèles. D'un coup d'un seul, je ne me sens plus singeant mon collègue (mon autre Moi) de l'heure précédente, les autres m'ont ramené à une réalité différente : et si l'heure d'après... Gageons que... C'est l'effet de surprise, pire que la pochette : ce n'est peut-être pas une surprise finalement qu'elle contient.

Et la vie enseignante est ainsi faite, chaque jour, chaque semaine. Comment ? Oui, en effet, chaque année...

C'est définitivement le plus beau métier du monde ! Je dis M*** à Taylor and Co.

Un Enseignant, c'est celui qui a compris le processus. Ou il part en courant, ou il reste en marchant.

17 avril

Huis-clos

En attendant Azzedine dans le couloir, Gaétan me propose un titre pour mon livre : "Le pouvoir des profs !" Je comprends assez bien d'où lui vient son inspiration. Le prof est tout-puissant dans sa classe. Une question, un sourire, un rappel à l'ordre, une punition, une humiliation publique, il peut mettre chaque élève sur la sellette, à sa guise, quand et comme il veut. Derrière les portes pour la plupart fermées, qui est garant de son intégrité morale, de sa bienveillance, de la qualité de ses choix et de ses pratiques ? Les enfants me le disent et pas seulement quand il s'agit de Monsieur Gallart : « le prof, il est plus gentil quand vous êtes là, il essaie plus de nous faire rire, il nous fâche moins. » Le regard d'un autre adulte oblige-t-il à plus de contrôle, moins d'arbitraire ?
A l'inverse, quand son autorité n'est pas suffisante pour s'imposer à son auditoire, le prof est à la merci de ses élèves. Dans la classe de mon fils, en terminale, le prof de philo est affublé de surnoms ridicules et physiquement menacé par des élèves plus grands et plus forts que lui. Certains ont même déchiré ses notes. Officiellement, rien ne filtre, mais une de ses collègues avoue qu'elle a peur pour lui. Il peut se passer n'importe quoi n'importe quand.

Le cours sur l'empire romain commence. Alban n'a pas son cahier mais il se souvient comment est mort Antoine : « Il s'est suicidé. » C'est la 1ère fois que j'entends sa voix en classe. Ils sont 4 ou 5 à alimenter la conversation. Pour les autres, dans la torpeur de l'après-midi, le soleil chauffe derrière les vitres, il est facile d'écouter sans entendre. De se laisser bercer par les voix. De ne pas réfléchir, de faire semblant. La tête dans la main, les yeux dans le vide, Sadia gribouille.

Fabien, lui, on ne peut pas ne pas l'entendre :

- Monsieur, vous pouvez nous garder une heure de plus ?

Azzedine ne relève pas, annonce qu'il va rendre les contrôles et passe dans les rangs vérifier si les cartes sont coloriées. Il s'énerve dès le 3ème cahier :

- Et les légendes ! Combien de fois faudra-t-il le répéter. Une carte ne peut pas être comprise sans sa légende ! Ça sera gênant pour moi quand en 5ème, votre prof vous demandera : « Monsieur Laabar ne vous a pas appris à mettre une légende ? » Et que vous lui répondrez, j'en suis sûr : « Ben non ! »

Représailles immédiates, il ramasse 4 carnets. Dont celui de Fabien qui a perdu son livre et qui donc n'a pas pu faire sa carte. Les questions pleuvent : qui est Octave ? Comment a t-il accédé au pouvoir ? Qui nomme les sénateurs ?

Lucas lève la main :

- Non.
- Non quoi ?
- Non, rien.
- Monsieur, intervient Fabien, on peut rester une heure de plus ?
- Mais enfin, qu'est ce que c'est que cette question ? J'ai cours après, moi ! Pourquoi vous voulez rester une heure de plus ?
- Après vous, on a Monsieur Gallart !

A Monsieur Gallart, ils font le même sketch avec la prof de maths…

- Je ne veux pas le savoir, allez prenez la trace écrite.

Les voici à copier gentiment une dizaine de lignes. Ca sonne avant qu'Azzedine ait eu le temps de rendre les contrôles. Fabien planté devant le bureau reste pendant qu'Azzedine remplit les carnets d'observations. Il s'enferre dans ses explications au sujet de la disparition de son livre. Tout d'un coup, il pleure.

- S'il vous plaît pas une observ ! C'est encore un mois sans manger !

Azzedine ne relève même pas la tête.

- Mes parents y sont chiants, insiste Fabien en pleurant de plus belle, je mange qu'ici.

Azzedine lui tend son carnet avec un sourire et il sort en pleurant.

18 avril

Papa !

Ce soir, Mat récalcitre. Elle n'a pas envie de raconter.

- Il ne s'est rien passé d'intéressant ! L'anglais, le prof est beau mais c'était chiant. Maths, pas intéressant non plus. En sport, on a fini les éval. J'ai dû observer Dylan. J'ai cru mourir tellement c'était chiant. Il y a 5 niveaux, il n'est même pas au niveau 0. Je lui ai mis 0+. La prof, elle s'est pas rendu compte qu'on en avait rien à faire de ce qu'elle disait. Il faisait gavé beau. A la cantine, c'était trop bon, ce qu'on a mangé, du jambon-macédoine. Ils ont fait la perm dehors. Après, j'avais latin, j'ai fait un exercice au tableau. Et après contrôle de physique. Elle a mis des trucs qu'on avait jamais vus ! A chaque question, en plus. Mais ça va, je suis une fille intelligente. En français, contrôle aussi, 8 questions, il fallait beaucoup écrire. En français, elle a aussi fait un poème sur l'absence.

- Je l'ai fait sur Papa. Bon, j'ai un peu exagéré, ça fera plus genre.

Elle me montre son poème :

Plus le temps passe et plus son souvenir s'efface
Comme si le ciel bleu avait soudain pris une triste teinte noire
Ta tendresse et ton amour sont partis trop loin de moi
Pour que tu puisses encore être appelé Papa
Ce manque, tu sembles l'avoir comblé
Mais moi, j'ai du mal à m'en relever
Tous les jours, je pense aux moments qu'on a passés ensemble
Et à chaque fois je tremble
Car tu es parti comme une ombre dans le noir
Tu t'es évanoui sans me laisser d'espoir

19 avril

Un vendredi au collège d'après la merveilleuse élève Mathilde !

Le réveil sonne, à 7 heures pour moi. Parfois je me réveille déjà de mauvaise humeur et je le reste. Je me prépare, normal. Après, je vais à l'arrêt de bus et j'espère qu'il fait beau parce que la pluie et le froid ca va bien 5 minutes et puis c'est mieux quand il fait chaud parce que je suis pas obligée de mettre plein de veste ou de manteau ! Bref, je vais dehors avec le poids du sac comme celui d'un fardeau (tu as vu comment je suis trop une poète !). Le bus ça va, on finit sa nuit.

Au collège, je retrouve mes ami(e)s et là c'est vraiment bien. Puis, on va en cours de math...contrôle... stress ! Surveille le temps, calcule, écrit, surveille, vérifie, relève la tête parce que tu as mal à la nuque. Et le prof nous fait tellement peur ! Mais il est aussi très gentil. Le pire c'est quand tu sors et que tu compares les résultats. Surtout quand tes amies sont les meilleures de la classe et que tu te rends compte que tu n'as pas mis la même chose !!!! Bref, j'ai l'habitude, alors je dis rien. Je suis restée pour parler au prof parce qu'il s'est trompé de note, je n'ai eu que 12,50 au lieu de 11,50 mais à un point près ça fait une différence !
Après, anglais européenne, on fait des podcasts donc on ne parle pas trop mais comme j'ai tout compris, je suis TROP CONTENTE ;) Le prof parle qu'en anglais –Logique ! – enfin bref c'est bien, je trouve.
Puis techno, on est en demi groupe, on fabrique une mini-enceinte donc c'est vraiment bien parce qu'on peut faire tout ce qu'on veut. J'ai fini mon enceinte et j'ai eu 18 parce que même si c'est parfait tu ne peux pas avoir 20, juste 18 c'est la meilleure note. C'est bizarre... Et puis, le prof est sympa et très drôle, il devait venir avec nous en Angleterre mais il a des examens donc il ne peut pas.
Et physique, comme on est en demi-groupe on fait des T-P. Là, on a dû mettre des lunettes parce que dans l'expérience on devait faire un truc qui produit une explosion. Donc on fait l'expérience normale puis elle rend les T-P de la dernière fois et j'ai eu 9/10 ! C'est affreux, la prof quand elle parle, elle parle très aigu !!
Maintenant, c'est la pause de midi donc on sort et on squatte devant la porte du self parce qu'on doit manger bientôt mais on sait jamais quand et on se fait engueuler si on arrive en retard ou on passe retardataire ! Après on mange. Là, ce n'était pas bon donc on se rabat sur le pain puis on a beaucoup parlé. Après, on s'est fait mettre dehors donc soit je vais marcher avec mes amies soit je reste « dans les sacs » et on parle et on joue ... Et on se raconte tous les potins. Alice sort avec Luc, ils vont pas du tout ensemble et puis il est très mal coiffé !
13h45 ; on va se ranger devant le préfabriqué, parce qu'on a français. On s'assoit et on corrige des questions sur le texte de Ray Bradbury « Fahrenheit 451 ». Puis, la prof nous parle des choses de la vie : que, quand elle a allumé la télé, elle s'est rendue compte que la France entière parlait de choses qu'elle ne connaissait pas (nouvelles célébrités, etc. ...). On se dit qu'on a beaucoup de chance d'avoir une prof comme ça. Et on continue à parler, le sujet dévie vu qu'on s'intéresse tous.
On continue notre vie comme des bons petits moutons, j'ai latin pendant que d'autres vont en perm'. Je vais au tableau pour corriger un exercice. On distribue les livres, comme elle a mal c'est nous qui le faisons mais c'est drôle. On fait le cours comme d'habitude. Et à la fin, le premier qui sort doit effacer le tableau, donc on s'arrange pour sortir le deuxième.
Et la plus grosse erreur de la vie, c'est de nous mettre arts plastiques en dernière heure. On est complètement excités parce que déjà, c'est la dernière heure mais en plus c'est la dernière heure de la semaine !! Et comme on est plus libres, qu'on peut se lever et parler, parfois ça dégénère. Et on ne peut pas dire que la prof ait beaucoup d'autorité surtout avec tous les débiles qu'on a dans la classe. Mais c'est trop bien ce qu'on fait : on a commencé

par faire des graffs de notre signature et après on le fait sur une autre feuille mais on devant remplir la page de dessin, de mots, de graffitis, de traits, bref tout ce qu'on voulait !
Ca sonne et on répond plus de nos actes, on se rue dehors, et on se dit : "Au revoir, bon week-end" (en souvent moins poli). Moi je dis à demain à mes amies ! Et on file vers les bus où c'est aussi le bazar : tout le monde crie et rigole et puis on fait les débiles et c'est le week-end !

21 avril
Toujours, toujours travailler ...
Mat révise son brevet blanc et me met à contribution pour réciter une cinquantaine de dates à savoir par cœur et autant de repères géographiques. On est dimanche, il fait 25°. Dans le hamac au fond du jardin, sous les pruniers en fleurs, elle peine à se concentrer...

22 avril
Chagrin
Gaël m'interpelle dès que je mets le pied dans la cour :
- Laurence ! Tu devrais aller voir Mathilde, elle pleure.
Je cherche des yeux ma petite douce. Elle aussi m'a repérée et se cache dans mes bras. Elle pleure à gros sanglots. Ses copines m'expliquent :
- On a lu nos poèmes sur l'absence et tout d'un coup, elle s'est mise à pleurer, elle a dû sortir.
Je comprends. L'absence de son papa, finalement, ça la remue plus qu'elle veut bien le dire. Dans mon cou, elle murmure :
- Heureusement que j'ai une super maman.
En tout cas, une maman qui fait des câlins quand on pleure dans la cour du collège, elle est la seule. Je lui promets de l'attendre jusqu'à la sortie dans une heure. Une heure donc sur le parking avec Gwenaëlle et Alban qui n'ont plus cours. Ils s'échangent leur carnet pour compter les observ. Elles sont plus nombreuses sur celui d'Alban et toujours pour la même raison : travail non fait.
- J'essaie des fois, me dit-il. Mais même ma sœur, elle y arrive pas.
Gwenaëlle est intarissable.
- Madame, vous êtes trop jolie, murmure-t-elle en enchainant aussitôt : je viens de comprendre pourquoi mes parents s'étaient séparés.
- Ah bon ?
- Oui, c'est parce qu'ils sont tous les deux scorpions et chez les scorpions quand ils ont eu un enfant, la femelle, elle tue le mâle.
- Et ta mère a tué ton père ?

Je suis prête à tout entendre.
- Non, rigole-t-elle. Elle l'a quitté. D'une certaine façon, elle l'a tué. Il a disparu de sa vie. Mon père lui, il est toujours fou d'elle. Il a une copine mais elle est méchante. Elle mange des bonbons toute la journée devant son ordinateur. Et quand c'est l'heure de manger, elle nous ne fait jamais rien. J'adore ma maman. Mon beau-père, il est des fois mignon, mais quand il nous fâche … Moi, il me tape pas trop, mais mes frères, qu'est-ce qu'ils prennent !
Elle parle aussi de la leucémie qu'elle a eu a 2 ans et jusqu'à 6 ans :
- J'ai perdu tous mes cheveux et on me faisait de grosses piqures dans le ventre, ça faisait mal. J'ai raté ma 1ère année de CP parce que j'étais toujours à l'hôpital. J'ai redoublé, mais c'est pour ça que je n'ai pas les bases. Maintenant je suis guérie. Je vais faire un contrôle une fois tous les deux ans.
Elle parle aussi de Fabien qui s'est recassé les dents parce qu'on l'a poussé dans un poteau :
- Il est chiant, il veut toujours que je lui donne des bonbons. Il veut toujours ce que les autres ont. Et il ment tout le temps.

24 avril
Brevet blanc
Je constate avec surprise que même les 3ème D ont le nez plongé dans leur cahier miraculeusement apparu (vu qu'ils ne prennent jamais de notes, je me demande ce qu'il y a d'écrit dessus) ou dans leurs livres. 10 minutes avant l'épreuve d'histoire du brevet blanc, ça sent la panique dans la cour !
Pas de stress chez les 6ème, en revanche. Taiwena m'invite à prendre place à côté d'elle au 1er rang.
- Tu vas prendre une douche, se marre-t-elle. La dernière fois, le prof il a bavé sur ma feuille.
Gwenaëlle et Alban sont absents. Monsieur Gallart ramasse les punitions. Celle de Fabien a un coin déchiré :
- C'est ma petite sœur, essaie-t-il.
Peine perdue. A refaire et à faire signer. Même verdict pour Samir qui s'est trompé en recopiant … Doris hurle :
- Tu me fais chier.
Pas content Monsieur Gallart ! Il la reprend vertement.
- Mais elle a poussé ma chaise quand je m'assois !
- Je ne veux pas le savoir. Tu n'as pas un autre vocabulaire ?
Il distribue un extrait de l'Odyssée : Ulysse au royaume des morts !

- Monsieur, on va où quand on est mort ?

25 avril
Pronostics

Mat est outrée :

- Tu ne sais pas ce qu'elle a fait Alice, ce matin ?
- Non ?
- Elle a séché le cours de gym ! Elle est partie avec Aude et Linda après l'appel. Gaël l'a dit à la prof. Elles ont été convoquées direct chez Madame Kleber avec leurs parents.
- Et le brevet blanc d'histoire, ça s'est bien passé ?
- Oui, ça va, j'en étais sûre, on a eu la guerre froide. 1ère question, facile, 2è question : qu'est-ce qu'il se passe en 1917. Je savais pas, mais j'ai quand même mis l'entrée en guerre des Etats-Unis. Au début, j'écrivais juste les réponses et après comme j'avais du temps, j'ai développé. Le prof il a dit que ça faisait bien et que ça rapportait des points. A l'heure qu'il est, je ne me rappelle plus si j'ai mis tout ce que je voulais, mais sûrement puisque c'est sur mon brouillon. En géo, oh, la, la, Paris et son rayonnement. J'ai trop séché mais j'ai trouvé une super méga-conclusion. La carte, ouais, bof et l'éducation civique, c'était facile vu qu'on a fait que 2 leçons et qu'on a déjà eu la première au premier brevet blanc. Bon, en gros, je m'en suis bien sortie. Estimation en tenant compte des questions fourbes : entre 28 et 35/40.

En français, réécriture, je plains ceux qui ont pas bossé ! Lidia s'est fait piqué son sac. J'ai pris le sujet d'invention. De plus en plus triste : écrivez une lettre à un ami perdu. J'ai pris un garçon comme ça pas d'accord avec les "e" et je me suis rappelé de chansons gavé dépressives, genre Diam's quand elle pleure sa race. Je l'ai arrangé à ma sauce. Au passé pour les souvenirs, au présent pour maintenant. Tout à la fin, j'ai mis : « Vole dans l'éternelle candeur. » Je me dis que c'était peut-être une ânerie, je sais même pas ce que ça veut dire ! Par contre, il fallait expliquer : « J'ai traduit ses paroles en eau bleue », j'ai mis n'importe quoi : que c'était une langue que tout le monde parlait ou que c'est là où ils avaient versé leurs cendres dans la mer !

Pronostic : entre 25 et 30/40.

- Et en maths ?
- C'est notre prof qui nous surveillait. Il m'a dit en entrant : « Garde ta confiance », trop chelou ! Il y avait une réponse trop drôle sur une pizza dans le

QCM : « Il y a plus à manger dans celle où il y a le plus de sauce tomate. » Le prof a dit : « Eh oui ! On peut faire de l'humour des fois ! »
- Pronostic ?
- Entre 23 et 28. Madame Kleber est venue voir Lidia pour son sac et elle lui a dit que c'était de sa faute, qu'elle avait qu'à faire attention. Elle l'a gavé mal pris, Lidia !

26 avril
Souffrances
6°B, 6°A, bis repetita. Dernière après-midi avant les vacances de Pâques. Direction la salle informatique pour refaire les activités liées aux dernières leçons. Je papote avec les uns et les autres. Lucie me montre ses bras et parle de ses scarifications, bien réelles visiblement :
- Au début j'en parlais et je ne le faisais pas.
Elle est passée à l'acte depuis 2 mois :
- Monsieur Germain, le CPE, m'a reçue dans son bureau pour qu'on en parle. Il m'a demandé pourquoi je faisais ça et tout. Puis il a dit : « Ce serait bien aussi d'en parler avec tes parents. » Et il les a convoqués. Je me suis fait engueulée en rentrant à la maison ! Moi, j'ai l'impression que ça m'aide à sortir mes problèmes. Et si on fait pas trop profond, ça ne brûle plus au bout de 2 jours. En fait, ça me fait plus de bien que de mal.
Alexis demande la permission de donner la parole à son pote Marius. Et se lance dans un numéro de ventriloque devant une assemblée tout aussi moqueuse que ravie du spectacle. Son talent n'est pas évident, mais il se lance avec aplomb dans une impro :
- Notre président c'est la loose ! Je vais me présenter aux élections. Vive la France !
- Je ne voterai pas pour toi, macaque fluo !
Chez leurs potes, même consigne. Alban et Gwenaëlle sont toujours absents. Je passe derrière les sièges. Ca rigole, ça papote mais ça travaille. Ils font les activités à tour de rôle, se font deviner, donnent une réponse sur deux. Azzedine a quitté la classe sans prévenir. Taiwena lève la main et me demande :
- Madame, on fait quoi quand on a fini ?
- Je ne suis pas la prof, moi tu sais … Tu recommences ?
Fabien s'engouffre dans la faille. De pénible, il devient franchement horripilant. Aucun de ses 3 voisins ne peut plus rien faire, il cache les souris, fait des doigts d'honneur quand on résiste à ses débordements. Les choses s'enveniment. Il

commence à tripoter les sacs et à distribuer des pichenettes. Il rajoute une baffe pour ceux qui protestent. Au moment où je lance un : « Fabien, tu te calmes ! » Azzedine débarque dans la classe.

- Fabien ! Viens ici ! Avec ton carnet ! Non, mais ça va pas ? On donne des baffes en classe maintenant ? Et puis quoi encore ?

Fabien essaie de protester :

- Mais Monsieur, c'est pas moi !

Une observ plus tard, il se met à pleurer.

- Mais Monsieur, encore un mois sans manger ! Vous vous rendez pas compte ! Si j'ai encore une observ, je ne serai plus là après les vacances !

Il pleure toujours à gros sanglots quand la sonnerie retentit. Azzedine le rattrape sur le pas de la porte au moment où il s'apprête à quitter la salle.

- Fabien ! Ton carnet, c'est exprès que tu le laisses sur ta chaise ? Je t'ai vu le poser, ne nie pas.

- Je m'en fous, je vais le déchirer !

- Ca suffit ! Allez viens, je t'emmène chez Monsieur Gallart et vais lui dire de t'avoir à l'œil et ton carnet aussi !

Vendredi, dernière heure avant les vacances de Pâques Monsieur Gallart ne fait toujours pas de cadeau. Avant de ramasser les punitions, les devoirs pour la rentrée : lire deux contes de Perrault, faire le schéma narratif et résumer les textes en 5 lignes puis en 3 lignes, comparer les éléments de merveilleux avec Les Fées, réviser les PSR (propositions subordonnées relatives), révisez les cours de grammaire. La page du lundi est pleine.

- Et si on arrive pas à le faire ? s'informe Harry.

- On se force, répond Taiwena avec fatalisme.

Monsieur Gallart rend des copies qu'il a corrigées et distribue deux punitions : conjuguez le verbe se taire à tous les temps.

- Taïwena, c'est pas mal pour une fille !

Elle proteste immédiatement parce que Monsieur Gallart lui a enlevé 4 points pour avoir écrit volley au lieu de volley-ball.

- Dans la vie, explique Monsieur Gallart à sa jeune élève de 11 ans, il y a des concours où l'on exigera de toi que tu écrives correctement volley-ball au lieu de volley. Ce jour-là, ça fera 4 points et 4 points ce sera 50 places ! Léon, pour la rentrée, le verbe se taire à tous les temps. Et ne me dis pas que tu ne parlais pas, je double la punition.

Fabien aussi râle parce que grimper n'a pas 2 ″p″ :

- Ma mère, elle l'a corrigé. Moi j'avais mis qu'un p″

- Antoine, ton cahier de texte, le verbe comprendre en plus du verbe se taire ! A tous les temps !
Il termine l'heure avec la visite d'Ulysse aux enfers.

C'est Facebook que je visite en rentrant. Direction le mur de Lucie. A la date d'aujourd'hui, une photo de bras tailladés :

{Ce ne sont pas mes bras, no stress}
Lisez le texte.

"Tu veux te suicider ? Imagine ça. Tu rentres des cours un soir, après une horrible journée, encore. Tu es prêt à tout abandonner cette fois. Tu vas dans ta chambre, tu fermes la porte, tu reprends ce morceau de papier, cette lettre de suicide, que tu as écrit maintes et maintes fois, encore et encore. Tu prends cette lame de rasoir, et t'ouvres les veines pour la dernière fois. Tu prends cette boite de pilules, et les avales toutes. Tu t'allonges patiemment, tenant cette lettre sur ta poitrine, tu fermes les yeux pour la dernière fois. Une heure plus tard, ton petit frère toque à ta porte pour te dire que le diner est prêt. Tu ne réponds pas alors il entre, il voit seulement que tu es allongé sur ton lit, alors il pense que tu dois dormir. Il redescend et dit ça à ta mère. Elle monte dans ta chambre pour te réveiller, mais remarque que quelque chose ne va pas. Elle prend la feuille que tu as dans les mains, et la lis. Sanglotant, elle te secoue, crie ton nom, mais tu ne bouges pas. Ton frère, désorienté, cours dire à ton père que ta mère n'arrive pas à te réveiller. Ton père mon les escaliers affolé, voit ta mère en train de pleurer, tenant fermement cette lettre contre sa poitrine, près de ton corps sans vie. Il comprend rapidement, et se met à crier, jetant un objet à travers la pièce. Puis, il tombe à genoux, et se met à pleurer. Ta mère s'approche difficilement de lui, ils se prennent dans les bras, et pleurent. Le lendemain à ton lycée, la principal annonce ton suicide à la classe. Cela prend quelque seconde avant que chacun se rendent compte, puis, tout le monde devient silencieux. Ils se blâment tous eux-même. Tes professeurs pensent qu'ils ont été trop durs avec toi. Ces élèves populaires repensent à tout ce qu'ils t'ont dit de méchant, bêtement. Cette personne qui avait l'habitude de t'ennuyer et de t'insulter, ne peut pas s'empêcher de se haïr pour n'avoir jamais osé te dire à quel point elle te trouvait extraordinaire en vérité. Ton ex petite copine, celle à qui tu disais tout, celle qui t'a largué, pourtant elle ne peut pas supporter d'entendre cette nouvelle, elle s'effondre, se met à pleurer puis quitte la classe. Tes amis? Ils sanglotent aussi, se demandent comment ils ont fait pour ne pas se rendre compte que quelque chose n'allait pas, ils auraient aimé pouvoir t'aider avant qu'ils ne soit trop tard. Et ton meilleur ami? Il est en état de choque, Il ne peut pas y croire. Il savait ce que tu traversais, mais il ne pensait pas que ça pouvait aller si mal... au point d'en finir. Il ne peut pas pleurer, il ne sait rien ressentir. Il se lève, et sort de la classe. Dans le couloir, il s'effondre par terre, tremblante, se met à crier, mais aucune larme ne sort.
Quelques jours plus tard, à ton enterrement. Il y a foule.

Commentaire de Charlotte : "Putain, j'ai pleuré !"

Lu dans la presse :
Jeunes en difficulté : Vincent Peillon expose son plan

Le ministre de l'Education nationale Vincent Peillon a détaillé les grands axes de la politique qu'il compte mener en faveur des jeunes en difficulté, qu'ils soient déjà exclus du système scolaire ou simplement perdus. Car ce qui se passe aujourd'hui est une « catastrophe nationale. Certains élèves rencontrent des difficultés dès la maternelle ou le primaire, et 25% arrivent au collège avec des difficultés préétablies. Ils subissent alors des redoublements – inutiles pour 75% d'entre eux – avant de subir leur orientation vers des formations professionnalisantes déconsidérées » se lamente-t-il.

Le ministre de l'Education fait des élèves en souffrance une priorité alors que « le système scolaire français est inéquitable – la plus grande inégalité est celle du manque d'informations – et n'est performant que pour l'élite » déplore son entourage.

Des filières professionnalisantes – qu'il entend revaloriser en décloisonnant la filière générale et en plaidant pour la « diversité des excellences » – doivent donc offrir un avenir à des jeunes motivés n'ayant pas l'envie ou pas les capacités de poursuivre dans une "école de la défiance plutôt que de la confiance", mais pourrait également être le moyen de « raccrocher les décrochés.»

A peine nommé ministre, Vincent Peillon s'était engagé à faire revenir, en 2013, dans le système scolaire, 20 000 des 140 000 décrocheurs annuels, et 70 000 d'ici 2017.

13 mai

Finies les vacances ?!

Mat passe une semaine en Angleterre avec sa classe. Londres, Canterbury, un accueil en famille, des musées, un autre horizon et la pratique de la vie en collectivité. Je note que, si à titre personnel, je suis ravie qu'elle soit partie 2 fois cette année, est-ce équitable au regard de ceux qui ne sont pas partis du tout ? Plus, même, est-ce bien de donner à ceux qui ont déjà tout ? Question subsidiaire : est-ce vraiment intelligent l'année du brevet ?
Une fois n'est pas coutume, je suis invitée chez les CPE. Ils ne sont pas contents parce que j'ai fait savoir par le biais d'un article dans Sud-Ouest sur mon immersion au collège que leur porte ne m'était pas ouverte. Vexés de passer pour les vilains petits canards alors qu'ils prônent la transparence preuve à l'appui puisqu'ils ont même accepté comme stagiaire la fille de la présidente de

la FCPE. Ils réexpliquent leur position : ils n'ont pas eu l'accord de leur supérieur hiérarchique, le principal, pour me répondre –ce qui est faux, je le sais parfaitement. Mais sinon, ils l'auraient fait volontiers. Ils se disent, enfin, très gênés vis-à-vis des parents que le projet n'ait pas été officiellement présenté au Conseil d'Administration.
- Les droits des parents sont de plus en plus bafoués, concluent-ils. Et nous, nous sommes garants de ces droits.
Bon, on n'est pas plus avancés. Azzedine est outré :
- Prétexte bidon ! Eux, à la vie scolaire, ils savent parfaitement nous imposer leurs décisions sans concertation et sans égard ! Ils ne veulent pas ouvrir leur porte, qu'ils en portent tout seuls la responsabilité !
Je lui demande s'il connait la psychologue scolaire que je voudrais rencontrer.
- Ben, j'ai demandé depuis des mois que Koran et Jordan passent des tests et soient évalués sur leur capacité de compréhension. Leurs parents ont demandé un rendez-vous : Jordan en a eu un, mais elle l'a annulé et Koran n'en a toujours pas.
Et l'assistance sociale ? Pas mieux :
- En 10 ans, j'ai signalé de nombreux élèves. Jamais de nouvelles. Pour la dernière en date, Jenny, j'ai voulu m'adresser directement au principal en étant sûr que cela irait plus vite. Même résultat. Sa maman n'a jamais été contactée par l'établissement.

17 mai

Quoi de neuf ?

Derrière les vitres, les cerises du bel arbre planté dans le jardin des profs commencent à rougir. Mme Nicaise aussi qui pique une crise en salle des profs en protestant contre ma présence dans le collège. Elle fait vibrer la fibre parentale des profs : « imaginez qu'on interview votre enfant et que vous ne soyez pas au courant ! »
Je lui ai pourtant expliqué plusieurs fois que j'ai prévenu les parents d'élèves élus dès la rentrée et que j'appelle les parents des enfants que j'interview en privé. Elle me répond toujours qu'ils n'ont pas été prévenus par l'établissement. L'important c'est qu'ils soient prévenus, non ? Non ! Dialogue de sourd.
Azzedine et ses 5ème ont joué leur pièce de théâtre sur le harcèlement.
- C'était vraiment bien, se réjouit Azzedine. Les enfants étaient prêts, justes, synchro. Même si je ne suis pas très objectif, j'ai trouvé que notre spectacle était le meilleur. Et c'est gratifiant, pour tout le monde, le prof, les élèves. Pourquoi

ne pas instituer le projet comme partie intégrante des heures de cours. 1 ou 2 heures par semaine et par classe, on pourrait en faire des choses ....
Et finalement, Mme Kleber apprenant qu'il allait payer de sa poche a pu faire financer toutes les heures de l'intervenante.
Dans le rang, chez les 6°B, il y a un nouveau.
- Il s'appelle Jesue, m'informe Harry. Mais on ne lui parle pas alors il reste avec Jenny qui est toute contente parce que le nouveau lui a offert un porte-clés.
Azzedine m'explique à son tour que c'est probablement un enfant du voyage parce qu'il a eu un mot dans son casier : « nouvel élève, situation particulière ». Sans plus de précision. Il n'a pas de cahier et ne semble pas bien comprendre le français.
Après que Louise m'ait appris que son sac pesait finalement un peu plus de 8 kg, Hugo me glisse à l'oreille avant de monter en classe :
- Ne le dites pas à M.Laabar, mais il a oublié de nous faire les éval. Et c'est la fête des profs aujourd'hui, on va l'applaudir. L'initiative a été lancée par texto, me dit-il.
Finie l'histoire romaine, le chapitre suivant traite de la religion juive. Abraham, la terre promise, l'exode, Moïse, David et Goliath, les 10 commandants et la hiérarchie chez les anges. Azzedine prévient :
- Tout ça, on ne sait pas si c'est vrai. On n'a qu'une seule source, *La Bible* qui a été écrite par les Hébreux eux-mêmes. Peu importe. En histoire, on parle des hommes et de leurs croyances, pas de la vérité de ces croyances.
- Mais, l'interrompt Maurine, on n'était pas sur Rome ? On a changé ?
...
La même discussion reprend l'heure suivante avec les 6°A. Gwenaëlle est revenue avec un doigt de pied cassé, mais elle ne sait plus comment cela lui est arrivé. Fabien qui a oublié la carte à rendre aujourd'hui, est à fond :
- Est-ce que Achille et Ulysse on sait s'ils ont vraiment existé ? Et Monsieur Gallart, il nous en parle aussi, il fait de l'histoire/géo, maintenant ?
Gwenaëlle demande à Azzedine d'agrandir le texte qui est déjà vraiment très gros. Elle me dit qu'elle a besoin de lunettes mais que sa mère lui a dit que ce n'était pas possible pour l'instant.
- N'oublions pas, rappelle Azzedine que Jésus est ...
- Mort ! répond Fabien.
- Non, enfin si, mais surtout il est juif.
Ils ont quelques réminiscences des heures passées en français :

- Moïse, il a trouvé un buisson en feu qui lui a dit : « viens ». C'était Yahvé qui voulait faire une alliance.
- Mais comment il a fait pour avoir 12 enfants ? s'étonne Gwenaëlle.
- Vous pouvez être tellement enfant quelquefois que vous êtes adorables, s'attendrit Azzedine en terminant son cours.

21 mai

Les perles

- Deux cent-dix ohmètre, c'est combien Aude ?
- Ben, c'est son poids, clashe Antoine.

En 3ème :

- Pour quelle guerre parle-t-on des poilus ?
- La guerre de cent ans.
- C'était quand ?
- Le 14 juillet 1932.
- Non, rectifie le prof, 1914-1918.
- Mais elle ne dure pas 100 ans ?

Question de Monsieur Gallart :

- Comment Dieu a-t-il créé l'homme ?
- Il a dit abracadabra ?

Evaluation de 5ème sur le moyen-âge, le rôle des échevins et des guildes de métiers.
Question : Donnez le nom que peuvent porter ces associations et dites à quoi elles servaient ?
Réponse : *Il y a le pôle emploit qui sert à trouver du travail au personne qui non pas de travaille.*

22 mai

Combattre l'échec scolaire

Cet après-midi, réunion du corps enseignant, m'informe Monsieur Gallart :
- Des collègues seront réunis en commissions. Parmi les sujets, la baisse du niveau, la discipline et les sanctions... mais il ne faut pas renvoyer les élèves perturbateurs. Peut-être aussi les élèves signalés difficiles et en échec- ils disent en difficulté, ce qui moindre dans l'échelle de la décrépitude intellectuelle

annoncée- qui bénéficieront – le terme est superbe quand on fonctionne à moindre coût- d'un PPRE (traduction : programme personnalisé de réussite éducative). On s'achemine plus ou moins ouvertement vers une généralisation des compétences. Résumons : si un élève n'a pas le niveau.... il passe.... S'il n'a pas les compétences, on les lui validera par ailleurs, en passant par-dessus les profs, voire par-dessus l'administration. Pour les certifications en langue, ceux qui n'ont pas le niveau se le voient attribuer par d'autres que les profs... La réunion, je n'irai pas !

Il a aussi interpellé le député socialiste sur l'inégalité des salaires dans la fonction publique :

- Je me suis fait engueuler ! La secrétaire m'a répondu qu'un député socialiste ne pouvait pas poser ce genre de question à un gouvernement socialiste. En gros, c'est ferme ta gueule, conclut-il amer.

En revanche, après avoir ramassé les punitions (Fabien a mis la sienne dans le casier du prof mais elle a visiblement disparu, Harry a oublié les alinéas, « Eh ben, tu recommences » lui répond toute la classe en chœur), il ne désespère pas de faire apprendre le verbe être à ses 6ème :

- Mélanie, le verbe être au plus-que-parfait ?

Elle reste muette.

- Tu veux passer en 5ème ?
- Oui.
- Sans savoir le programme de CM1 ? Eva, le futur antérieur et donne-moi les terminaisons :
- ai, …
- Récite le verbe !
- Je, j'ai … mince …
- Harry ?
- J'aurais eu, ais, nous aurions eu, vous auriez eu, …
- Tim, qu'est-ce-que tu en penses ?
- Il l'a fait à l'imparfait.
- Sadia, avoir à l'imparfait ?
- J'avais, tu avais, il avait, nous avions, vous aviez, ils avaient

Hourra, elle le connaît ! Monsieur Gallart est le 1er étonné. Moi, la seconde.

- Allez, on passe à autre chose. Lundi, vous aurez une évaluation sur l'Iliade et l'Odyssée …
- On avait dit qu'une hyperbole, c'était une exagération, l'interrompt Eva.

- Oui, oui, mais là, on passe à autre chose. On va maintenant travailler sur le conte. Qui parle ? Marine ? Tu prends ton carnet, pour demain, raconte une histoire, une vraie histoire, une page, une page et demie sur une petite fille qui ne dit que des grossièretés. Et tu fais signer par tes deux parents.
Plongeant à la naissance des contes, il leur parle d'un temps où l'on croyait au diable et aux sorcières, d'un temps où les enfants « n'étaient pas les petits chéris à leurs parents que vous êtes » et travaillaient dès 3 ou 4 ans, d'un temps où mourir de faim n'était pas une histoire qui fait peur.
- A cette époque, détaille-il, on mariait les filles de force, à 14, 15 ans. Vos camarades de 3ème seraient mariés. Et quelquefois à des vieux.
- C'est dégueu, commente Taiwena.
- Monsieur, s'informe Fabien, en vrai, vous êtes vieux ou pas ?
Il laisse la question en suspens, laisse partir les 6ème et accueille ses 3ème mous. Sans compter les 7 absents, ils sont encore 6 à n'avoir pas rendu leur fiche de lecture donnée au début de l'année.
- Si je ne les ai pas avant la fin de la semaine, c'est 0. A l'écrit et à l'oral. Coefficient 2, ça fait 4 zéros. Prévenez vos parents.
Il lance une nouvelle question : pourquoi le lundi de Pentecôte était férié ? C'est quoi la Pentecôte ?
- C'est la fête des morts, se lance l'une.
- En fait, explique un autre, les gens ils avaient construit une tour pour toucher le ciel, comment, elle s'appelle cette tour déjà ?
Personne ne sait. Désabusé, il leur passe des extraits video d'Horace de Racine. Une sombre histoire : une guerre fratricide éclate entre Rome et Albe, chaque ville désigne trois champions qui se battront en combat singulier pour décider qui devra l'emporter. Le sort désigne les trois frères Horaces pour Rome et les trois frères Curiaces pour Albe. Ils sont tous mariés ou amoureux d'une femme du clan adverse. Lors du combat, deux Horaces sont rapidement tués et le dernier commence par s'enfuir. Son père est ravagé par la honte et préfèrerait qu'il soit mort.
- Ca vous paraît réaliste ? interroge Monsieur Gallart. Pendant la 2ème guerre mondiale, un père japonais a tué son fils qui espionnait pour les Etats-Unis. Mais en fait, le fils ne donnait que des fausses infos, mais pour que les Etats-Unis croient que les infos étaient vraies, il fallait que l'histoire soit vraisemblable. Le père a donc tué son fils sachant que ce n'était pas un traitre mais un héros. Pour servir son pays. Comment ça c'est terminé cette histoire ?
- Par la bombe atomique.

- Oui, sur quelles villes ?
- Fukushima, répond fièrement Emma.

J'ai noté PPRE. Je m'informe. Selon les sites officiels, un programme personnalisé de réussite éducative est un plan coordonné d'actions conçu pour répondre aux besoins d'un élève lorsqu'il apparaît qu'il risque de ne pas maîtriser les connaissances et les compétences du socle commun. Il est proposé à l'école et au collège et peut être déclenché à tout moment. Il est élaboré par l'équipe éducative, discuté avec les parents et présenté à l'élève. Le PPRE fixe des objectifs précis en nombre réduit. Il est normalement obligatoire pour les élèves qui redoublent et constitue une alternative au redoublement.
- C'est un contrat, m'explique Madame Kleber, qui lie l'élève, la famille et l'équipe éducative, chacun s'engageant à respecter la part qui lui incombe.
Imposé, sans aucune formation, cet aspect contractuel a d'emblée indisposé les profs. D'abord parce que, naturellement, la plupart fonctionne déjà sur le mode PPRE, repérant très vite les difficultés d'un élève, rassemblant l'équipe pédagogique pour confronter les points de vue et rencontrant les parents pour en parler. Ensuite, parce que beaucoup y ont vu une tâche supplémentaire à mener dans le cadre de la classe sans aucun moyen, ni aucune préparation. Cette année, ils n'auront guère le choix : la culture du chiffre qui prévaut désormais dans les services de l'Education Nationale exige que nous fournissions notre quota officiel de PPRE.
Le collège a donc entrepris de se concentrer dès la rentrée prochaine sur les PPRE passerelle entre le CM2 et la 6ème. Un gros travail a été entrepris avec les écoles primaires de la commune pour obtenir des instituteurs une fiche simple et claire sur chaque élève et sur ses éventuelles problématiques en lieu et place des 20 pages du bilan de compétences transmis avec chaque dossier. Une base de travail qui a permis d'identifier 19 élèves n'ayant pas atteint le palier 2 en français et en maths. Parmi eux, 3 ou 4 ont été testés et relèvent de la Segpa mais leurs parents s'y sont opposés, 3 ou 4 n'ont pas été testés mais relèvent très probablement de la Segpa aussi.
- C'est de la foutaise ! m'explique un prof. Expédiés en une journée en début d'année, tous les PPRE, PPS (programme personnalisé de scolarisation) et autres PAI (programme d'accueil individualisé) ! Tout beaux sur le papier, la prise en charge de la difficulté et les aménagements proposés par rapport à l'emploi du temps. En pratique, hormis les questions de santé qui font peur (s'il arrive un problème dans notre classe, on est mal), le reste dépend complètement des profs.

Ils aménagent ou pas, ils en tiennent compte ou pas. Autant dire qu'avec 30 élèves et 0 soutien, il est impossible de faire un cours en vérifiant que celui-ci écrit en arial 12 sur fond jaune sur son ordinateur, en veillant à ce que celui-là ne tripote pas tout le temps ses feuilles, en évitant que l'un ne passe son temps à rêvasser ou en pensant que l'autre ne peut pas comprendre une consigne écrite, …

Azzedine est effectivement le seul que j'ai vraiment vu adapter sa pratique au cas d'un enfant, traduisant ses cours en italien pour une élève arrivée de Rome en cours d'année, envoyant les cours tapés aux élèves dyslexiques ou proposant des évaluations différenciés selon les possibilités de l'élève.

24 mai

Vie de Mat

- Le prof d'histoire, il a dit que les brevets n'étaient pas bons. Il a mis des 3 sur 40. Mais il a dit que, dans notre classe, il ne fallait pas s'inquiéter. Tu sais que les réponses les plus honteuses, ils les affichent en salle des profs ! Ils doivent bien rire. ! Mais ils doivent être bien déçus aussi. On a eu cours à 15. C'était génial. On n'avait pas honte de répondre même des trucs pourris. D'habitude, il y en a toujours un qui se moque. En latin, on a eu un contrôle, mais on avait droit au livre et au cahier. Cool, j'avais pas révisé. La prof, elle a dit que c'était pour pas plomber notre moyenne avant l'arrêt des notes la semaine prochaine.

Ce soir, direction le cinéma de la commune où une classe de 6ème donne une représentation après un an de travail sur l'Amour Médecin de Molière :

- J'ai proposé le projet à l'établissement en juin dernier, explique leur professeur, L'idée étant de pouvoir utiliser l'heure de soutien en ½ groupe inscrite à l'emploi du temps. A la rentrée, nous avons commencé par lire la pièce –une première lecture qui n'a pas convaincu tout le monde- puis nous avons travaillé à la réécriture de certains passages, soit pour raccourcir des scènes, soit pour simplifier des tournures trop compliquées. Mais sans dénaturer la pièce, ni la langue de Molière, même si certains des passages, dansés notamment ont été revus au goût du jour, Molière n'ayant pas eu le privilège de connaître le Gangnam Style … Mon objectif n'est pas la performance théâtrale, mais qu'ils arrivent à se dépasser. Avec un bénéfice secondaire sur la qualité du vivre-ensemble dans la classe. C'est une classe plutôt difficile à qui le projet a aussi permis de travailler sur la concentration, le dépassement des conflits, le respect, la discipline, la confiance en soi.

L'adhésion des élèves s'est faite au fil du temps : « on s'est rendu compte que c'était drôle quand on a commencé à jouer », reconnaît une élève. Mais ils ont toujours peur « d'avoir la honte », surtout les amoureux quand ils doivent s'embrasser.
A quelques minutes du spectacle, la prof est sur les rotules. Ils ont répété toute la journée dans une ambiance électrique. Mais le résultat en vaut la peine : devant un public de parents conquis d'avance, les élèves jouent le jeu. Ils savent leur texte, ils y mettent le ton et l'investissement qu'il faut pour donner vie à leurs personnages. Et ils y prennent du plaisir.

25 mai
C'est Monsieur Gallart qui va être content !

La cour des comptes critique le fonctionnement de l'Éducation nationale et propose des remèdes.

C'est une charge assez rude contre l'Éducation nationale. Les magistrats de la Cour des comptes ont analysé la gestion de cinq académies sociologiquement différentes, a priori représentatives du pays, dont celle de Bordeaux. Leurs conclusions ne sont pas tendres. La gestion des enseignants souffrirait de « nombreux dysfonctionnements ». Mais ces « Sages » enfoncent surtout un coin important, celui des effectifs, en affirmant que le problème n'est pas de supprimer ou de créer des postes, mais de « modifier les règles de gestion ».

Autrement dit, la disparition de 80 000 postes sous le précédent quinquennat ou la promesse de 60 000 postes créés durant ce mandat ne changeront rien aux résultats médiocres de nos élèves, dès lors que le système n'est pas rénové en profondeur. Les 837 000 enseignants français coûtent 50 milliards d'euros, soit 17 % du budget général de l'État. Pour la Cour, le problème ne vient pas de leur nombre mais de la façon dont ils sont employés. Elle suggère une réforme d'ensemble pour revaloriser leur métier et les rendre plus efficaces.

Parmi ces dysfonctionnements, le rapport pointe du doigt le fait que les heures de cours sont pratiquement les seules prises en compte dans le temps de service, et non le travail collectif par exemple. Les magistrats déplorent également que les profs soient insuffisamment payés : 35 % de moins qu'un cadre de la fonction publique et en dessous des salaires appliqués dans la plupart des autres pays européens riches. Ils préconisent cependant une rémunération basée sur le mérite et une plus grande autonomie de décision des chefs d'établissement.

En substance, les Sages expliquent que l'Éducation nationale est incapable de dire ce qu'est un bon prof, de le former dans ce sens, de lui donner des objectifs pédagogiques clairs et de l'évaluer sur cette base.

Pédagogie et politique

Côté syndicats enseignants, les réactions ont également varié selon les lunettes chaussées. Le Sgen-CFDT s'est « réjoui que la Cour des comptes valide ainsi les analyses et revendications qu'il porte depuis longtemps ». « Nous n'approuvons pas tout, mais il est heureux que l'on demande de prendre en compte des pans entiers du travail des professeurs », résume Pierre-Marie Rochard, représentant aquitain du Sgen. Le principal syndicat du secondaire, le Snes, se montre bien plus critique. « On peut rejoindre certaines conclusions, comme celle de la rémunération ou la reconnaissance du travail collectif, mais je trouve étrange que la Cour des comptes se mêle de pédagogie », tranche Jean-Pascal Méral, du Snes Aquitaine.

En fait, il n'est pas content Monsieur Gallart :
- La Cour des Comptes, elle n'a que 15 ans de retard sur moi et elle n'examine que les 8 dernières années. La perte est bien plus grande- sans doute 40%. Alors calculons : si un certifié gagne 2000 euros/mois – au bout de 10 ans d'enseignement, bien sûr, il ne perd que 700 euros par mois. Or, qui peut perdre 700 euros par mois, sinon les riches ? Conclusion : les enseignants sont riches...donc, ils n'ont pas à se plaindre. Et ce matin, personne n'en parlait dans la salle des profs, preuve que personne ne manque d'argent ou que l'on a peur d'être ridicule.
Il résume encore :
- Salaire ridicule, aucun pouvoir pédagogique, aucun pouvoir de décision, aucun pouvoir d'orientation... Face à cela, une administration qui s'occupe de gestion et des parents d'élèves consuméristes qui protègent des élèves consommateurs à qui ont laisse tout faire, sans rien demander ni en termes d'efforts, ni en termes de connaissances, ni en termes de niveau. On voudrait mettre un terme aux maîtres qu'on ne ferait pas mieux. Mais on ne peut penser cela, ce serait ridicule ! Non?

26 mai
Merci Pronote !
Les résultats commencent à tomber. Mat a eu 25/40 en maths, conforme à ses pronostics et à son niveau. En revanche, sa prévision en histoire était fausse :
- Tu sais combien j'ai eu ? 36 sur 40 ! La classe ! 18/20 !

Elle est trop contente !!! En attendant elle prépare son épreuve d'histoire de l'art. Elle a travaillé avec Alice et Pierre sur Ernest Pignon, un artiste plasticien contemporain. Ils se sont vus 3 fois, se sont divisé le travail et présente une œuvre, une piéta africaine dans un township de Soweto, devant un jury composé d'un prof d'arts plastiques et de français.
23h : elle est couchée et m'envoie un texto du fond de son lit : « C'est quoi l'apartheid ? »

Aux infos : un reportage sur les parents qui, de plus en plus, remettent en question les notes, les professeurs et leurs méthodes. « Ils ne nous font plus confiance », regrettent les profs tandis que les parents invoquent la pression économique et la nécessité pour leurs enfants de réussir.

27 mai
Rassurez-moi !
Je débarque au moment où Mat termine son épreuve d'histoire de l'art.
- Ça va dit-elle. J'étais stressée, mais ils nous ont posé des questions pas trop dures. Ils nous ont dit quand on est sortis : « Ne vous inquiétez pas pour vos notes. »
J'ai rendez-vous avec la direction pour parler du refus des CPE de m'ouvrir la porte. Ça se confirme : leur argumentation ne tient pas la route, c'est une rancœur personnelle contre Azzedine. Ça a le mérite d'être clair. Pour la 1ère fois –on est fin mai-, le principal me demande comment les professeurs m'ont accueillie, si je ne rencontre pas d'hostilité ici ou là. Il m'invite à revenir en début d'année prochaine pour me montrer tout ce que je n'ai pas pu voir cette année…
- Chez nous, rassurez-moi, ce n'est pas *Entre les murs* quand même ?
Non, bien sûr. Quoique que quelquefois chez les 3°D, nous n'en sommes pas loin.
Il s'informe de la manière dont les profs m'ont ouvert leurs portes :
- Ils ne sont tous partants, suis-je obligé de lui répondre. J'ai l'impression qu'ils sont partagés entre l'envie de parler de leur métier et la peur d'être jugés.
- Ils n'ont pas l'habitude, reconnait-il. La plupart reproduisent l'école telle qu'ils l'ont vécu élèves. Peu sont prêts à bouleverser leur pratique, à imaginer de nouvelles manières d'enseigner. On a beaucoup de mal à les faire évoluer. Et dieu sait qu'aujourd'hui, nous en aurions besoin.

Il se demande comme Azzedine si j'ai réussi à découvrir ce qui fait qu'un prof tient sa classe.
- L'autorité naturelle, la distance suffisante, la confiance en soi, la peur qu'on inspire, un quelque chose qu'il est difficile de définir. On l'a ou on ne l'a pas …
La secrétaire nous interrompt :
- Il y a une maman dans le couloir qui attend depuis un moment pour vous voir. Elle veut se plaindre parce que son fils a raté son épreuve d'histoire de l'art. Elle n'a pas traîné !

Appel de Mat à midi :
- Je me suis encore trompée dans mes pronostics ! J'ai eu 33 sur 40 au brevet de français !
Encore une fois trop contente !!! Dans sa classe, la moyenne générale au brevet blanc est de 28 sur 40. Elle est de 18 sur 40 pour l'ensemble des 3ème et de 11 sur 40 pour les 3°D.

28 mai

La psy qui aide à l'orientation

Elle pense qu'elle appartient à une espèce en voie de disparition vu le nombre de postes qui ne sont plus affectés tous les ans. Conseillère d'orientation psychologue en charge de 1 500 élèves sur 3 établissements, elle est présente depuis 4 ans le mardi soit environ 40 jours dans l'année. 1/2h par rendez-vous. Dans son bureau elle a un ordinateur depuis 2 mois, bien pratique quand on recherche une formation, mais elle ne peut pas laisser de document aux élèves ou aux parents, elle n'a pas encore d'imprimante.
Elle reçoit les élèves qui la sollicitent, les parents et peut être alertée par les profs principaux. Elle peut faire passer des bilans psycho-techniques à la demande des parents pour évaluer les capacités d'apprentissage de leurs enfants. Le résultat de ces tests est donné aux parents et s'ils l'autorisent (quasiment jamais) aux profs.
En début d'année, elle rappelle toutes les familles dont les enfants n'ont aucune affectation, une dizaine l'an dernier car, m'explique-t-elle, l'établissement est responsable d'eux un an après leur sortie. Quand elle n'arrive pas à les joindre, d'autres dispositifs prennent le relais avec succès puisque les ¾ des élèves sortis du système scolaire se réinsèrent, me dit-elle. En fin d'année, une partie de son temps est consacré à vérifier la cohérence des vœux d'orientation des 3ème.

- Je travaille le projet d'orientation et la projection dans l'avenir. Une question cruciale pour tous ceux qui ne vont pas en 2nde générale et qui n'ont pas le temps d'attendre jusqu'à 18 ans pour choisir leur avenir professionnel, soit ici, environ 40% des élèves. Je les alerte aussi sur l'urgence de la situation J'essaie surtout de leur faire comprendre comment fonctionne le système et où chercher l'info.
Elle n'a pas vraiment le temps de creuser le projet de chacun d'eux d'autant qu'elle doit aussi intégrer le temps du renoncement. Celui des enfants qui ne seront pas pilote d'avion et celui des parents qui n'auront pas l'enfant médecin dont ils avaient rêvé. Cela peut prendre des années …
- Toutes ces questions demanderaient du temps, plusieurs entretiens, un vrai travail de fond. Moi, j'ai l'impression de survoler …

29 mai
Accélération
Mat râle quand je la croise dans la cour de récré à 10h :
- J'ai eu 16 en histoire, ça fait baisser ma moyenne générale ! Je passe de 15,69 à 15,38.
Le drame. Elle n'a guère de répit, ni de temps pour se lamenter, déjà focalisée sur la prochaine note. A une semaine du dernier conseil de classe, elle a 3 contrôles demain, physique, histoire et anglais. Avec constance, elle passera l'après-midi à jongler entre le conducteur électrique dans la matière, deux leçons d'histoire (le monde depuis 1990 et la France depuis 1958 … et l'apprentissage des 10 plus grandes métropoles, des 21 plus grands fleuves, …), la subtile différence entre présent parfait et présent parfait progressif. Après-demain, ce sera contrôle de maths.
C'est vraiment la dernière ligne droite. La pression monte chez les 3ème. Il faut boucler les programmes. Azzedine distribue les cours qu'il a tapés : une activité, un cours écrit (sera-t-il lu ?) et passage au chapitre suivant. Il vérifie les automatismes :
- Qui était président en 1975 ? En 88 ? Combien de temps dure un mandat législatif ? Pourquoi Chirac s'est fâché avec Baladur ? Qu'est-ce qu'une cohabitation ? Comment un gouvernement peut-il tomber ?
Et il passe à la leçon suivante, un cours qui n'est pas d'histoire pour moi, mais d'actualité. Mais ces enfants sont nés en 1998 … Quand Azzedine se souvient avoir passé la nuit devant la télé pour assister en direct à l'opération Tempête du désert, la capture de Saddam Hussein au fond d'un trou, est pour eux, de l'histoire ancienne.

- Vous devez connaître son nom, au moins par les Simpson ? espère-t-il avant de demander la date d'un autre événement majeur ces 10 dernières années :
- Les tours jumelles ?
- Oui. C'était quand ?
Un chœur :
- Le 11 septembre.
- De quelle année ?
Le chœur s'éteint.
Arrive Madame Carmat qui doit récupérer les fiches de vœux pour l'orientation avant le conseil de classe. Les parents doivent faire part de leur souhait : redoublement, passage en 2nde générale ou professionnelle. Jusque là c'est simple, surtout pour ceux qui veulent et qui peuvent aller en seconde générale au lycée du secteur à ceci prêt qu'il faut spécifier les enseignements d'exploration choisis et donc savoir de quoi il s'agit. Pour les autres, entre les parents qui demandent le passage contre l'avis du conseil de classe après plusieurs rendez-vous où il leur a été pourtant spécifié que leur enfant ne pourra pas suivre, le redoublement ou les choix à faire entre toutes les filières pro, cela peut devenir un casse-tête :
- L'orientation devrait faire l'objet d'un vrai projet d'établissement tout au long de l'année, d'un travail de fond mené avec les familles, regrette Madame Carmat. Des élèves peuvent se retrouver orientés sans l'avoir décidé ou sans affectation.
Comme Azzedine, elle pense que l'orientation devrait faire l'objet d'un travail systématique réunissant chaque élève, ses parents et l'équipe pédagogique.

Pour les 6ème, pas d'urgence. Ils ont même le temps de rêver aux grosses cerises qui les narguent derrière la fenêtre. « On a pas le droit de les manger, se désole Taiwena. C'est que pour les profs. »
Après la leçon sur Jésus qu'Azzedine présente comme un rabbin juif qui est, pour Dieu, l'occasion de faire une piqûre de rappel aux hommes : « Tu vas aller porter la bonne nouvelle et dire que j'existe toujours à mes croyants » et la question de Loïc (« Christ, c'est le nom de famille de Jésus ?), Azzedine fait fermer les cahiers pour régler les problèmes du jour :
- Bélinda, elle a mis des mots pas sympas dans mon sac, se plaint Maurine. Elle a dit que j'étais à 6 mois de grossesse.
Azzedine parcourt les mots.
- Rien de bien méchant, conclut-il.

Il leur fait échanger excuses et promesse de réconciliation avant de se tourner vers Alexis.
- Alors, que se passe-t-il ? Tu m'en parles ou j'interroge tes camarades et ne t'inquiète pas, je finirai bien par savoir ....
- Ben, heu, c'est difficile d'en parler, s'incline Alexis ... Bon, vous savez que j'ai beaucoup de problèmes dans ma vie ? ... heu ... C'est plus difficile à dire que ce que je croyais...
Koran vient à la rescousse :
- Alexis, chez lui, il fume.
- Ça m'a pris comme ça, explique Alexis. Hier, j'ai commencé à fumer à cause de tous mes problèmes.
- Tu as pris une cigarette à ta mère et tu as fumé en cachette, résume Azzedine. Et tu vas continuer ?
- Je ne sais pas, mais je vous en supplie, ne le dites pas à ma mère, je vais recevoir au moins 6 torgnolles.
- Bon, ça sonne, on en reparlera plus en privé.
Je rattrape Alexis :
- Tu crois vraiment que fumer ça résout un problème ?
- Ben oui ! Ma mère, dès qu'elle est stressée, elle fume une clope. Et moi quand j'ai fumé, tout d'un coup, tous mes soucis ont disparu.
Il rejoint ses copains :
- Ce soir, je vous jure, c'est la dernière. Après, j'arrête.

31 mai

En pays déchristianisé

Alexis a tenu parole :
- J'ai arrêté informe-t-il Azzedine et moi en entrant en cours.
- C'était dur ? je lui demande en souriant
- Non, non, ça va, quand on a fumé une ou deux clopes comme moi, ça va.
Effectivement, il a fumé pendant 2 jours. Il a un autre problème :
- J'ai mal au ventre. J'ai tellement mal que j'ai passé la dernière récré à pleurer. Je vais à la vie scolaire à toutes les récrés, ils ne veulent pas appeler ma mère.
- Il y a une éval cet après-midi ? demande automatiquement Azzedine.
- Non.
- Bon, ben, de toute façon, je ne peux pas faire grand-chose à part t'envoyer à la vie scolaire ...
- Mais j'en viens !

- Alors va t'asseoir, on verra à la prochaine récré.
Résigné, Alexis va s'asseoir. Pourvu qu'il ne fasse pas une péritonite …
Azzedine reprend le cours sur le christianisme. Les esprits sont très embrouillés, personne ne sait à quoi correspondent la Pentecôte, l'Ascension ou Pâques. Personne ne connaît vraiment la vie de Jésus, la Passion du Christ, les apôtres ou les évangiles. Azzedine l'a déjà expliqué au début de la semaine voire au début du cours. D'une demi-heure à l'autre, ils oublient immédiatement.
- C'est décevant, commente Azzedine déçu. Ils ont l'air captivés, mais il ne reste rien.
En tout cas, la religion n'est pas une question qui déclenche curiosité ou polémique. Ce n'est même plus une base commune de culture générale comme me l'a aussi maintes fois prouvé Monsieur Gallart. Ses 6ème A ont pourtant capté plus d'infos. Ils savent que la Palestine appartient à l'empire romain, que Christ n'est pas le nom de famille de Jésus mais que cela veut dire messager en grec, ils font la différence entre monothéisme et polythéisme. En 25 minutes, le cours d'Azzedine est plié. Ils ont même le temps de regarder un documentaire sur la Cène et de faire des activités supplémentaires. Au grand plaisir d'Azzedine, le cours est plus vivant, plus interactif.
- Ils ont de moins bons résultats à l'écrit que les 6°B, mais à l'oral ils sont bien meilleurs. C'est dommage que l'on ne puisse pas évaluer cette compétence.
Alban n'est pas là : il a été exclu une journée parce qu'il ne fait rien. Et Monsieur Gallart rectifie : n'en déplaise à Azzedine, Christ ne veut pas dire messager …

3 juin
A l'heure du bilan, ce n'est pas brillant
- On va se faire défoncer, prédit Camille en attendant l'heure décisive du dernier conseil des 3°B. C'est clair, on ne travaille pas. Et c'est contagieux entre nous en plus.
Madame Carmat annonce effectivement la couleur :
- Un 3ème trimestre difficile, beaucoup d'abandons, trop peu de sursauts. Aucun travail personnel, 18 élèves ont moins de 10 de moyenne. Le niveau de 3ème n'est pas atteint.
Madame Kleber confirme :
- Et j'ai déjà averti : ceux qui ont le redoublement pour ambition (!) iront redoubler ailleurs. Vous ne serez pas repris dans l'établissement. Quant à ceux qui se réjouissent de passer avec 10 de moyenne ils risquent fort de se retrouver

réorientés en début de seconde, le lycée ayant pris des mesures draconiennes en ce sens.
Les jeux sont faits. Ce soir, si j'en crois les menaces proférées toute l'année, certains vont toucher les limites de leur rêve.
Chloé ? Elle redouble déjà (c'est même la meilleure des redoublantes), elle a 11,46 de moyenne générale (9 si on enlève le 19 en vie scolaire et le 15,5 en arts plastiques). Ils sont tous d'accord, elle ne pourra pas suivre une 2nde générale. C'est le choix qu'elle a pourtant fait via la fiche de liaison. Et qui est accepté. Pourquoi ?
- Ca ne sert à rien de refuser, en commission d'appel ça passe, évacue Madame Kleber.
Idem pour Alex (10, 64 avec 15 en arts plastiques, 18 en vie scolaire mais 7,88 en maths, 6,6 en histoire/géo, 10 en français), pour Camille qui tente d'argumenter :
- Je sais que je n'ai pas travaillé … et voilà.
- Et alors ? Tu vas nous dire que l'année prochaine tout va changer ? On ne te croit pas. Vous nous dites ça à longueur d'année. On est blindés. Et à juste titre. Tu vas passer en seconde, mais dis-toi bien que c'est un cadeau empoisonné que nous te faisons.
Et la série continue : en commission d'appel, ça passera ! A Steven, le prof de maths craque :
- Alors là, non, c'est pas possible. Il a 6 en langues, 6,5 de moyenne dans ma matière et il a eu 4,5 au brevet blanc ! Je ne peux pas le laisser passer.
- En commission, ça passera. Pour eux, 9 c'est bien.
Pour la prof d'allemand aussi, la pilule est dure à avaler :
- Est-ce que nous en notre âme et conscience, nous pouvons donner notre accord au passage de ces élèves ? Même si on sait qu'au final la commission les acceptera, ne devons-nous pas nous y opposer et assumer notre responsabilité ? Sans parler de notre crédibilité par rapport aux discours que nous avons tenus aux élèves …
Pas de réponse. Au suivant. La cohorte de suivants tombe sous le niveau d'exigence (ou de non-exigence …) de la commission. La voie de sortie passe par un redoublement (ils y ont droit s'ils n'ont pas redoublé, rappelle la conseillère d'orientation) ou un bac pro. Et là, c'est encore plus désespérant : Julie, redoublante (9,34 de moyenne avec 20 en note de vie scolaire, 18 en musique et en arts plastiques) veut être styliste. Non. Louis (2 de moyenne en maths, 2 en espagnol, …) veut être prof de tennis, il demande un lycée pro

horticulture. Il s'en fout. N'importe quel bac même pro pourvu que cela lui ouvre les portes du Creps. Simon veut être graphiste. Il avait même redoublé pour ça. Impossible vu son niveau. On lui suggère de demander un bac pro commerce. Il faut bien qu'il aille quelque part. Au pire, ceux qui n'auront pas obtenu un de leurs vœux quand ils en font (certains n'ayant pas ramené leur fiche ou l'ayant remplie en copiant celle de la voisine dans les vestiaires avant le cours de sport), auront une chance au 2ème tour. Le choix d'intégrer une formation où il y aura des places de libre.
C'est ça l'orientation ? Un dialogue, de sourds le plus souvent, mené entre l'élève, ses parents quand les parents suivent et les profs. Le rêve ou l'absence de rêves des uns contre la loi du système que doivent faire appliquer les autres. Au final, 22 élèves sont autorisés à passer en 2nde générale, 12 avec avis contraire de leurs profs, 2 ont fait valoir leur droit au redoublement, 6 iront en seconde pro qu'ils le veuillent ou pas.
Le malaise est palpable chez les adultes remis en cause sur l'utilité de leur travail, sur le sens même de leur mission :
- Désenchantés, nos élèves sont désenchantés, se désole la prof d'histoire. Nous n'arrivons pas à les intéresser. Pas d'étincelle dans leurs yeux. Et nous, avec nos savoirs universitaires, sommes à côté de la plaque.
Et même si elle se doit de jouer le jeu et de suivre les directives, Madame Kleber n'est pas dupe :
- A force de ne mettre ni barrière, ni contraintes, nous gâchons des potentiels. Nous et nos prédécesseurs les laissons passer sachant parfaitement qu'ils ne tiendront pas le rythme. Ils seront d'autant plus démotivés. Nos méthodes ne sont pas à la hauteur, nos résultats sont lamentables, nous créons de la moins-value. C'est criminel. Nos élèves souffrent de la violence du système et nous en sommes en partie responsables.

Chez les 3èmeD, le choix "2nde générale" n'existe quasiment pas. On les a briefés en ce sens toute l'année. Ce devrait être donc plus simple mais pourtant, là aussi, la question des vœux d'orientation est épineuse. Certains n'ont pas le niveau pour intégrer la 2nde pro de leur choix, d'autres sont carrément en plein délire comme Charlie qui du haut de ses 5,86 de moyenne a demandé une 2nde générale dans un lycée bordelais prestigieux ! L'orientation, ils y ont pourtant passé 2 heures par semaine pendant leurs heures d'ODP. Madame Dubreuil, leur prof d'ODP, précise d'emblée :

- Ça a été le bazar toute l'année ! Impossible de travailler en autonomie, de travailler tout court. C'était pourtant essentiel pour eux de savoir rédiger un CV ou une lettre de motivation. J'ai lâché l'affaire, je les prends maintenant en demi-groupe et je leur fais réviser le brevet. Aujourd'hui, ceux qui vont en apprentissage, par exemple, me demandent de les aider à faire leur lettre de motivation, je rêve !
Le bilan de l'année est très mitigé :
- 3 ont choisi de sécher aujourd'hui ! commence Madame Kleber. Je suis très déçue. Il a fallu porter cette classe à bout de bras depuis septembre, les professeurs sont épuisés et ne sont pas prêts à repartir pour un projet similaire l'an prochain. C'est dommage, certains avaient un vrai potentiel pour faire autre chose. C'est un échec pour nous que de les voir aller droit dans le mur.
Les notes de l'épreuve d'histoire de l'art doivent rester secrètes.
- Les jury peuvent les remonter à tout moment si les résultats au brevet sont insuffisants, explique Madame Kleber. C'est l'une des variables d'ajustement.
- Les autres notes aussi, murmure la prof de maths.
Au cas par cas, la jeune turque, Azra n'aura aucun de ses vœux (CAP coiffure, bac pro aide à la personne ou bac pro commerce), elle prendra ce qui restera au second tour. Charlie peut faire valoir son droit au redoublement, mais pas ici, supplient les professeurs en chœur. Ludovic n'a pas rendu sa fiche !
- Il ne s'est même pas présenté à son épreuve d'histoire de l'art, ajoute Madame Duboste. Il a fallu aller le chercher. Il n'avait même lu l'œuvre qu'il présentait. C'était *Tintin sur la lune* …
- A ce niveau-là, ne peut s'empêcher de commenter M.Braque, c'est criminel de la part des parents ! Ils s'en foutent complètement de l'avenir de leur gosse ? Etre parent, c'est avoir des responsabilités, non ?
Bonne question me semble-t-il, mais pas de circonstances. Madame Kleber le fait immédiatement taire :
- Certaines familles sont très, très démunies, et ce n'est pas notre rôle de faire leur procès. Nous sommes là pour les élèves et leur orientation, c'est tout.
Thomas exige une 2nde générale. 4,8 en maths, 6 en anglais, 4 en espagnol, 2 en musique mais, 9,53 de moyenne, la commission fera passer.
- Il va s'étaler en 2nde générale, commente Madame Kleber. Mais laissons-le s'étaler, il va peut-être enfin comprendre que tout ne lui est pas dû. Ils ne nous croient pas ? Leur éducation va être faite par la réalité maintenant !
Avec 13, 25 de moyenne, la douce Célia peut, elle, passer la tête haute en 2nde générale. Madame Rouquin s'affole :

- Mais ce n'est pas possible ! Elle ne suivra jamais en 2nde ! Ce ne sont pas des vraies notes qu'ils ont ! Ca ne veut rien dire les notes dans cette classe. Chez moi, ils font les éval avec leurs cahiers et leurs livres ! Elle va se prendre une grosse claque et perdre toute la confiance qu'elle a pu retrouver cette année !
Sybille poursuit son idée et demande un bac pro esthétique. Très couru, pas accessible avec ses notes :
- J'ai commencé à travailler ce trimestre reconnait-elle, mais trop tard …
Youssouf veut une seconde pro équipement électrique pour travailler chez EDF et demander sa mutation en Martinique.
Quant à Kevin, « nous l'avons perdu, ce trimestre, se désole Madame Kleber. Nous avons juste obtenu qu'il soit présent. Et encore, il perturbait tellement les cours que nous avons dû l'exclure plusieurs fois. Avec 6,44 de moyenne, il ne sera jamais pris en bac pro pour devenir routier. »
Le projet de classe a échoué cette année. Peut-être parce que cette 3ème pas comme les autres avait trop d'objectifs, les mêmes que les autres 3ème, des programmes et un brevet, mais aussi la réconciliation avec l'école. Il aurait fallu choisir.
Le projet ne sera pas reconduit l'année prochaine. Les profs sont épuisés et bien peu souhaitent repartir dans cette aventure. Mais aussi parce qu'il a des effets pervers : les élèves sachant qu'ils sont dans une classe où on va s'occuper de leur difficulté ne fournissent pas l'effort de la combattre. Une mère a même dit clairement que si son enfant n'était affecté nulle part, c'était la faute de l'établissement qui ne l'avait pas mis dans cette classe magique.

5 juin
Rebilan
- Ben, en gros, les profs y z'ont dit que ce qu'on a demandé, ça va pas avec nos notes, résume la déléguée des 3ème C quand Monsieur Gallart l'invite à faire un compte-rendu du conseil de la veille. En écho à ses collègues, il commente aussi :
- Pour la plupart, vous n'avez pas le niveau, mais vous allez passer. Ce n'est pas mon métier de faire ce qu'on a fait hier. Mon métier ne consiste pas à vous envoyer au casse-pipe ou à vous jeter dans l'océan si vous ne savez pas nager. Je vais vous poser une question : qu'est-ce qui est violent ? Quelqu'un qui vous dit que vous allez vous noyer ou quelqu'un qui vous dit : « Passez en 2nde » quitte à être réorienté un mois après la rentrée pour un bac pro où il restera des places. Alors, où est la violence ? Je vous avais pourtant prévenus au début de l'année,

mais je n'ai pas réussi à vous faire vraiment comprendre la nécessité du travail. C'est un échec pour moi.
Les profs ne le disent pas ouvertement, mais ils savent bien que la direction a des ordres du rectorat pour faire passer les élèves. Et que la direction est un peu coincée parce que le rectorat c'est son supérieur hiérarchique, celui qui décide de sa carrière et de ses affectations.

Paradoxalement, encore une fois, le bilan chez les Segpa est moins brutal. 3 élèves seulement ne sont pas parvenus à acquérir au moins 7 des 8 compétences requises pour valider le palier 2. Un a encore une chance de se rattraper si l'oral de son CFG se passe bien.
Mais, chez les profs de Segpa, la colère couve :
- Nous avons 12 inscrits en 6ème l'an prochain, s'indigne Madame Baldec. Jamais le chiffre n'a été aussi bas ! C'est facile à comprendre, m'explique-t-elle. Le redoublement n'est plus autorisé en primaire. Or c'est l'un des critères pour entrer en Segpa. Et les Rased, les seuls capables de détecter les enfants en difficulté dès le CM1 ou le CM2, ont disparu. Le fait que les élèves suivent déjà certaines matières au collège général n'est qu'une 1ère étape. A terme, pas de mystère, c'est la mort des Segpa. Et nos élèves, ceux qui ont une vraie difficulté scolaire, qui va les prendre en charge ? Et nous ? Serons-nous les pompiers en charge des PPRE ?
Même pas, probablement. Le PPRE est la baguette magique qui rend la Segpa inutile en prenant en charge la difficulté scolaire. Qu'il réintègre toute entière dans les sections classiques du collège.
Jeudi, elle ira donc à la grande journée des CM2 pour informer les instituteurs sur l'existence de la Segpa et sur ses missions.

Inutile de dire que, dans le paysage, le conseil des 3°A est atypique : sur les 29 élèves, 14 ont plus de 15 de moyenne générale et aucun n'a moins de 10. 13 ont demandé une dérogation pour intégrer les grands lycées bordelais. Les autres iront en section européenne voire option latin au lycée de secteur. Seul Dylan ira en 2nde pro, mais il l'a demandé parce qu'il a un projet professionnel. Je suis surprise de constater que la conseillère d'orientation connaît très bien les élèves de cette classe dont certains sont venus la solliciter plusieurs fois. Dans le panel des outils qu'ils maitrisent, il y a aussi l'accès à l'information.

Avec 16,08, Mat savoure sa joie, elle a eu les félicitations ! Enfin ! Le prof de maths a levé son opposition. Ce que ne fait pas la prof de français pour Samuel qui a 15,86 mais seulement 11,74 en français.

A l'issue de tous ces conseils, une question saugrenue me traverse l'esprit : et le brevet dans tout ça ? Je m'informe auprès de Madame Kleber :
- On peut le rater et aller en seconde ou l'avoir et ne pas y aller. En fait, il ne compte pas.
Alors pourquoi mettre autant de pression ? Pourquoi des programmes aussi énormes ? Pourquoi le gavage d'une année ? Pour la gloire ? Pour démontrer sa capacité à passer un examen ? Pourquoi pas, mais est-ce une priorité au regard des résultats ? Les têtes bien pleines ne gagneraient-elles pas d'abord à être bien faites ?
Comme parent, je suis du coup moins motivée à pousser Mathilde à réviser jour et nuit. Elle a bien travaillé cette année, elle a eu une attitude volontaire et s'est accroché quand c'était difficile, elle a bien géré son travail et obtenu de bons résultats. Elle a pleinement joué son rôle d'élève. Cela me paraît déjà bien. Dois-je insister encore pour qu'elle ait une mention à un brevet que, grâce au contrôle continu, elle a déjà ?

6 juin
Une génération chasse l'autre
Aujourd'hui, les CM2 viennent passer une journée avec les 6ème. Pour s'acclimater en douceur, toute la journée, ils partagent les mêmes cours. Les 6ème ne sont pas contents : les "petits" ont toujours la priorité pour répondre aux questions des profs et parfois, commente Lucie : « Ils savent mieux les réponses que nous ». Ils ont aussi le sentiment désagréable qu'on les remplace.
Avec Madame Pignon, ils travaillent sur l'histoire d'Adam et Eve et répondent joliment aux questions de la prof :
- Qui dans notre société n'a pas honte d'être nus ?
- Les nudistes !
- Que fait Adam quand Dieu lui demande pourquoi il a mangé le fruit défendu ? Que fait-il quand il accuse Eve ?
- Il balance ?
- Oui, mais familier, sourit-elle.
Ils testent aussi Monsieur Gallart :
- Quels sont ceux qui sont en train de lire un livre en ce moment ?

Ils sont 2.
- Tu lis quoi ? demande-t-il à l'un.
- Des journals de Mickey.
Il ne demande même pas à l'autre.
- Qui a déjà lu un roman en dehors de l'école ?
Ils sont 2. L'un a lu Harry Potter et l'autre ne se souvient plus.
- Qui a du travail écrit le soir ?
Aucun.
- Quels parents disent : « tu n'as rien à faire mais tu vas travailler quand même ? »
Aucun.
- Vous avez appris les conjugaisons ?
- Oui, répondent-ils en chœur.
- Tiens, toi, lève toi et récite-nous le verbe parler au futur antérieur.
Elle ne sait pas trop la petite. Une de ses copines prend la relève avec brio.
- En 6ème, rappelle Monsieur Gallart, on doit savoir toutes ses conjugaisons. Ici on ne les apprend pas, on les révise. Les 6ème les connaissent parfaitement. La preuve. Gaëtan, le verbe être au passé composé ?
Gaëtan est muet. Une CM2 s'acquitte de la mission.
- Ils ont l'air bien les CM2 se rassure Azzedine en fin de journée. Certains m'ont fait des remarques très pertinentes. Mais il parait qu'il y a en une vingtaine qui a de très gros problèmes.

7 juin
Dans l'autre sens
A midi, Mat m'envoie un texto : « Grosse embrouille entre Madame Pignon et Samuel. » Je creuse l'affaire dès qu'elle rentre :
- En perm, Samuel a écrit une lettre à la prof de français et dedans il l'a défoncée. Il lui a dit que c'était une prof de merde qui fait des cours de merde. Madame Pignon, je sais pas comment elle l'a su, elle est venu le voir et lui a demandé s'il avait quelque chose à lui dire. Il lui a donné la lettre. Elle l'a lue et l'a repliée tout doucement et elle est partie en baissant la tête. Monsieur Germain a emmené Samuel chez Madame Kleber. Il exagère quand même. OK, il est furieux pour les félicitations, mais il demande le lycée d'ici, qu'est-ce que ça peut faire ? J'ai pas fait ça moi au 1er et au 2ème trimestre ! On va quand même pas tous aller insulter les profs !
Elle se fait alors son petit conseil de classe personnel :

- Le prof d'anglais, je lui dirais qu'il est beau, qu'on le comprend bien et qu'il est interactif et que ça c'est bien. Le prof de maths, qu'il fait peur mais qu'au fond il est gentil. Le prof d'histoire ? Bon travail, c'est sérieux. Mais c'est dans le sens des petits moutons : il nous pousse à manger l'herbe verte. Alors que la prof de français, elle nous incite plutôt à aller manger les fraises bien rouges. A elle, je lui dirais que je l'aime et que je veux l'avoir toute ma vie. La prof de physique, je lui dirais qu'avec sa voix aigue, il faut qu'elle arrête de crier. Déjà que sa matière est pas marrante … Mais ses cours sont bien. La prof de SVT, il faut qu'elle sache que c'est passionnant ce qu'elle nous dit mais que ses cours ne sont pas toujours très clairs. La prof de dessin, que c'est tellement le bazar qu'on ne prend pas sa matière au sérieux. Le prof de musique, perso, je ne l'aime pas mais ces cours sont bien. Sauf que c'est un peu vache de ne noter que notre capacité à jouer un morceau. Je lui mettrais les encouragements. Le prof de techno, il est franchement sympa mais il manque d'autorité, peut mieux faire. La prof de latin, il faudrait qu'elle s'arrête maintenant. Monsieur Germain et Madame Nicaise ? Lui, je l'écrase de tout mon mépris et elle, c'est pareil. Et mon frère les em*****, ajoute-t-elle en se marrant. Madame Kleber, il faudrait qu'elle soit la principale. Elle est vraiment bien, elle est super comme femme. Le principal ? Il est invisible.
Ce qu'elle aime ? Apprendre pleins de nouvelles choses, parler des langues, donner les bonnes réponses que personne ne sait. Ce qu'elle n'aime pas : avoir des mauvaises notes, oublier ses affaires, quand tout le monde parle et que c'est le bordel.
Ce qu'elle changerait ?
Le collège, ça marche si tu es un robot, silencieux, attentif, calme et travailleur 24h/24, le soir compris pour faire les devoirs. Mais entre les rumeurs, les hormones, les premiers amours, pas toujours facile. Je préfère le système allemand : des cours jusqu'à 14h, plus souvent les mêmes profs et tant pis si on a moins de vacances. Je préfère du temps libre toute l'année à des vacances d'été qui sont trop longues.

8 juin
Révisions
Mat est censée réviser son brevet. Mais elle s'interrompt toutes les 5 minutes.
- Il faut que tu ailles te plaindre au rectorat sur le programme d'histoire. On a fait 4 chapitres en 2 cours. Je ne me rappelle même pas des titres. Le prof, il distribue des polycopiés. On n'écrit plus rien donc on ne retient plus rien. En

plus, on fait des retours en arrière. On était au monde en 1990, on revient à de Gaulle. Je m'embrouille !
Azzedine confirme.
- Ce programme est beaucoup trop vaste. Et le brevet c'est 80% de connaissances. Ca va être une catastrophe !

11 juin
Résultat des grandes manœuvres avec le Conseil Général

UBU RESTRUCTURE LE COLLEGE
Le dernier plan proposé par le Conseil Général concernant la restructuration de notre collège qui verra ses effectifs passer de 842 à 858 élèves à la rentrée 2013 -avec une perspective de 976 élèves à l'horizon 2019- semble répondre au problème de mathématiques suivant : Comment faire rentrer plus d'élèves dans autant de m2 ?
La solution proposée par le Conseil Général est simple : elle tient en un concept : le "MIXTE" et en une opération mathématique : la DIVISION.
A défaut de pousser les murs ou d'en bâtir, il suffit donc de diviser les espaces existants en deux et de créer, selon le jargon des experts du plan proposé, des "salles mixtes".
Ainsi, par une opération magique et un tour de passe passe, UNE salle = DEUX salles grâce à une cloison ou des vitres placées entre les deux espaces. MAGIE des mots mais réalité bien concrète : 90 m2 = 90 m2 !
Ainsi la salle socio-culturelle de 90m2 donnera-t-elle deux salles, l'une de 70 m2 dévolue à l'étude et l'autre de 20 m2 dévolue aux cours ou à l'étude, donc 90 m2 !
La division des élèves quant à elle n'est pas encore à l'ordre du jour...
Mais alors quid des 20 m2 d'étude de la salle socio-culturelle perdus ?
C'est là où entre en "jeu" le fameux (fumeux) concept de "SALLE MIXTE" : parmi les nombreuses salles estampillées "mixtes" sur le plan proposé par le Conseil Général prenons pour exemple le réfectoire : en tant que salle mixte, il pourra être une salle de restauration, une salle d'étude (il manque toujours ces 20 m2 d'étude, sans compter une autre salle d'étude n'ayant pas échappé au couperet aveugle de la division), une salle de réunion ou encore une salle de réception. Le réfectoire est inutilisable entre 10h 25 et 11h20 pour préparer la salle pour le service du midi, puis entre 14 et au moins 16h pour le nettoyage et le séchage de la salle. On voit bien comment il sera aisé aux agents de service comme aux élèves d'effectuer leur travail respectif, et tout ceci bercés au son mélodieux de la soufflerie.
En fait d'extension, il n'est proposé qu'une création d'espace de 170m2 concernant uniquement le préau (80m2), le réfectoire (45m2) et les toilettes garçons (45m2) expatriés quelque part au milieu de la cour.
Chacun aura donc bien compris qu'aucune extension en termes de salles de classe nouvellement crées, d'espaces donc dédiés au travail des élèves n'est prévue.
Bien au contraire, deux préfabriqués sont supprimés ainsi qu'une des deux seules salles d'informatique (au "profit" de classe(s) mobile(s) hypothétique(s)), alors même que le B2i,

qui sanctionne les compétences des élèves en informatique, doit être validé par tous les élèves à la fin de la troisième. Au final, il ne restera plus qu'une salle de 14 postes et une classe mobile pour presque 850 élèves !
Pour le reste, le concept de "salle mixte" est la formule magique : 1=2 avec le même espace ou les vases communicants. Le laboratoire est divisé en deux, l'une des parties ne pouvant accueillir qu'un demi-groupe. Ce qui sera très utile puisqu'il n'existe pas de demi-groupe excepté en 6e pour la SVT uniquement!
Ce plan ubuesque ne tient donc aucun compte des besoins structurels et pédagogiques du collège car il ne répond qu'à une seule préoccupation : rentabiliser le taux d'occupation et n'obéit qu'à une logique comptable et abstraite qui fait fi des conditions de travail des élèves qu'il ne concourt finalement qu'à détériorer.
Les trois préfabriqués qui remplaceraient les cinq existants ressemblent à de jolies écuries : non contents de nous prendre pour des ânes, on voudrait maintenant nous faire manger du foin.
L'équipe éducative du collège

Les réactions des parents ne tardent pas :

Oui, il convient de se voir parce que là on se moque de nous et surtout il y a un mépris certain pour nos enfants. Ras-le-bol de cette politique qui consiste à financer les écoles privées (des riches) au détriment de nos écoles les seuls qui devraient être reconnues. J'attends avec impatience une réunion où j'espère vous voir très nombreux.
Amicalement
Pauline

Bonsoir ,
D'accord avec Pauline. Je pense qu'il y a urgence pour une réunion
Laura

Bonsoir,
Une réunion s'impose très rapidement! Nombreux!!!
Sylvie

Aucun ne propose de date … Et je me dis devant cette saine indignation, que les parents se trompent de combat et restent bien à la surface des véritables enjeux. Au collège, il y a plus urgent que le nombre de classes ou de sanitaires.

11 juin
Pas le niveau ? Donc on passe !

Dans la douceur de l'été qui s'installe, Harry et Taiwena attendent avec angoisse dans ce qui est un peu le couloir de la mort. Et si on ne passait pas en 5ème ? Le premier tour de table pourrait confirmer leur crainte : une classe dynamique qui participe beaucoup à l'oral mais où manque cruellement le travail à la maison. « 11 de moyenne générale en 6ème, je n'ai jamais vu ça, » souligne leur prof de maths. Pire, en SVT, « 8 seulement ont la moyenne alors que le programme est très simple », indique Mme Dubreuil. Cette classe avait l'un des plus gros potentiels, au final, c'est la plus mauvaise des 6ème. Et deux élèves sèment la terreur : Tim qui distribue coups et injures et Fabien dont les profs jugent l'attitude inconvenante, voire intolérable. Il continue à tabasser ses camarades et à racketter plus faible que lui. Deux enfants qui souffrent, le premier suite à l'accident qui a rendu son frère tétraplégique, le second qui vit mal la naissance de sa petite sœur et qui est probablement un enfant précoce mal détecté et mal accompagné.
Un constat aussi : les petits deviennent ados de plus en plus tôt. Cette année, les CM2 encore si impressionnés il y a quelque temps, ont posé des questions, ont participé, apostrophé les profs et se sont même battus avec des 6ème ! Les 6ème eux adoptent aussi plus tôt les comportements autrefois dévolus aux 5ème et aux 4ème. : décontraction, paresse, "jemenfoutisme". Si je reviens dans 3 ans, vais-je retrouver ces gentils et pétillants petits 6ème aussi ternes que les 3ème ? Probablement.
- 25 élèves disent que les conditions de travail sont bonnes en classe et à la maison, intervient Taiwena. Mais ils mentent.
On passe à l'examen individuel de chaque élève. Mélanie est complètement perdue, elle ne comprend pas tout, ses résultats sont catastrophiques (6 en français, 7 en histoire, 7 en maths, 3 en SVT, ...). Elle a déjà redoublé en CM1, un redoublement qui n'a servi à rien.
- Pas le niveau, elle est condamnée à l'échec en 5ème, résume la prof principale.
- Donc elle passe, conclut le Principal.
Antoine ? Même profil, même bilan, même résultat. Sinbad qui cumule en plus des problèmes de famille (il n'a pas rendu sa fiche de vœu, sa mère ne répond plus au téléphone) et de comportement (il ne vient même pas quand il a une heure de colle) passe aussi en 5ème. Comme Lucie dont c'est la maman qui fait les devoirs, comme Alban dont le père est finalement en prison et Gwenaëlle dont on sait maintenant que son beau-père la frappe. Comme Loïc.
- Même si sa famille demande un redoublement, je m'y opposerai, déclare le Principal. Cela ne servirait à rien.

Car, pour le passage en 5ème, c'est lui qui emporte la décision. Il peut même faire passer un élève quand ses parents demandent le redoublement. Sont autorisés à redoubler les élèves dont on estime qu'ils en tireront un bénéfice. Et ils ne sont pas nombreux. Seul le cas de Sadia reste en suspens à la fin du conseil quand l'assemblée pointe un handicap certain : Sadia ne sait pas écrire le français. A l'écrit, ni ses mots, ni ses phrases n'ont de sens. Sa mère demande le redoublement, le conseil demande un bilan orthophonique et psychologique.
« On ne l'aura jamais », commente la prof principale qui va demander à revoir les parents avant la décision finale.
L'histoire se répète chez les 6°B. Seuls pourraient peut-être redoubler Quentin et Koran. Mais la mère de Quentin a juré qu'elle avait mis un gros dispositif de soutien scolaire pendant les vacances et le frère de Koran va entrer en 6ème alors il ne sera pas facile pour lui de se confronter à un concurrent qui réussit mieux.
« Ils vont passer tous les deux, déclare Azzedine. On fait juste durer un peu le suspense. » Le seul qui va redoubler est le petit Alexis qui part refaire une 6ème dans un internat privé. Il pleure à gros sanglots de devoir quitter la classe.
Les bras m'en tombent. Que disait Monsieur Gallart ? Que c'est violent d'être poussé dans le grand bain quand on ne sait pas nager ? C'est exactement ce qui se passe à l'issue de cette année scolaire. On ne suivra pas l'an prochain mais on y va quand même et pas plus armé. Sciemment, sans état d'âme. Même pas l'ombre d'un PPRE ! Ces élèves vont faire une 5ème et une 4ème, vont perdre pied sur les bancs de l'école avant d'être éjectés vers une 3ème pré-pro ou pour ceux qui n'auraient pas complètement sombré vers une 2nde pro. Ils sont gentils en 6ème, ils seront effacés, violents, délinquants ou perturbateurs les années suivantes quand l'enthousiasme de l'enfance sera épuisé. Les futurs déchets de l'Education Nationale, ceux qu'elle ne traite pas avec l'attention qu'ils méritent.

12 juin

Les 6°B font le bilan

Selim a failli étrangler Alexis après qu'ils se soient traités de « kassos », « T'es pas un homme, triso, pédé » et « Demain t'es mort. » Azzedine rend la justice : Selim doit maintenir une distance de 20m entre lui et Alexis. Outre cette animosité persistante, les 6ème ont plutôt passé une bonne année : « Des personnes ont changé, de nouvelle amitiés se sont créées, résume Lucie, c'est normal. »
- Moi mon sac, il est toujours aussi lourd, indique Louise. Hier, il a craqué.
- Moi, on m'a cassé mes affaires dans la cour.

- Moi on m'a ouvert mes tubes de colle dans mon sac.
- Moi, complète Jenny, on a jeté ma veste à la poubelle.
Azzedine ferme le bureau des pleurs :
- Ok, sinon, vous avez des questions ?
Des questions, ils en ont :
- L'entrée en 5ème ça se passe comment ?
- Par le portail, comme cette année, se moque Azzedine.
- Est-ce qu'on va travailler dès le 1er jour ?
- Mais non, comme cette année, les 6ème feront leur rentrée un jour avant vous. Le lendemain, votre prof principal vous prendra en charge, distribution des livres, des emplois du temps, …
- Qu'est ce qu'il faut amener comme affaire ?
- Un crayon, et c'est tout, vous allez repartir avec deux livres en plus, physique et latin pour certains.
- Les papiers d'inscription on va les chercher où ?
- Rassurez-vous ! Le collège n'est pas né avec vous ! Vous aurez toutes les explications dont vous avez besoin en temps et en heure.
A quelques jours des vacances, la 6ème c'est fini. Dans leur tête, ils sont déjà partis.
Les 3ème ont encore un cap à passer : celui du brevet.
- Ce n'est pas encore le moment de réviser, me dit Mathilde que je trouve bien décontractée. Même Violette et Olivia n'ont pas commencé, conclut-elle en se replongeant dans la lecture d'Antigone de la Nouille.

14 juin
Tous ensemble
Il fait chaud, il fait lourd, même les 3°A n'ont pas pu se concentrer et Madame Pignon a dû remplacer Antigone par Desproges pour obtenir l'attention de ses élèves. Entre le match de foot qui oppose profs et élèves (les profs ont encore perdu !), les diplômes aux élèves les plus méritants sur lesquels les 6ème multitplient les pronostics et la fête du collège qui occupent 98% des pensées des 4ème et des 3ème, l'après-midi n'est pas propice au travail. Azzedine tente bien de poser quelques questions sur l'empire byzantin mais il abdique rapidement au profit d'un pendu sur l'histoire romaine. Dernière heure, enfin, les 800 élèves sont assis dans la cour face à Madame Kleber :
- Nous sommes tous réunis, c'est très rare, souligne-t-elle d'emblée. C'est un moment important au sein d'une année où élèves et adultes ont noué des

relations qui ont permis à chacun d'arriver au terme de ce trimestre. Les résultats comme les années précédentes sont satisfaisants. Nous avons souhaité vous montrer que certains élèves ont non seulement des résultats excellents mais qu'ils se sont aussi investis dans leur classe en étant délégué ou dans l'établissement, au conseil d'administration ou au foyer.
Dans le brouhaha général, deux élèves par niveau, un garçon et une fille, reçoivent donc un diplôme d'honneur et sous les rires moqueurs de leur camarade, un bisou de Madame Nicaise.

Je ramène Mat qui essaie de mettre un point final à sa tenue pour ce soir : lissée ou bouclée, les chaussures plates ou les talons hauts ? Je lui ai acheté une jolie petite robe et une veste assortie qui la font paraître plus femme, « mais pas grosse tepu », précise-t-elle. Epilée, maquillée, elle se prépare avec ses copines dans une joyeuse ambiance de filles. Ce soir, les profs dansent avec leurs élèves et ont même préparé une chorégraphie avec Madame Carmat. Pour la première fois, Azzedine n'est pas là. Dans sa tête, il est déjà parti lui aussi.

17 juin
Fin d'année à l'Ulis
Elles viennent d'apprendre qu'un poste d'assistante de vie scolaire sera supprimé l'an prochain. Les AVS étaient déjà passées de contrats de 20h à des contrats de 15h … Et l'Inspection vient de valider le nombre d'élèves : 14 au lieu de 10. Les troupes sont fatiguées dans la classe d'Ulis !
- Une étude montre qu'il faudrait ouvrir 12 classes d'Ulis pour résoudre le sureffectif en Gironde ! soupire Madame Madrange. Si ça continue, on ne pourra plus rien faire pour nos élèves. Si on n'est pas constamment derrière eux, c'est l'échec assuré ! Ca me rend malade.
La jeune AVS, elle, a vite fait les comptes :
- Si j'ai 5h ici, 7h là, je gagnerai autant en restant chez moi, voire plus.
Après un contrat aidé, elle vient de signer un contrat classique de 6 ans, renouvelable tous les ans. Elle a perdu en pouvoir d'achat puisque désormais elle paie des charges. Elle gagne 567€ par mois. Comment fait-elle pour vivre ?
Les élèves aussi attendent les vacances avec impatience. Corentin n'en peut vraiment plus. Il entend bien faire ce qu'il veut et aller en 2nde générale.
- Je peux entendre qu'il ait envie de se débrouiller, commente Madame Madrange mais il n'a jamais fait d'espagnol, en anglais, il a le niveau 5ème Segpa et il n'a pas fait de français depuis 4 ans … J'ai conseillé à ses parents de le

maintenir en Ulis, de garder leurs droits à la MDPH pour qu'il ait au moins une porte de retour. Quand à savoir s'ils vont m'écouter …

En 3 ans, Simon est un peu sorti de son autisme. Mais il ne peut toujours pas prendre le bus ou manger à la cantine, trop de stress. Il doit rester dans un environnement protégé. Sa famille a demandé une place à l'IME, institut médico-éducatif, un établissement de soins qui accueille les enfants et adolescents atteints de handicap mental notamment de troubles neuropsychiatriques. La famille de Colin a aussi décidé d'en finir avec l'Ulis ce qui met Madame Madrange très en colère :

- Il va régresser en IME (institut Médico-Educatif) ! Il serait mieux en 4ème Segpa, je lui ai d'ailleurs réservé une place. Je crois que ses parents ne veulent tout simplement plus le voir…

La jolie Marine qui dit toujours oui faute de savoir se défendre et Josué l'hyperactif continueront à fréquenter la Segpa et l'Ulis. Quant à Mathis que Madame Madrange a récupéré il y a quelques mois après qu'il ait failli étrangler un autre élève, le diagnostic n'est toujours pas bien posé. Quelque chose de psychotique prédit Madame Madrange qui attend confirmation avant de pouvoir adapter sa pratique pédagogique.

Satisfaction : Léo et Lucile iront au lycée. Lui à l'Ulis pro pour préparer un CAP vente, mais elle, elle passera son brevet ! Comme elle ne fait pas d'espagnol, en accord avec le principal, elle s'est vue attribuer une note de 10 dans cette matière. Un joli succès aussi pour Diane qui a eu les félicitations à tous les trimestres et qui fera sa rentrée en Segpa après une année d'inclusion. En septembre, Madame Madrange aura aussi 3 jeunes élèves qui sont pour l'instant maintenus en CLIS en primaire, en 6ème ou 5ème au collège général faute de place en Ulis à la rentrée dernière.

19 juin

Le cœur des profs

Après m'avoir dit que ses 3ème bachotaient, Madame Pignon m'invite à la suivre avec ses 6ème, une classe avec laquelle elle n'a pas beaucoup de recul, m'explique-t-elle.

La première chose qui me frappe ? Entendre si nettement dans la sa voix le plaisir qu'elle a d'être là. Assise face à eux sur son bureau, elle mène la discussion, les invite à exprimer leur pensée au plus juste, à aller un peu plus loin dans la réflexion. Elle est toujours sur *La Bible* et plus précisément aujourd'hui sur le décalogue.

- Qu'avez-vous avez retenu des 10 commandements ?
- Tu obéiras à tes parents !
Normal pour des enfants de 11 ans ! Les plus en avance ont aussi noté qu'ils ne doivent pas piquer la femme de leur voisin.
Ils arrivent à diviser les commandements en deux groupes, à repérer qu'il s'agit aussi de règles de vie en société qui sont toujours d'actualité. Ils connaissent le monothéisme.
La moitié des élèves lèvent la main à chaque question. L'autre lève la main avant même la question. Ils notent les mots de vocabulaire qu'elle a pris soin de décomposer en préfixe, radical et suffixe. Ils notent les devoirs pour demain (lire deux pages et répondre à 7 questions), le programme de la semaine prochaine : des extraits vidéo des 10 commandements, le film, et le lendemain, des parodies des 10 commandements. Elle termine avec des reproductions de tableaux célèbres et invite les petits à retrouver l'évènement représenté. Cranach, Bruegel, Jules Meyniet.
- C'est l'heure !
- C'est pas grave, lui répond l'élève assis en face d'elle. On continue.
Plaisir partagé !

En sortant, je lui demande ce qu'elle a pensé de la lettre de Samuel.
- J'ai été très affectée, répond-elle sincèrement. D'autant que c'était l'un de mes élèves préférés. Je marche à la confiance, c'est donnant-donnant et je pense leur apporter bien autre chose que du français. Ils savent qui je suis. Si au bout de 2 ans, c'est ce qui ressort de nos relations, c'est que nous ne nous sommes pas du tout compris.
Il a présenté des excuses, un peu forcé par ses parents. Pas sincère, elle s'en fout. Elle n'a pas demandé de sanction.
- Aujourd'hui quelque chose s'est brisée. Je devais faire un goûter avec cette classe, je ne le ferai pas. Je suis touchée en plein cœur.

Taiwena, la plus petite
Son grand frère lui avait dit que le collège c'était chiant. Mais elle, elle était impatiente d'y entrer. Elle imaginait que les profs seraient plus sévères qu'en primaire. En fait non. Ce qu'elle a aimé cette année ?
- La découverte, changer de tête, changer de classe. J'aime quand ça bouge et pouvoir discuter entre chaque cours.

Parfaitement intégrée, elle a très vite capté les us et coutumes du collège : ne pas prendre les places du fond dans le bus parce qu'elles sont réservées aux grands, travailler pour les notes, ne pas faire ses devoirs quand les profs ne vérifient pas. Elle sait que les Segpa sont ceux qui ont des difficultés scolaires, elle sait mais ne peut pas l'expliquer (donc elle ne sait pas, lui dirait Monsieur Gallart) ce que sont les Ulis. Elle a grandi cette année : elle a découvert tous les avantages de Facebook où elle est en couple avec Paul et affiche les photos où ils s'embrassent sur la bouche, elle s'est fait de nouvelles copines, elle se lève plus tôt et se couche plus tard que l'an dernier (« mais pas aussi tard que Sinbad qui se couche à 1h du matin tous les jours »). Si elle pouvait, elle ne changerait pas grand-chose au collège sauf à avoir des sacs moins lourds et des classes avec moins d'élèves.

Quand elle juge les compétences de ses profs, elle commence toujours par Monsieur Gallart :

- Il met trop de punitions. Encore 5 ce matin, j'en ai même eu une. Il était énervé, il a jeté ses stylos et il a tapé contre le mur.

Elle n'a pas l'impression d'avoir appris des choses ou ne les a pas retenues et ne sait toujours pas ses conjugaisons parce qu'elle a la flemme de les apprendre. *La Bible* ? Elle n'en peut plus !

Azzedine ? Rigolo, gentil, agréable, pas sévère. Elle adore sa prof d'anglais pour son énergie, sa façon de faire travailler dans la bonne humeur, « en plus, c'est intéressant, tout le monde participe et on a pas de leçon à apprendre à la maison. » La prof de maths, elle était gentille et méchante à la fois. Monsieur Braque, le prof de techno, il est colérique mais marrant quand il hurle « nom de Zeus ! », la prof de SVT, elle crie trop et c'est toujours le cirque dans son cours. En arts plastiques aussi, mais là c'est cool. On est libres, on peut travailler à plusieurs.

Un bon prof ? « C'est celui qui a des enfants parce qu'il est habitué ». C'est celui qui sait panacher entre autorité et décontraction. Les mauvais profs ? « Ca n'existe pas, dit-elle, si ils ont leur diplôme, c'est qu'ils sont bons, non ? » Pour rien au monde, elle ne voudrait faire ce métier parce qu'il faut toujours répéter la même chose.

Elle passe en 5ème sans souci. Et se réjouit de ne plus être parmi les petits :

- Les grands ils nous insultent mais ça c'est normal, ils nous poussent, ils s'assoient sur nos cartables, ils nous prennent les desserts à la cantine. Si on ne veut pas, ils les prennent quand même. Quand je serai en 5ème, je demanderai leur dessert aux petits mais je ne les prendrai pas s'ils refusent.

Plus tard, elle voudrait être chirurgienne :
- Parce que j'adore opérer ! explique-t-elle en rigolant.
Aussi parce qu'elle regarde sans en manquer aucun tous les épisodes de Grey's Anatomy.

21 juin
Langue morte
Il pleut depuis près d'un mois, difficile d'imaginer que c'est aujourd'hui l'été. Ni que les vacances sont si proches. D'ailleurs, on parle déjà de la rentrée. A peine assis, les 6°B se relèvent.
- Ave !
La prof de latin vient de débarquer dans la classe d'Azzedine avec une troupe de grands élèves. Au vu du petit, trop petit nombre d'élèves inscrits en latin l'an prochain, elle vient plaider la cause de sa matière. Elle a même préparé une note sur l'intérêt du latin (progresser en français, acquérir plus de méthode, gagner des points au brevet, accroitre ses chances d'accéder aux filières prestigieuses : qui a dit que le latin n'était pas le choix de l'élite ?) et reçois le soutien d'Azzedine qui invite fermement chaque élève à lire cette note avec ses parents et à ramener le petit coupon réponse qui est à la fin.
- Et je tiens à le préciser, je ne pars pas à la retraite, l'année prochaine, je serai là.
Pas forcément un argument … Elle n'a pas très bonne réputation, la prof. Azzedine le sait très bien :
- Beaucoup de choses injustes ont été dites, dit-il. Il faut revoir la question avec vos parents en ne prêtant pas attention à toutes ces rumeurs et oser se faire son propre avis.
Les grands élèves enchaînent avec des arguments plus percutants : il n'y a pas beaucoup de devoirs, on peut gagner des points dans la moyenne générale, les contrôles ne sont pas à apprendre par cœur, … « Et la prof est super-gentille », ajoute l'un deux.
Très émue, elle sort, les larmes aux yeux, pour poursuivre sa tournée dans les autres 6ème.
- Elle fait ça parce qu'elle a pas assez d'élèves ? décrypte Raphaël dès qu'elle a le dos tourné.
- Oui, est obligé d'avouer Azzedine avant de proposer une nouvelle activité : l'organisation du goûter de lundi et le choix du film que l'on regardera pour le dernier cours. Bonbons, gâteaux, boissons sont attribués, on vote pour le film et

c'est *La nuit au musée 2* qui emporte les suffrages. Il reste quelques minutes pour les petits problèmes de la classe. C'est toujours Maurine qui ouvre la discussion :

- Koran a mis une baffe à Jessica, elle est partie en courant et Selim lui a fait un croche-pattes. Elle est tombée et s'est fait très mal. J'ai dit à Selim que c'était pas bien. Il m'a dit : « retourne dans ton pays des putes ! »

Azzedine se plante face à Selim :

- J'ai vraiment peur de ce qui va se passer l'an prochain. Je ne l'ai jamais fait mais je vais rappeler ta mère et poser la question de ton maintien dans l'établissement.
- Mais elle m'a dit que j'étais con, geint Selim. Et hier aussi.
- Oui mais hier, c'est parce que tu m'avais mis la porte dans l'œil, se défend Maurine.
- Là, c'est grave reprend Azzedine. Un jour, des parents vont porter plainte et tu vas te retrouver devant la justice.
- Et il m'a enfoncé le doigt dans la colonne vertébrale, rajoute Alexis. J'ai eu mal pendant 5 à 10 minutes.

Azzedine soupire.

- Hier, toutes les filles se sont mis des baffes et à la fin, elles ont toutes pleuré, continue Ayméric.
- Et il y aussi une histoire entre Mathilde et un garçon de 4ème, renchérit Maurine. Elle a même joué au foot avec les garçons !

Le cours se termine. Azzedine retient Quentin et Koran. Il annonce à Quentin qu'il passe en 5ème si sa maman met bien en place le programme de soutien qu'elle a évoqué. Reste Koran :

- Tu vas passer en 5ème mais nous pensons qu'une 5ème Segpa serait mieux adaptée. Tu en as déjà parlé avec tes parents ?
- Oui, c'est non, répond Koran.
- Mais tu as passé les tests avec la psychologue ?
- Non.
- Tes parents n'ont pas appelé ?
- Non.
- Et toi, tu ne penses pas que ce serait mieux la Segpa pour toi ?
- Non.
- Bon, on va en reparler avec tes parents, au final, ce sont eux qui décideront mais ce serait bien d'y penser…

Au tour des 6°A. Azzedine ne devrait pas les prendre cet après-midi parce qu'il accompagne ses 5ème qui donnent des représentations de leurs scenètes sur le harcèlement aux autres classes. Mais il les prend quand même faute d'une autre personne disponible pour s'en occuper. Il les assoit dans le public. Je prends une chaise entre Taiwena qui a pris sa 1ère heure de colle avec Monsieur Gallart parce qu'elle n'avait pas fait sa punition et Gwenaëlle qui me demande :
- C'est quoi le harcèlement ?
- Tu ne sais pas ?
- Euh, c'est quand quelqu'un demande toujours quelque chose ? Comme Fabien, par exemple qui tourne toujours autour de moi quand j'ai des bonbons.
- Oui, c'est ça.
Elle se frotte la joue pendant toute la pièce. A son terme, Azzedine demande si le public veut réagir sur la thématique du harcèlement :
- Des fois, ceux qui harcèlent c'est ceux qui s'ennuient et qui n'ont rien à faire, alors ils font ça pour passer le temps, explique Fabien.
- C'est l'expérience qui parle ? ne peut s'empêcher de commenter Azzedine.
La lumière revient, Gwenaëlle n'en finit pas de se frotter la joue.
- Tu as mal à la joue ?
- Non, j'ai une carie. Ca fait plus d'un an et Maman ne veut pas m'emmener chez le dentiste. Elle dit toujours : « Ça va passer. » Mais ça passe pas. J'ai déjà eu deux abcès.
- Et ton papa ? Il ne peut pas t'emmener chez le dentiste ?
- Je suis pas sur sa carte. Y a que ma mère qui peut.
Je songe bien à la kidnapper pour l'emmener chez le dentiste mais je suis bien obligée de me rendre à l'évidence : cela ne se fait pas. Je me sens complice de tout un aréopage d'adultes qui gravitent autour d'elle sans rien pouvoir faire pour l'aider.

Mat en rentrant du collège :
- On a enfin fini le programme d'histoire ! Le prof a dit que c'était dommage que ce programme trop énorme ne nous ait pas laissé de temps pour faire des choses plus personnelles ou débattre de certaines questions. Il aurait bien voulu pouvoir discuter plus avec nous.

24 juin
Adieux

Enfin, il fait beau. On est vraiment en été. Certains ont déjà quitté l'école vendredi, pour les autres, c'est le dernier jour. Sadia est contente car elle passe en 5ème, Madeline pleure à chaudes larmes, Léa s'essuie les yeux. Dur de quitter les copines ! Et les profs aussi. Mat est toute émue en sortant de la salle d'histoire devant laquelle je l'attends depuis 10 minutes. Elle se retourne encore une fois vers son prof :
- Je voulais vous dire aussi, vous êtes un super prof !
Elle me regarde :
- Tu te rends pas compte, c'est mon dernier jour de collège. C'est fini pour toujours.
Une page se tourne.
Pour moi aussi, c'est fini la cavalcade des 6ème qui courent vers moi et se battent pour avoir la 1ère bise. A la fin, même les garçons s'y étaient mis. Finies les papotages pendant la récré ou sur le parking, les petites histoires de Maurine sur qui a insulté qui. Finis les grands yeux tristes de Gwenaëlle et de Jenny. Nous ne serons plus dans la même classe. Je vais bien les recroiser l'an prochain, mais je serai redevenue « Madame » et eux des enfants intimidés qui me lanceront peut-être un bonjour avant de détourner la tête.

25 juin
Les parents continuent le combat
A peine sorties les bouteilles – hormis un paquet de pistaches, personne n'a emmené à manger ...- Nadine attaque en dénonçant la construction d'un nouveau collège en banlieue bordelaise :
- Pas de crédit, mon œil, on nous a enfumés ! Alors qu'est-ce qu'on fait ?
Mais non, on ne va pas kidnapper le président du conseil général ou mettre le feu au collège. On va écrire un courrier pour dire qu'on n'est pas contents. Et voter contre tout au prochain conseil d'administration. On proteste aussi contre les profs parce qu'ils ont fait un communiqué de presse dans leur coin. C'est vrai que pour une démarche qui devait être collective, chacun a vite rejoint les barrières bien closes de son camp. L'affaire réglée, on peut commenter les derniers potins : Monsieur Mirbel se marie ! Madame Dubreuil a demandé sa mutation parce qu'elle a rencontré un nouvel amoureux. Et il faudra penser à envoyer des fleurs à la secrétaire qui part à la retraite. Avant de ranger les tables et de mettre les chaises dessus, les parents commentent le travail sur le harcèlement : « Il y en a marre qu'on focalise sur les élèves harcelés par d'autres élèves. Il faudrait peut-être voir comment les adultes parlent aux enfants ! Les

CPE sont excédés, à cran, ils hurlent à longueur de journée. La violence est d'abord le fait des adultes. »

26 juin

Je stresse, mais je suis pas vraiment sûre ...

Au cas où, Mat décide de faire tous les exercices de maths de son livre.

27 juin

Epreuve

Elle a bien dormi. Finalement, elle ne stressait pas tant que ça. Elle a révisé, elle est prête. Je lui concocte un petit-déj spécial examen et l'accompagne au collège. Alea jacta est !

A midi, sa voix est plutôt bonne. En français, elle ne s'est pas trompée sur l'orthographe de « émigrants » et il y avait moins de questions que lors des brevets blancs. Pas de figure de style compliquée, ni de grammaire.

Elle enchaîne avec les maths. A 17h, quand elle rentre, son visage est fermé. J'attends qu'elle soit assise et qu'elle commence à tartiner son Nutella pour oser un :

- Alors ? Les maths, ça s'est bien passé ?

Elle pleure. Gros câlin. Je ne pousse pas plus avant mes questions sur les exercices qu'elle a pu rater et lui explique que l'échec fait partie du jeu, que tout le monde peut se planter un jour ou l'autre. Que c'est la dure école de la vie. Inutile de dire que ma morale à 2 balles ne l'intéresse pas, ni ne la console.

- Sybille aussi a pleuré alors elle a pris un petit joint pour se réconforter, me dit-elle. Alice aussi a pleuré, mais elle, elle pleure tout le temps. Violette aussi a pleuré parce qu'Hugo ne voulait pas faire une photo avec elle.

Décompression.

28 juin

Epreuve suite et fin

Pas de souci avec l'épreuve d'histoire. Elle voulait la guerre froide et a eu la crise de Cuba. Elle connaissait les lois mises en œuvre par Mitterrand. Elle a pu décrire la photo du débat entre Hollande et Sarkozy et faire 3 groupes de pays en fonction de leur PIB et de leur taux de mortalité infantile.

Elle est en vacances.

1er juillet

Conseil d'administration

J'ai fait une demande écrite et personne ne s'oppose à ma présence à ce conseil important puisque le principal doit présenter la DGH (la dotation globale horaire, soit le nombre d'heures de cours allouées au collège) et la LOLF, les crédits attribués par l'Etat à l'établissement. Petit préambule sur la question des effectifs : ce ne sont plus 858 élèves mais 896 élèves qui feront leur rentrée en septembre. Pourtant le collège perd un demi-poste de laborantine et une classe de Segpa en 6ème, donc une enseignante (enfin, une demi puisque certaines de ces heures ont pu être sauvées notamment parce qu'elle est habilitée à assurer les cours d'EPS. Elle fera un complément dans un autre établissement que tous espèrent pas trop éloigné). Monsieur Mirbel a demandé l'ouverture d'une 3ème supplémentaire sans réponse pour l'instant. Pourtant le seuil d'ouverture de classe est dépassé.

Son adjointe enfonce le clou :

- Nous devrions avoir une vingtaine de PPRE Passerelle à la rentrée. Soit quasiment une classe qui n'arrive pas avec le niveau de 6ème. Et, en plus, 16 élèves hyper-actifs, inadaptés, … Nous y avons travaillé avec les profs pour que des bilans soient faits dès le début de l'année et des actions mises en place immédiatement. L'institution nous demande un accompagnement spécifique de ces enfants mais nos moyens sont inchangés. A nous de faire avec. Avec 30 élèves par classe ! Nous ferons l'impossible même si à l'impossible nul n'est tenu.

A l'ordre du jour aussi, un avenant à une convention qui indique que la comptable du lycée voisin qui a déjà absorbé la compta du collège devra aussi se charger à la rentrée de celle d'un autre collège de 1 000 élèves.

- Et si elle n'est pas d'accord ?
- Elle n'a pas le choix.

Bien sûr, le collège n'aura pas de poste de surveillants en plus : il a perdu 48h hebdomadaires il y a 2 ans et en a regagné 20 l'an dernier. -28h en deux ans pour près d'une centaine d'élèves en plus…

Nadine pète un câble :

- De qui se moque-t-on ? 15 élèves de Segpa en moins, on supprime une classe, plus de 50 en plus, on n'en ouvre pas ? C'est comme sur la question des locaux ! Tout ça va à l'encontre du respect élémentaire que l'on doit à nos enfants ! Je suis écœurée par cette logique budgétaire qui est la seule que suivent nos institutions.

Au cas où elle aurait eu besoin d'une autre démonstration, la LOLF s'élève pour la prochaine rentrée à 17 258€, 2 000€ de moins que l'année dernière. Cette somme doit couvrir l'achat des manuels scolaires qui manquent (9 480€), l'achat des carnets de correspondance (1 595€) et les frais de reprographie (1 610€). Reste 4 572€ pour les projets pédagogiques, soit 5€ par élève ...
- C'est scandaleux, explose Nadine. Faisons une année sans projet, ça fera peut-être bouger les parents !
- Pas sûr, lui répond Madame Kleber. En revanche, ce qui serait sûr, c'est la démotivation des jeunes.
A l'ordre du jour enfin, la protestation des profs de techno qui, pour réaliser les objets qui sont au programme (une voiture radio filée en 6ème et des amplis de baladeur en 3ème, soit 400€ de matière première par classe) demandent à ce que les familles soient financièrement sollicitées sur la base du volontariat (il est aujourd'hui interdit d'exiger une participation des familles dans une école qui se veut gratuite). Les enfants de celles qui refusent ne pourront pas faire le travail demandé par le programme.
- La famille doit se substituer à l'Etat pour financer l'école ? résume Nadine.
A la rage de voir l'école mise en situation de faillir à ses missions, s'ajoute l'impuissance. Car en dehors du personnel de direction tenu de voter oui à tout par devoir de loyauté et quel que soit son avis sur la question, en dehors des parents qui votent non à tout, des autres, profs ou personnel qui votent oui ou non selon les cas, les décisions sont déjà prises et validées au-dessus. Par un gouvernement qui a pourtant multiplié les promesses et qui, en rajoutant à l'amertume, travaille dans la droite lignée de ses prédécesseurs, celle du budget.

5 juillet
L'autre collège

Déjà un collège dont le site Internet affiche d'emblée un journal en ligne, des photos des projets culturels de toutes les classes, un manuel de survie pour parents d'ados qui pètent les plombs et une explication précise sur le projet d'établissement, ça donne envie de pousser la porte. Je ne suis pas déçue quand je rencontre le principal. A l'image de Madame Kleber, fan de Michel Breut et passionné par son métier.
Ici pas de notes jusqu'en 3ème, on vient de supprimer les félicitations, encouragements et autres avertissements et on inaugurera le co-enseignement à la rentrée. Fini donc le mythe de la note qui doit permettre de se positionner de manière fiable parce que chiffrée quand finalement la note ne dit rien sur ce que

je sais ou pas. Finie aussi la logique du classement et de la compétition induite. Ici, on évalue les élèves par compétences. Une petite révolution mais le principal est serein. Il sait bien qu'il bouscule des habitudes, des certitudes, mais il est sûr de lui. D'autant qu'il agit au grand jour, avec la bénédiction de l'institution puisqu'il inscrit parfaitement son action dans le cadre de loi. Pas inintéressant d'aller voir ce que dit la loi, notamment sur des notions beaucoup discutées, beaucoup critiquées, probablement mal connues, de compétences, évaluation, socle commun, …

Sur le site du gouvernement :
Le "socle commun de connaissances et de compétences" présente ce que tout élève doit savoir et maîtriser à la fin de la scolarité obligatoire. Introduit dans la loi en 2005 (il y a 8 ans quand même, mais l'école est bien un mammouth), il constitue l'ensemble des connaissances, compétences, valeurs et attitudes nécessaires pour réussir sa scolarité, sa vie d'individu et de futur citoyen. Un livret personnel de compétences permet de suivre la progression de l'élève. Depuis 2011, la maîtrise des sept compétences du socle est nécessaire pour obtenir le diplôme national du brevet (D.N.B.).

Pour ceux qui veulent creuser, 7 compétences sont identifiées :
- La maîtrise de la langue française, une priorité absolue qui passe par la capacité à lire et comprendre des textes variés, la qualité de l'expression écrite, la maîtrise de l'expression orale, l'apprentissage de l'orthographe et de la grammaire, l'enrichissement quotidien du vocabulaire
- La pratique d'une langue vivante étrangère : l'élève doit être capable de comprendre un bref propos oral ainsi qu'un texte écrit court et simple, de se faire comprendre à l'oral et à l'écrit en utilisant des expressions courantes
- Les principaux éléments de mathématiques et la culture scientifique et technologique : en s'appuyant sur la maîtrise du calcul et des éléments de géométrie, l'élève apprend à mobiliser des raisonnements qui permettent de résoudre des problèmes. En ce qui concerne la culture scientifique et technologique, l'élève étudie : la structure et le fonctionnement de la Terre et de l'Univers, la matière et ses propriétés physiques et chimiques, l'énergie, les caractéristiques du vivant (cellule, biodiversité, évolution des espèces), la conception, la réalisation et le fonctionnement des objets techniques. Il est initié à la démarche d'investigation tout en acquérant des connaissances et apprend à agir dans une perspective de développement durable.

- La maîtrise des techniques usuelles de l'information et de la communication : chaque élève apprend à faire un usage responsable des technologies de l'information et de la communication (TIC). À l'école et au collège, le Brevet informatique et Internet (B2i) confirme la maîtrise de ces techniques.
- La culture humaniste qui contribue à la formation du jugement, du goût et de la sensibilité et permet d'acquérir des repères : en histoire (événements fondateurs), en géographie (paysages et territoires, populations, etc.), en littérature et en arts (les grandes œuvres)
- Les compétences sociales et civiques : il s'agit de maîtriser, comme individu et comme citoyen, les règles élémentaires de la vie en société et de les mettre en œuvre dans le cadre scolaire. L'élève acquiert des repères dans plusieurs domaines : les droits et les devoirs du citoyen, les notions de responsabilité et de liberté et le lien qui existe entre elles, les principes d'un État de droit, le fonctionnement des institutions, de l'État, de l'Union européenne
- L'autonomie et l'initiative qui s'acquièrent tout au long de la scolarité, dans chaque matière et chaque activité scolaire. On apprend ainsi à : être autonome dans son travail, à s'engager dans un projet et le mener à terme (construire un exposé, rechercher un stage, adhérer à un club ou une association, travailler en équipe) et à construire son projet d'orientation.

Le livret personnel de compétences, lui, comporte trois attestations : la première est renseignée en fin de CE1, la deuxième en fin de CM2 et la dernière, qui correspond à la maîtrise du socle commun, est renseignée en troisième ou en fin de scolarité obligatoire. Au collège, le livret personnel de compétences inclut aussi : l'attestation de compétences aux premiers secours, les attestations scolaires de sécurité routière (ASSR), passées par tous les élèves en cinquième et en troisième.
Mais même le gouvernement, dans une lettre de 2012 de Vincent Peillon le dit : le livret personnel de compétences actuel est inutilement complexe et devra être remanié.

- Depuis quatre ans, explique le Principal, le collège, comme une dizaine de collèges en Gironde (sur 100) est engagé dans cette démarche d'enseignement et d'évaluation par compétences. Il existe 4 niveaux de compétences (3 ne sont pas suffisants car celui-ci du milieu rassemblerait 75% des élèves) : non acquis en rouge, en cours d'acquisition (en jaune), presque acquise (en bleu) et acquise (en vert). Le dispositif permet de cibler les difficultés, mais aussi les points forts, de mieux suivre l'élève dans sa scolarité, d'aider les parents à mieux accompagner leur enfant.

Le principal tord d'emblée le coup à l'idée que l'évaluation par compétences porte ombrage à l'acquisition des connaissances. Au contraire. « La compétence, c'est précisément la mobilisation de connaissances et plus largement de ressources dans une situation inédite. »
Pour lui, la résistance de certains profs ou établissements tient d'abord et simplement à la peur du changement, critiquant son institution de graves manquements en matière d'accompagnement et de formation. Ainsi, m'explique-t-il, le PPRE ne se comprend que dans le cadre du socle commun, mais il a été lancé avant… Difficile de faire sens dans ce cas.
Il aime aussi l'obligation de résultat inscrite dans le socle commun :
- Le prof qui pense avoir fait son travail parce qu'il a terminé le programme vit dans l'illusion. Ce qui compte, c'est ce que l'élève a acquis et même plus, que tous les élèves aient acquis des compétences. Quelle que soit leur classe sociale puisqu'on le sait très bien et ces chiffres ne bougent pas, 100% des enfants de cadres sup (et de profs !) s'en sortiront, 90% des enfants de cadres moyens, 70% des enfants d'agriculteurs et 50% des enfants d'ouvriers.
Ici, on ne dit pas : « Tu n'as pas compris ? » « Tant pis, je dois finir mon programme. » On dit : « Tu n'as pas compris ? Regardons ce que tu n'as pas compris exactement ? Et on reprend jusqu'à ce que tu aies compris » pendant le cours ou via des ateliers de remédiation. Et dans le cadre de ces ateliers, on ne dit pas : « Tu n'as plus faim, reprends-en quand même ! », on aborde les choses autrement : par un projet lecture, par une classe maths/physique ou arts plastiques/histoire des arts, par des jeux pédagogiques, des mises en situation pratiques. Et toujours avec empathie.
Les bénéfices selon lui ? Pour l'élève, un autre rapport au prof qui n'est pas là pour sanctionner et un gain en termes d'estime de soi qui change tout. Moins de violence scolaire dans l'établissement, une ambiance de travail plus sereine et un effet, tant recherché par les profs, d'entrainement plutôt que de concurrence : dans des classes volontairement hétérogènes, les plus forts tirent les plus faibles naturellement.
Pour les profs ? Une dynamique de groupe, une responsabilité collective, une pêche d'enfer et moins de souffrance au travail. Ici, les profs s'éclatent et font désormais cours la porte ouverte.

Quels résultats ? Le fameux vivre ensemble a gagné en sérénité et les chiffres parlent tout seuls : 53% des élèves passaient en seconde générale il y a 5 ans, ils sont 75% aujourd'hui. Il faut préciser que le principal suit le désir de chaque élève qui souhaite aller en 2nde générale. Hors de question de pratiquer l'orientation professionnelle sans projet.
- Ce n'est pas pour faire du chiffre, précise le principal. C'est une question de fond. Je sais que certains vont se planter, mais qu'ils tentent. D'eux-mêmes, ils demanderont une ré-orientation, réfléchiront à leur projet. On a le droit de se tromper, de revenir sur ces choix. C'est ça être acteur de son parcours.
Si aujourd'hui, toute son équipe est convaincue, le chemin n'a pas été facile. Il a fallu plusieurs années pour expliquer, pour former, pour tester, pour mettre en place. Pour repartir des fondamentaux : que veut dire apprendre ? Comment apprendre à apprendre ? Qu'est-ce qu'évaluer ? Qu'est-ce qu'enseigner ? Mais ici, d'abord, l'inspecteur est un ami qui vient noter le prof, mais aussi déjeuner avec lui, discuter, répondre, expliquer, construire. Ensuite, les formations sont nombreuses et se font généralement sur le terrain, par des pairs, dans des établissements un peu plus avancé sur la question. Aujourd'hui, une équipe de choc s'est même constituée au sein du collège qui va à son tour expliquer et former sans imposer. C'est l'une des clés du succès, on n'impose pas : « Je guide, je suggère, j'appuie, j'aide, je débloque, mais je n'impose pas : les projets, les envies, les expériences, l'élaboration d'un nouveau bulletin passent par le débat et la concertation. »

Pas facile et pas gagné : quand il se plaint de l'épreuve d'histoire du brevet, une pure épreuve de connaissances, selon lui, d'autres protestent :

Sur le Blog neoprofs :
Cette année, on a demandé dans mon académie aux collègues de maths de corriger en fonction des compétences, comme dans le socle, si bien qu'un exercice sur 4 points pouvait être noté 4/4 même si la dernière réponse était fausse, parce que la compétence était considérée comme acquise avec 2 ou 3 bonnes réponses. Et ceci à plusieurs reprises, dans divers exercices.
Le but, c'est un brevet du socle, donné à tous les élèves sans exception ou presque ?

11 juillet
85% de réussite !
Quand je viens chercher Mat pour aller au collège voir les résultats du brevet, je sais à sa tête qu'elle les a déjà et qu'ils ne sont pas conformes à ce qu'elle

espérait. Les nouvelles se sont vite répandues autour de la piscine de Gaël où les 3°A ont passé l'après-midi. Sans un mot, nous partons néanmoins consulter les listes affichées sur la grille. Admise mention Bien. Je la félicite, elle pleure :
- J'ai eu honte, me souffle-t-elle. Cet après-midi, ils avaient tous une mention Très Bien.
Qu'elle soit déçue, je le conçois un peu, elle s'était fixé un objectif, elle ne l'a pas atteint mais la honte me fait de la peine. Que la pression qu'elle s'est mise, que la compétition naturelle dans sa classe (9 mention Très Bien, 12 Bien, 5 Assez Bien, seuls deux élèves n'ont pas de mention !) lui renvoient une mauvaise image d'elle et de son travail me désole.
Plus globalement, et j'étais prévenue, les résultats sont conformes aux directives : pilepoil 85% de réussite ! Même en 3°D, sur les 18 élèves, Azra, Thomas, Ludovic, Charlie et Kevin n'ont pas eu de chance, mais ils sont 11 à avoir leur brevet dont Sybille, Ambre, Youssouf, Sammy, et même une mention AB pour Celia et Noëlle. Chez les 3°B, la classe d'Azzedine, 3 sont recalés sur 30. Même ceux qui ont fini l'année avec une moyenne générale inférieure à 10 décrochent le diplôme, comme Marc qui avait pourtant 9 de moyenne en français, 7 en maths et en histoire … Quand on a la fièvre, on casse le thermomètre ?

J'avais dit que je n'irai pas plus loin que le brevet. Je m'arrête donc ici. Que Mat se rassure, je ne la suivrai pas au lycée. Elle m'offre sa petite conclusion personnelle :

Quand on arrive au collège, on change. Nos goûts, nos amies et surtout notre façon de parler. Finis les maîtresses, maîtres, tu veux être mon amie ? Place aux profs, madame, salut. C'est vraiment la jungle, c'est marche ou crève. Tu fais le mouton, tu te la joues populaire ou tu le la joues originale et marginale. Chacun se donne un style au collège.
Personnellement, c'est un passage important parce qu'on est des ados en construction. On y rencontre des gens bien et des moins bien et les deux nous influencent. Le collège c'est dur émotionnellement. On pleure beaucoup (surtout moi cette année…) mais on rit aussi énormément.
Les relations humaines sont essentielles, avec les profs qui sont passés par là et qui voient ça tous les jours. Et surtout avec les amies. On veut des amis pour la vie.
Dans mon cas, ça fait 4 ans que je suis avec la moitié de ma classe, l'autre s'est rajoutée il y a 2 ans. Pour certains, ça fait 9 ans que je suis dans leur classe ! Donc forcement ça crée des liens. On a fait un bout de chemin ensemble… De ces quatre ans, il me reste des souvenirs marquants mais malheureusement pas des cours (à part grosses rigolades).
Mais on sait bien que c'est fini qu'il va falloir grandir même si on aimerait rester des enfants

à jouer ensemble C'est pour ça que j'aime être avec ma mère parce que je serais toujours son bébé et d'un côté, ça me rassure.
On remarque aussi le temps. On prend conscience, on l'a bien vu passée cette année, tellement vite. Quand je relis le texte de maman, il y a plein de choses que j'avais oubliées alors que ça fait même pas un an.
Passer un an avec sa mère au collège ? Ça en aurait dégoûté plus d'un mais moi ça ne me dérange pas du tout ! Ça m'a fait plaisir de la croiser sauf que je devais tout lui raconter le soir et que j'avais parfois l'impression de vivre les journées en double !
Bref, au nom de la majorité des élèves, je tiens à dire merci à tous les profs que j'ai eus cette année ou les années précédentes. Et merci maman, oui, tu es une bonne mère. Amène moi celui qui ose dire le contraire, je le défonçe ;). Et désolée pour les choses un peu brutes que j'ai pu dire. Je dis les choses comme elles viennent, sur le vif.

Mais c'est à Koran, plein de philosophie du haut de ses 11 ans, que je laisse le mot de la fin :

L'Education est un droit très important. Car pour réaisire dans la vie, il faut avoir bien travailler à l'école pendans sa genèse. Car si on ne reusie pas dans la vie, on aura pas assé d'argent pour s'acheter des chose importante. Comme de la nouritur de l'eau. Il faut avoir un minimome d'inteligense pour son futur travail. Et ses même l'école qui peut tédé à trouver ton futur travail que tu va peut-être adorer tu en fera peut-être ta pation.

Remerciements

Merci Azzedine pour m'avoir réouvert la porte de l'Education Nationale et m'avoir invitée à partager votre quotidien.

Merci Monsieur Prunel d'avoir donné votre autorisation. Merci Madame Heintz d'avoir rendue possible cette immersion. Merci aussi pour votre disponibilité, votre franchise et votre confiance. Merci à vous, Monsieur Morisset, pour les mêmes raisons.

Merci Dominique pour la masse impressionnante d'informations que vous m'avez fait passer, merci d'avoir cru à mon projet et de l'avoir soutenu jusqu'à en corriger toutes les fautes !

Merci à Carole Colomas, à Ana Ribeiro, à Delphine Mazel, à Gaël Rouillard, à Céline Laurençon, à Yann Briand, à Anne Matillon, à Christine Choy, à Marie Clédou et à Marion Labeyrie pour m'avoir ouvert les portes de leur classe et parfois celles de leur cœur.

Merci à vous les petits : Marie, Lilian, Téo, Emma, Rémy, Akeïlo, Tom, Nelson, Noora, Charleen, Agathe, Coralie, Dariane, Corentin, Lou-Ann, Alexis, Océane, Enzo, Tayriq, Leo, Elyas, Gabriel, Elliott, Laurine, Dylan, Eminé – et les grands : Louis, Emma et Cyndel – pour votre gentillesse et votre spontanéité.

Et un grand merci à toi Ma Thilde chérie pour m'avoir laissée envahir cette année sans me signifier que j'empiétais trop sur ta vie privée !